경제와 미래

: 경제에 현혹된 믿음을 재고하다

경제와미래

: 경제에
현혹된
믿음을
재고하다

L'Avenir de l'économie: Sortir de l'économystification

장 피에르 뒤피
김진식 옮김

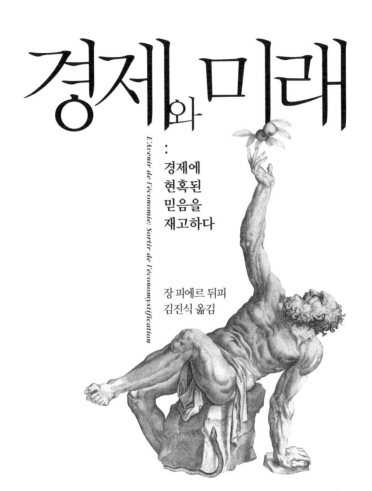

북캠퍼스

정치, 경제의 현혹에서 벗어나기

이 책을 쓰게 된 동기는 수치심 때문이다. 정치가 경제에 조롱당하고 권력이 재정 관리인에게 조롱당하고 있는 것을 바라보면서 느낀 수치심 말이다.

권력과 재정 관리인이라는 추상적 개념을 버리고 우화에 나오는 이미지로 바꾸어보자. 최고 권한을 가진 주권자인 민중은 홉스의 리바이어던의 몸체를 가득 채우고 있는 무리로 나타나고, 이 괴물이 두려움에 떨면서 최고경영자에게 머리를 조아리고 있을 것이다. 하지만 이 이미지 중에서 적어도 하나는 우화적이지 않은데, 원칙적으로 국가에 봉사하기로 마음먹은 사람들로 이루어진 정치인들이 그렇다. 공포에 사로잡혀서 상대를 불안하지 않게 하려고 타협과 나약함에 젖어들 태세가 되어 있는 사람들을 보면 정치인들은 이 이미지에서 비장한 어떤 것을 끄집어낸다. 사람들이 마주하는 상대란 무엇일까? 그것은 순전히 관념적인 것으로 '무리'라고 불리는데, 항상 복수로 지칭되기 때문이다. 성서에서 "맨 처음 엘로힘(하느님)께서 하늘과 땅을 지어내셨다"라고 유일신 하느님을 엘로힘이라고 복수로 표현하는 것처럼('엘로힘Elohim'은 형태는 복수형이지만 의미는 단수이다. 단수는 엘로아Eloah다. 그러므로 창세기의 "맨 처음 엘로힘께서 하늘과 땅을 지어내셨다"라는 구절에서 '엘로힘'은 문법상 다신을 뜻하는 듯하지만 의미상 유일신을 가리킨다–옮긴이) 우리는 보통 '시장들marchés'이라 말하는데, 왜 복수형을 쓰는 것일까? 이는 아마도 아주 작은 소리에도 공포에 사로잡혀 엉망으로 움직이고, 흔히 '세계 시장'이라 부르며 두려움으로 예상하던 것을 실현하고 있는 어처구니없는 이 거대한 짐승의 복잡하게 뒤얽힌 수많은 촉수를 의미하는 것이리라. 이제 이런 이미지는 잊어버리기로 하자. 그러면 무엇이 남을까? 환상을 대단한 능력이 있는 실제의 것으로 만들면서 그 환상 앞에 잠들어 있는 권력층이 있다. 시장 혹은 시장들은 영화 〈금지된 행성〉(1956)에서 주인공의 잠재의식이 투영된 괴물 같은 것이기 때문이다. 꿈속에서가 아니라 현실 세계에서 악몽 같은 형체와 싸우는 것이 바로 오늘날 정치의 운명이다.

> 이탈리아 차기 정부 수반인 마리오 몬티는 어제 내각을 구성하고 긴축 정책을 시행하기 위해 약간의 시간을 달라고 시장에 호소했다. 몬티는 취임 선서를 하고 정책을 추진하게 되면 이탈리아인들은 아마도 '약간의 희생'을 해야 할 것이라고 예고했다. 몬티의 선출은 시장의 환영을 받았지만 불안은 계속되고 있다.[1]

이는 장소를 불문하고 모든 가치가 역전되는 시대에 거의 매일 미디어에서 보고 들을 수 있는 이야기다.[2] 대부분의 사람들은 실업과 해고를 강요하는 금융 단두대가 떨어지기 직전에 내뱉는 "집행관님, 잠시만요"라는 간청의 목소리에 익숙해져 있다. 새로운 지배자는 대제사장의 임무를 '시장'이 정한 순서에 따라 행한다. 신전을 섬겼던 그들은 대개 올림포스의 신들을 잘 알고 있다. 대제사장인 시장은 신들이 요구하는 희생자를 홀로코스트에 바칠 준비가 되어 있다. 이처럼 파렴치하게 묘사된 것이 정작 가장 원초적인 '성스러움'이라는 이름을 부여받으면서 오늘날 세계의 민주주의라는 근본적 가치를 엄청나게 퇴행시키고 있음을 보지 못할 사람이 어디 있을까?

더 나쁜 것은 정치가 경제 앞에 비열하게 무릎 꿇고 있다는 사실이다. 야당이 집권하여 나라가 혼란에 빠지면 '시장'이라는 실체가 국민의 뜻을 제재할 것이라고 집권당이 경고할 때나 경제적으로 뒤떨어진 나라가 명령을 따르도록 경제 대국이 '시장'이라는 압력을 이용할 때, 또는 일찍이 민주주의가 발명된 나라에서 국민투표가 있을 것이라는 전망이 민중 저항의 위협을 떠돌게 하면서 유럽의 정부들을 공황에 빠져들게 할 때면 항상 정치는 금융 앞에 무릎을 꿇고 그 하수인 노릇을 한다. 정치가 '시장'과 싸우고 있다고 말하면서 최악을 면하게 되었다고 자찬할 때마다 권력은 재정 관리인의 수준에 놓인다. 승패가 문제가 아니다. 흥분한 학생의 주먹에 대항해서 같이 주먹을 날리는 순간 권위를 상실한 선생님처럼 권력은 싸웠다는 사실 그 자체로 이미 진 것이다.

이를 바라보는 경제학자들의 입장은 어떠할까? 자유분방한 경제가 승리했다고 생각한다면 경제학자들에게는 큰 영광이 될 것이다. 경제학자들의 임무는 경제를 제대로 감독하는 것이다. 그러므로 우리는 경제학자들이 오늘날 일어나고 있는 터무니없는 사태의 의미를 설명해줄 것이라고 기대한다. 하지만 그런 사태에 관해 전혀 설명할 수 없다는 사실을 제일 먼저 고백하는 사람이 바로 경제학자들이다. 그런데도 그들의 콧대는 수그러들 줄 모른다.

경제학자들만 '위기'를 언급할 권리를 독점하고 있는 것 같다. 그들의 근시안적 태도 때문에 오늘날 전 지구적인 혼란이 일어나고 있는데도 정치인들과 함께 '위기 탈출'의 처방전을 경제학자들만이 발행할 수 있는 것처럼 군다. 정치인들은 경제의 기본 개념을 막연하게 파악하고 있다. 하지만 그들 역시 일종의 응용 경제학자라 할 수 있다.

2011년 노벨상을 받은 미국 경제학자 둘이 유럽에 훈수를 두는 말을 듣고 내 수치심은 배가되었다. 한 사람은 "유럽과 유로화에는 '경제 이론상' 새로운 문제가 전혀 없다"라는 가당찮은 말을 했다. 루소의 일반 의지와 같이 언제나 흔들리지 않는 프랑스는 비시 괴뢰 정부에서도 오점 하나 없이 남아 있었던 것처럼, 세계 경제는 위기와 무관하고 경제 이론도 아무런 문제가 없다는 식이다. 해결책이 있다면 왜 그 해결책을 쓰지 않는 것일까? 또 다른 노벨상 수상자는 이렇게 대답했다. "유로존의 공공 부채 위기는 적어도 경제적 측면에서 보자면 어린애 장난 같은 것이다. 하지만 걸림돌이 있는데 바로 정치."[3]

하지만 그렇지 않다. 걸림돌은 정치가 아니라 바로 경제다. 내 말은 특별히 금융 자본주의를 겨냥한 것도 자본주의를 겨냥한 것도 아니다. 가격이 오르거나 내릴 때 한몫을 보는 시장을 겨냥한 말도 아니다. 그렇다. 내가 겨냥하는 것은 바로 오늘날 사회의 작동과 개인적 삶에서 경제가 차지하고 있는 위상이다. 경제의 위상은 한계를 크게 벗어나 있는데 사람들은 이를 그저 받아들이고 있다. 경제는 세상과 우리 생각에 침범하여 완전히 장악하려 한다. 대규모로 진행되는 이런 터무니없는 현상을 설명해주는 것은 경제가 아니다. 만약 그렇다면 경제는 사건의 관련자이면서 재판관 노릇을 하는 것이기 때문이다. 오늘날 자신도 모르는 사이에 완전히 '경제인'이 되어버린 시민들이 당연히 여기고 있는 것에 경제에서 벗어나 동떨어진 시선을 가진 사람만이 경악할 것이다.

경제는 정치를 말 잘 듣는 도구로 여기고 있다. 여러분은 내가 왜 갑자기 화를 내는지 의아해할지 모르겠다. 역사적으로 한 영역이 다른 영역보다 우위에 설 수 있다고 생각해왔다. 정치적 통일성과 국가 수호라는 명분 아래 종교로부터 독립한 정치가 종교에 종속적 지위를 부여한 것처럼 말이다. 정치를 오로지 비합리적 열정들이 대결하는 공간, 평범한 지위에 국한되어 있는 한 그다지 큰 해가 되지 않는 일종의 배출구 같은 지위로 강등해버리고 난 뒤 왜 경제는 능력, 효율성, 복지라는 명분을 내세워 권력을 잡지 않는 것일까?

이런 반론에 대답하는 것이 바로 이 책의 목표다. 지금과 같은 흐름은 우리 문명은 물론 경제, 정치, 사회의 미래에 치명적 영향을 미칠 것이다. 오늘날 사회는 인간의 폭력을 제어하던 금기와 제의, 상징적 개념의 전통적 울타리를 모두 허물어버리면서 창조적 힘을 분출시켰다. 하지만 동시에 엄청난 파괴력도 함께 발휘되고 있다. 그 결과 언제든 방사능 재로 변할 위험에 처한 우리 별은 지구촌이 되었다.

경제는 점차 성스러움에서 벗어났다. 처음에는 종교로부터 그 뒤에는 정치로부터 일정하게 제재를 받던 경제는 이제 우리의 종교와 정치가 되었다. 하지만 경제는 온갖 외재성을 잃어버린 탓에 힘들어하고 있다. 더는 앞날을 보장할 수도 없고 우리가 세상에 머물 수 있게 도와주지도 못한다. 경제가 곧 우리의 미래와 세상이 되었기 때문이다. 정치인을 자신의 경호원으로 여기면서 우리 사회를 마비시키고 있는 이런 것이 바로 '경제의 속임수'다.

이렇게 아무런 제재를 받지 않는 경제는 지금도 눈덩이처럼 커지고 있다. 한때 시장의 '자동 조절'을 비난하던 사람들이 이제는 시장이 더는 자동 조절을 못하고 있다고 비난한다. 특히 자본주의만 남은 뒤부터 '자본주의 벗어나기'는 자본주의의 폐해만 보고 있는 좌파들의 구호가 되었다. 하지만 여기서 벗어나 어디로 가자는 것일까? 그러다가 언젠가는 지금 괄시받고 있는 이 자본주의를 아쉬워할지도 모를 일이다. 우리가 새로운 경제 양식을 만들어내 벗어나야 할 것은 자본주의라기보다는 경제에 현혹당한 정치다.

이런 생각을 전개해나가는 데는 여러 방식이 있겠지만 나는 '관념적 포고문'이라고 스스로 명명한 방식으로 전개해나갈 것이다. 이것이 '포고문'인 이유는 인간 현실을 바라보는 시각에 경제가 행사하고 있는 믿을 수 없을 정도로 엄청난 지배에 대항해 우리는 비웃음과 조롱까지 포함한 모든 수단을 동원해서 싸워야 하기 때문이다. 이 방식이 '관념적'인 이유는 경제가 일상을 지배하게 되면서 우리 생각의 가장 깊은 곳까지 침투해 천천히 독을 주입하고 있다고 믿기 때문이다. 문명의 변화가 가능하다면 그것을 유도할 혁명은 우선 관념의 혁명이어야 할 것이다.

나는 우선 시간, 특히 미래에 대한 생각을 축으로 해서 이야기를 풀어나갈까 한다. 경제는 미래에 대한 새로운 태도는 만들어내지 못했지만 적어도 전례 없는 풍요로움은 제공해주었다. 이 책의 제목이기도 한《경제와 미래》란 경제 제국을 더욱 번창하게 한 경제가 미래를 대하는 남다른 유형을 의미한다. 정치가 스며들어 있어서 경제가 진정 정치 경제학이던 시절에는 사람들이 신념과 결단을 갖고 자신의 길을 열어나간다는 의미에서 경제는 미래를 '열어주었다.' 그런데 오늘날 그 관계가 위기에 봉착했다. 경제가 종말이라는 유령에 시달리고 있는 것도 이 때문이다. 이 평범한 의미가 이 책의 제목에 담긴 두 번째 의미다. 다시 말해 우리가 알고 있는 지금의 경제는 어쩌면 미래가 없을지 모른다.

논의는 네 부분으로 진행될 것이다.

(1) 먼저 현대의 숙명과도 같은 세계의 탈신성화와 그 결과

나타난 합리화에는 악에 대한 새로운 정의가 필연적으로 따라왔다. 나는 이 새로운 악의 정의와 함께 경제가 비약적으로 발전한 것을 이해하기 위해 성스러움이 물러나며 공석이 된 자리를 경제가 차지하고 있음을 보여주면서 시작한다. 성스러움과 마찬가지로 경제라는 용어는 두 가지 의미에서 폭력을 '포함하고' 있다. 경제는 폭력을 통해서 폭력을 막고 있다. 이런 것이 바로 '나쁜' 폭력에 비해 '좋은' 폭력이 더 효과를 발휘하는 자기 외재화 메커니즘인데, 우리는 이 메커니즘을 통해 몽테스키외 같은 사상가들이 유럽을 전쟁에서 벗어나게 할 방법으로 왜 상업을 신뢰했는지 짐작할 수 있을 것이다. 자본주의 체제의 붕괴를 기뻐할 만한 사람은 경제의 폭력성만 보는 외눈박이들뿐이다. 오늘날 우리는 나쁜 폭력이든 좋은 폭력이든 결국은 다 같은 폭력임을 잘 알고 있다. 이런 명확한 통찰력은 분명 잘못된 자본주의 체제를 허물어뜨릴 것이다. 하지만 우리는 그 자리에 무엇을 놓아야 할지 아직 모른다.

(2) 폭력을 스스로 자제하기 위해서는 전통 철학이 '자기 초월'이라 부르는 자기 객체화가 필요하다. 나는 이것이 경제학자들이 '균형'이라 부르는 것이 아니라 이른바 시장의 자동 조절 능력의 기초가 되고 있음을 보여줄 것이다. 시장 가격의 자기 초월이 우리가 살필 첫 번째 사례인데, 경제 논리의 형이상학적 기반이 허술하다는 것이 분명히 드러난다. 하지만 논의의 핵심은 자기 초월 메커니즘을 통해 미래를 만들어내는 과정이 될 것이다. 경제는 아직 존재하지 않는 미래에 이끌려가지만 결과적으로 그것을 존

재하게 하는 미래에 자신을 투영하고 있다. 일종의 부트스트랩 역설bootstrap paradox이다. 자신의 거짓말을 스스로 맹신하는 뮌하우젠 증후군이 이 역설의 멋진 본보기가 될 것이다. 부트스트랩 역설은 어떤 복잡계도 규정되지 않고 결정되지 않은 최초 상태에서 시작될 가능성을 보여준다. 모두 의식은 하지 못한다는 점에서 이런 역설은 하나의 메커니즘으로 볼 수도 있을 것 같다. 여기서 최초 상태는 미래다. 이렇게 해서 미래가 시장에 스며들게 된 것이다.

　여기서 자기 초월적 미래의 한 특징이 우리의 눈길을 끈다. 모든 주체가 자기 초월적 미래라는 같은 이미지를 중심으로 자신의 행동을 조정한다는 것이다. '윤리'라고 부르는 만병통치약을 제외하면 해결하지 못할 문제를 이것이 해결해주므로 여기에 주목할 만한 특징이 있다. 문제는 자기 초월적 미래가 없었다면 자본주의가 제대로 기능하지 못했을 미래에 대한 신뢰와 미래의 무한성이다. 이렇게 해서 경제는 윤리가 되고 정치가 된다고 달리 표현할 수 있을 것이다. 그렇다고 경제가 정치의 지위를 차지했다는 말은 결코 아니다. 오히려 정반대로 경제는 스스로를 뛰어넘는 별도의 영역, 즉 정치 영역과 유기적으로 연결될 수밖에 없는 것이라고 말해야 할 것이다. 경제의 존재에 필요한 자원을 제공해주는 것이 지닌 자기 초월 능력이 바로 이런 것이다. 경제에는 모든 것에 가격이 있어 무엇이든 돈으로 살 수 있기에 정치를 오염시킨다는 의미뿐만 아니라 경쟁에서 돈벌이하면서 정치의 가치를 자기 수준으로 떨어뜨린다는 의미에서 경제가 정치를 '살' 때, 경제는 정치의 초월성을 상실하게 한다. 그러므로 경제가 정치를 비난하는 순간 경제는 스스로를 비난하는 셈이다.

(3) 다음으로 나는 대담하기는 하지만 단단한 기반 위에 기초한 하나의 가설을 모색해볼 것이다. 엄청난 재앙의 공황으로 이어지는 어마어마한 규모의 거품 형성으로 그 광기를 드러내는 시장의 어처구니없는 비합리성은 분명 의식은 못 했겠지만 세계화된 자본주의의 주요 주체들이 가진 근본적 비관론에서 나오고 있다는 것이 그 가설이다. 그들 역시 미래의 가능성을 더는 신뢰하지 않는다. 자기 초월성 메커니즘은 되돌릴 수 없을 정도로 마비되어 있다. 경제는 성스러움에서 나온 주요 제도들을 상실한 데 이어서 지금은 '폭력을 저지한다'는 의미에서의 '폭력을 포함하는' 능력마저 상실해가고 있다. 이런 것이 바로 위기의 원인이다. 자본주의 경제의 종말은 그것이 정확히 언제인지는 모르지만 분명히 일어날 재앙의 예증일 것이다. 개인 차원에서는 죽음일 것이다. 인간에 관한 것은 무엇이든 경제적 요구에서 벗어날 수 없다. 죽음도 마찬가지다. 이에 대해 경제가 하는 말에 있는 개념의 빈곤으로 미루어 볼 때 경제는 자신의 죽음에 대처할 능력도 없다는 비관적인 예측을 할 수밖에 없다.

(4) 마지막으로 경제가 엄밀한 의미에서 정치의 초월성에 등을 지고 있으면서도, 미래에 의지하여 정치적 문제 해결에 뛰어들 수 있게 해주는 형이상학적 상황을 되돌아볼 것이다. 이 상황의 설명은 나에게 언제나 열려 있는, 다시 말해 아직도 해결되지 않

고 있는 두 개의 역설을 다시 따져보게 한다. 하나는 역사 종교 인류학의 역설인데, 자본주의 정신의 발전과 칼뱅의 예정론 혹은 뉴잉글랜드의 청교도들이 지니고 있던 정신에 관한 막스 베버의 역설이다. 또 다른 유명한 역설은 윌리엄 뉴컴의 논리적이고 형이상학적인 유형의 역설이다. 나는 이 두 역설이 실은 하나의 역설임을 증명하면서 이 역설에 대한 최초의 해결책을 제시하고자 한다. 경제가 스스로를 뛰어넘어서 정치와 도덕에 관한 학문이 될 수 있도록 해주는 상황은 이 해결책에 비추어 볼 때 터무니없고도 진부한 것 같다. 그것이 터무니없는 이유는 경제학자들이 합리성이라 부르는 것에 관해서 경제학자들에게 가장 소중한 명제를 이 상황이 거부하고 있기 때문이다. 또 그것이 진부한 이유는 삶의 중요한 선택에서 우리는 모두 이 명제를 위반하고 싶어 하고, 바로 그래서 우리가 사회를 이룰 수 있기 때문이다. 이런 의미에서 우리는 모두 칼뱅주의 청교도들이라 할 수 있다.

나는 문제의 이런 환경이 이 사회를 정반대의 방향으로, 즉 개인적 소비 세계로 망명한 고립된 개인들로 이루어진 사회로 끌고 간다는 것도 밝혀낼 것이다. 이것이 바로 악의 문제에 관한 경제의 양면성이다. 모든 것은 신념과 거짓 믿음(허위의식)의 문제다. 칼뱅의 신념은 이제 와서는 '당당한' 소비 경제 이론이 만들어낸 소비에 대한 허위의식이라는 메아리를 받고 있다. 그러므로 카뮈식의 의미에서 우리는 모두 서로에게 '이방인'들이다. 우리는 타인과 독립적으로 살 수 있다고 여기는 동시에 그렇게 여기지 않는

다. 타인 없이도 잘 살 수 있다는 것을 타인들이 믿게 하기 위해서
는 우리에게 타인은 꼭 필요하기 때문이다. 결국 경제적 인간의
개인주의라는 것은 오늘날 사회가 행하고 있는 거대한 코미디라
고 말할 수 있다.

결론 부분의 몇 페이지는 나에게 '숙명론자'라는 비난을 안겨
주면서 최근 몇십 년 동안 내 작업을 지배해왔던 '극단적 비관론'
을 경험했던 사람들에게는 적지 않은 놀라움을 줄지 모르겠다. 막
스 베버 문제 해결에서 자신을 얻은 나는 다음과 같은 생각을 이
어나갈 것이다. 진정한 숙명론자는 흔히 짐작하는 그런 사람이 아
니라 경제에 현혹된 세계에 존재하는 가짜 개인주의의 희생양으
로서 여러 개의 세탁비누 중 하나를 선택하는 슈퍼마켓의 자유와
진정한 자유를 혼동하고 있는 사람이라는 생각이 그것이다. 노벨
경제학상을 받은 밀턴 프리드먼이 말하는 '선택의 자유'가 바로
슈퍼마켓의 자유이다.[4]

—

경제학자가 아닌 사람이 경제에 관해 생각할 수 있을까? 가능
한 일일 뿐만 아니라 필요한 일이다. 만약 경제가 경제학자들의
전유물이라면 경제에 관한 생각은 빈약해질 것이다. 지금 우리와
같은 문제를 제기하거나 이런 방식으로 경제에 접근하면 경제학
영역에서 나는 단숨에 축출되고 말 것이다. 경제학자의 닫힌 영역

안으로는 아무나 들어갈 수가 없다. 이런 문제에 관한 깊은 성찰이 없다면 '경제학'이라는 이름의 학문은 공허해지면서 사회적으로 아무런 책임도 지지 않는 자폐증으로 변질될 것이다.

경제학이 과오를 범했다는 것을 인정하는 경제학자들은 소수지만 그 숫자는 늘어나고 있다. 그와 같은 고백은 높이 살 만하지만 어떻게 그리고 왜 경제학이 과오를 범했는지를 논하는 이야기는 그야말로 귀에 거슬리는 축음기 소리와 같다.[5] 이 재난의 본질을 제대로 이해하려면 경제학에서 단호히 벗어나야 한다고 생각한다. 그렇다고 경제학에서 벗어나 아무 데나 가자는 말은 아니다. 철학, 정치학은 물론이고 사회학, 인류학, 인지 과학, 역사학과 같은 다른 사회 과학에 희망을 걸고 있는 '이단' 경제학자들이 많이 있다. 하지만 너무 늦은 것 같다. 이 학문들은 여러 차원에서 이미 경제에 현혹되어 있다. 경제 이론의 명성은 여전히 막강한데, 그 이유가 완전히 옳은 것은 아니다. 냉엄한 수학 도식이나 노벨상에 대해 과연 내가 아는 게 무어란 말인가? 자명한 것처럼 보이고 '논리적'인 것처럼 보여서 깊이 숙고하지 않아 안 좋은 결과를 낳는 선택들은 바로 부실한 철학적 기초 위에 놓여 있기 때문이라고 생각한다. 경제에 대한 나의 비판은 이런 차원에서 전개될 것이다.

프랑스어 어휘는 영어 어휘보다 상당히 빈약한 것 같은데, 이것이 때로 이점으로도 작용한다. 경제를 의미하는 프랑스어의 'économie'라는 말이 좋은 사례가 될 것이다. 이 말은 때로는 영어의 'the economy'처럼 어떤 영역이나 사회적 현실의 차원을 가리키고, 또 때로는 영어의 'economics'처럼 사회 현실 전반에 대한 시각을 가리킨다. 프랑스어가 이 두 가지 의미를 모두 가지고 있다는 사실은 경제의 영역과 경제적 시각의 연관성을 말해주고 있는 것 같다. 이때의 연관성은 어떤 사물과 거울에 비친 그 사물의 이미지 사이의 연관성이 아니다. 경제학은 그 대상인 사회 현실에 대해 잘못 생각하고 있다. 그것은 더는 현실을 자신의 이미지에 맞게 만들어내는 재현의 현실이 아니다. 경제 이론은 그것이 옳든 그르든 간에 분명 현실에 영향을 미치고 있지만 현실은 여전히 스스로 인과 관계라는 자율성을 유지하고 있다. 경제 이론과 사회를 연결 짓는 끈은 현실주의적이지도 않고 이상주의적이지도 않고 단지 복합적이다. 그것은 마르셀 모스로부터 피에르 부르디외에 이르는 전통 프랑스 인류학이 이야기하는 '집단 기만'의 성격을 띠고 있다.

여기서 문제를 하나 내겠다. 경제학자가 아닌 사람이 쓴 저술이 하나 있는데, 이 책은 경제 이론의 탄생 환경을 이해하려는 사람에게는 꼭 필요한 책이다. 이 책의 중심축 역할을 하는 중요한 장에는 "자기기만에 관해"라는 제목이 붙어 있다. 이 장을 읽고 나면 우리는 소위 '경제적' 행위에는 이 말의 일반적 의미에서의 경제적인 것은 하나도 없음을 깨닫게 된다. 우리는 물질적 부를 추구하지만 결코 충족을 느끼지 못하는데, 우리가 추구하는 것은 물질적 욕구의 만족이 아니기 때문이다. 물질적 욕구는 수많은 자원으로 채워질 수 있다. 우리의 추구가 끝이 없다는 것은 본디 비물질적인 것이 그러한 것처럼 그 대상이 무한한 것임을 말해주고 있다. 우리는 항상 더 많은 것을 원한다. 경제는 때로 그 어원(영어 이코노미economy는 그리스어로 가정家庭을 뜻하는 '오이코스oikos'와 관리를 뜻하는 '노모스nomos'의 합성어다)에 의지해서 '가정 물자의 해결'이라는 전통적 의미로 받아들여지기를 바라고 있다. 하지만 경제 이론은 희소 자원의 합리적 관리가 아니다. 우리가 참조하는 한 저자는 경제는 욕망에 의해 작동한다고 설명한다. 더 정확히 말하면 경제는 타인들에게 인정받고 존경받고자 하는 욕망에 의해 작동한다. 물론 이런 존경에는 선망이 녹아들어 있다. 우리가 아무리 많이 가져도 충분하다고 느끼지 못하는 것은 이 때문이다.

하지만 자신이 왜 그런 행동을 하는지 또 타인들은 왜 그렇게 행동하는지 그 동기를 모르고 있으므로 이 시스템은 잘 돌아가고 있다고 이 사상가는 설명해주고 있다. 자신의 행복에 없어서는 안 된다고 잘못 알고 있는 물질적 충족을 부가 가져다줄 것이라고 사람들은 믿고 있다. 하지만 잘못 짚은 것이다. 사람들은 부가 갖고 있지 않은 위력을 부에 부여하면서 잘못 생각하다가 결국 끝에 가서는 제정신을 찾게 된다. 부는 위력이 있다. 하지만 그것은 정확히 말해 사람들이 부에 빌려준 위력이다. 부는 타인들의 탐욕 어린 시선을 부를 소유한 사람에게로 끌어당긴다. 타인들이 탐할 가치가 없는 것을 탐하더라도 상관없다. 중요한 것은 탐욕의 시선 그 자체이다. 우리 모두 자신도 모르는 사이에 내심 즐기고 있는 것이 바로 이 시선이기 때문이다. 결국 경제는 모두가 속는 사람이자 동시에 속이는 사람인 속고 속이는 게임이다. 거대한 집단적 '자기기만'이다.

그렇다면 이런 것을 알려준 문제의 저자는 누구일까? 우선 토크빌이라고 생각한 독자들에게는 미안한 변명을 할 수밖에 없을 것 같다. 그는 《미국의 민주주의》 2권에 있는 "미국인은 풍족하면서도 왜 그렇게 불안해할까?"라는 흥미로운 제목의 장에서 "물질적 풍요에 대한 열정이 아무리 일반화되어 있어도, 말하자면 미국인에게 있어 물질주의는 존재하지 않는다"라고 쓰고 있다. 지금 이 시대를 두고 한 말인 것 같다.

앞에서 내가 낸 문제에는 하나의 함정이었다. 문제의 이 저자는 경제학자로서뿐만 아니라 이 학문의 창시자로서도 널리 알려진 사람이기 때문이다. 그렇다. 그는 바로 몇 세기 동안 터무니없는 소문이 나돌았던 애덤 스미스다. 하지만 《도덕감정론》을 발표한 1759년의 애덤 스미스는 아직 경제학자가 아니었고, 1776년에 발표한 《국부론》으로 경제학자가 되었다. 애덤 스미스가 스코틀랜드의 빛, 글래스고의 도덕 철학자로 불리게 된 것도 바로 이 탁월한 걸작 덕분이었다. 하지만 애덤 스미스가 항상 《국부론》의 모태로 여기고 있는 《도덕감정론》은 사회 철학에 관한 총체적 성찰의 종합판이라 할 수 있다. 그렇다. 애덤 스미스에게 부는 타인의 시선을 끄는 것이며 바로 그 때문에 사람들은 부를 욕망하고 있다는 것이다. 사람들이 부를 욕망하는 것은 결국 타인의 시선을 받기 위해서다. 가난한 사람들은 물질적 빈곤보다는 아무런 시선도 받지 못하고 있다는 사실 때문에 더 힘들어한다.

경제가 수전노 냄새를 풍기는 '절약'이라는 애초 의미와는 달리 무한 성장을 전망하는 것은 필요보다는 욕망에 의해 작동하고 있기 때문이다. 애덤 스미스 이후의 경제사상사는 거의 언제나 이런 기본적인 생각을 망각하거나 억압하는 데서 출발한다. 현실 경제가 거대한 자기기만이므로 이론 경제에 전면적인 기만의 냄새가 만연한 것은 당연한 것인지도 모른다. 대상에 대한 관점의 관계를 생각해야 하는 것도 이 때문이다.

그러므로 우리는 그 목적이 그 이름이자 연구인 경제학이라는 학문과 경제를 '대조적으로' 생각해야 한다. 다시 말해 경제는 경제학과는 다르게 그러나 경제학과 함께 생각해야 한다는 말이다. 경제 이론이 보석처럼 훌륭한 인간 지성의 걸작을 펼쳐냈음을 인정하는 것과 방금 우리의 설명은 모순 관계에 있지 않다. 거짓말쟁이, 특히 스스로에게 거짓말을 하는 사람들은 교활한 궤변가들이기 쉽다. 그들의 이야기가 자기기만임을 밝혀낼 때, '있는 그대로의' 현실을 재현한다고 주장하는 순진한 사람의 말을 들을 때보다 감추어진 진실을 더 많이 알게 될 것이다.

1
장

————

경
제
와
악
의
문
제

1. 악의 문제

오늘날 경제는 우리 삶을 왜 이렇게 과도하게 지배하고 있는 것일까? 이 질문에 답을 찾는 최선의 방법은 먼저 경제가 악의 문제를 해결할 수 있다고 생각하는 사람들을 살펴보는 것이다. 근대 철학사는 이 질문에 대한 일련의 답변들로 이루어졌다고도 볼 수 있다.[1] 경제사상의 역사도 유사한 길을 걸어왔다.

죽음이나 질병, 사고를 최고선의 원칙에 따라 하늘이 그 뜻을 거스른 자에게 내리는 천벌로 여기던 때가 있었다. 악의 실질적 원인이 신이라는 뜻이다. 여기서 신이 죄와 악의 원인도 될 수 있느냐 하는 문제가 생겨난다. 만약 신이 죄의 원인이라면 신은 자신의 천지 창조를 스스로 훼손하는 행위를 어떻게 정당화할 수 있을까? 신을 증명하는 행위를 '변신론辯神論'('변신theodicy'은 그리스어에서 신神을 뜻하는 '테오theo'와 정의正義를 뜻하는 '디케dike'의 합성어로 신정론이라고도 한다)이라 부르는데, 원칙적으로는 완벽한 창조에서 나온 이 세상에 엄연히 존재하는 악에 의미를 부여하려는 인간의 모든 시도를 일컫는 말이다. 이 곤란한 문제에 아우구스티누스가 내놓은 답이 오랫동안 인정받아왔다. 신은 악을 원하지 않았다. 하지만 자신의 모습에 따라 인간을 자유로운 존재로 창조했으므로 신은 인간에게 악도 선택할 수 있는 자유를 주었다는 것이다.

아우구스티누스의 주장은 많은 공격을 받았다. 그중에서도 가장 맹렬하게 공격한 사람은 《역사 비평 사전》(1695~1697)이라는 기념비적 저작을 쓴 칼뱅주의자 피에르 벨이다. 만약 우리가 지긋지긋한 변증론자들에게 선물을 주면서 조롱하고 싶다면 그들을 파멸로 이끌 무언가를 던져주는 일보다 더 쉬운 것은 없을 것이다. 독일의 철학자이자 수학자인 라이프니츠는 피에르 벨의 주장에 반박하며 아우구스티누스를 옹호했다. 라이프니츠는 두 권의 책을 통해 아우구스티누스를 옹호하는 작업에 나섰는데, 첫 번째 책은 1710년에 나온 《변신론》이며 두 번째 책은 4년 뒤에 나온 《모나드론》이다.

라이프니츠의 변신론은 이렇게 요약할 수 있다. 신의 오성 안에는 분명 무한히 많은 세상이 들어 있다. 하지만 그것을 드러내기 위해서는 그중 하나를 선택해야 한다. 그런데 모든 결과에는 원인이 있다는 충족이유율에 따르면 이 선택은 아무렇게나 행해지지 않았을 것이다. 신은 최대한 완벽한 세상을 제시한다는 명분으로 최선의 세상을 택할 수밖에 없었을 것이다. 그렇다면 달리 선택할 수는 없었을까? 신의 선택을 이끈 필연성은 단지 도덕적인 것이었지 논리적으로 아무런 모순이 없는 형이상학적인 것이 아니었다. 최선의 세상을 실현하기 위해 신은 약간의 악을 남겨두는 데 동의할 수밖에 없었을 것이다. 그렇지 않았다면 세상은 더 나빠졌을 것이다. 모나드monad(단자)인 개인의 시각에서 악으로 보이는 것도 전체 시각에서 보면 큰 선을 위한 희생이다. 그러므로 악은 단순한 결과이자 환상일 뿐이다. 라이프니츠의 변신론은 도덕 철학에서 공리주의의 모태가 되었고, 모나드론은 애덤 스미스

가 주장한 '보이지 않는 손'의 모태가 되었다고 흔히 알려져 있다.[2]

1755년 11월 1일 지진이 발생하며 라이프니츠의 '낙관론'도 무너졌다. 지진은 화재로 모든 것을 삼킨 다음 모로코 해안을 덮치고 포르투갈 수도 리스본을 폐허로 만든 15미터 높이의 거대한 쓰나미로 대단원의 막을 내렸다. 이 재앙으로 두 가지 철학적 입장이 대두되는데, 우리는 이 두 입장을 편리하게 볼테르와 루소의 이름으로 묶을 수 있을 것이다. 1756년 3월 볼테르가 〈리스본 재난에 관한 시편Lettre à Monsieur de Voltaire〉을 발표하자 이에 대해 루소는 1756년 8월 18일 〈볼테르 선생에게 보내는 편지〉로 반박한다.

오늘날 '포스트모던'과 유사한 입장을 취하고 있는 볼테르는 지진과 같은 재앙의 완전한 우연성을 받아들일 것과 우리가 그 원인과 결과의 연쇄를 절대 알 수 없음을 인정하자고 권한다. 하지만 루소는 인간의 죄악에 벌을 내리는 존재는 신이 아니며 그와 같은 사건에 대해 원인과 결과라는 인간적이고 과학적 설명을 찾아낼 수 있다고 주장한다. 루소는 1762년 출간한 《에밀》에서 교훈을 찾는다. 이 책에서 루소는 이렇게 말한다. "사람아, 누가 재난을 일으켰는지 더는 찾지 마시라. 바로 당신이니까. 당신이 행하고 당신이 힘들어하는 그 불행 말고 다른 불행은 없는 법이다. 불행은 당신에게서 나와서 당신에게로 돌아간다."[3]

2004년 크리스마스에 발생한 아시아 쓰나미와 이듬해 8월에 발생한 허리케인 카트리나 같은 규모가 큰 자연재해에 대한 사람들의 반응을 보면 분명 루소가 우세한 것 같다. 문제는 이런 자연

재해에 관한 사람들의 판단이다. 허리케인 카트리나에 관해 〈뉴욕 타임스〉는 "인간이 만든 재앙"이라는 제목을 뽑았다. 쓰나미에 대해서도 이와 유사한 제목의 기사들이 나왔다. 그들이 그런 제목을 뽑은 데는 이유가 있었다. 도시화와 관광 산업, 수산업, 지구 온난화 때문에 태국의 산호초와 맹그로브가 그렇게 깡그리 파괴되지만 않았어도 쓰나미 파도의 살인적 진행을 어느 정도 막음으로써 재난의 규모를 상당 부분 줄일 수 있었으리라는 것이다. 카트리나가 휩쓴 뉴올리언스는 도시를 보호하는 방파제가 오래전부터 유지 보수되고 있지 않았고 루이지애나 해안을 관리하던 국립 해안경비대가 이라크 전쟁에 동원되는 바람에 그 자리가 비어 있었다. 그리고 무엇보다도 이처럼 위험에 노출된 곳에 도시를 짓겠다고 생각한 사람이 누구였는지 의문을 품을 수밖에 없다. 게다가 일본은 지리적 특성상 대규모 지진과 쓰나미가 자주 발생해 원자력 발전소를 건설해서는 안 된다는 주장이 오래전부터 수차례 있었다. 이 이야기들을 정리하면 이렇다. 인간을 괴롭히는 불행에 대해 유죄까지는 아니라 하더라도 그 책임은 바로 인간 자신에게 있다.

이런 인간의 악을 루소는 '자기애amour de soi'와 다른 '이기심amour propre'이라 불렀다. 최근에 나는 애덤 스미스가 말하는 'self love'는 루소가 말하는 이기심으로 해석해야 한다고 했다.[4] 이기심에 관해 루소는 《대화: 루소, 장 자크를 심판하다》에서 이렇게 말한다.

모두 직접 행복을 향하는 우리의 원초적 열정은 자기애와 관련된 것에만 관여하고 있다. 이것들은 모두 그 본질에서는 부드러운 연인이다. 하지만 장애물 때문에 목표에 도달하지 못하면 우리 열정은 목표에 도달하는 것보다 장애물을 피하는 데 더 몰두하게 된다. 이렇게 되면 우리의 열정은 증오에 차서 걸핏하면 화를 잘 내는 성질로 변하게 된다. 선량한 자기애가 이기심으로 변하게 되는 것도 이 때문이다. 이기심은 편애를 낳는데 서로를 비교하는 상대적 감정인 이기심에 탐닉하게 되면 자신의 행복에 만족하는 것이 아니라 오로지 타인의 불행에만 만족하려 하는 순전히 부정적인 결과를 낳는다.[5]

파괴의 힘인 이기심은 자기애의 논리인 이해를 벗어나 있지만 자기애의 논리에서 나왔다. 자기애에서 이기심이 떨어져 나오는 것은 이해가 '교차'할 때라고 루소는 적고 있다. 여기서 교차는 시선의 교차를 말한다. 부정적 장애물에 집중하는 것은 바로 '나쁜 시선으로 바라본다'는 라틴어 '인비디아invidia'에서 나온 선망envie과 질투, 원한, 파괴적 증오들인데 모든 이성, 심지어는 최소한의 이성마저 포기하면서 장애물 제거에 몰두한다.

20세기 정신적 재앙은 루소와는 완전히 정반대인 새로운 악의 체제를 들어서게 했다. 블라디미르 얀켈레비치Vladimir Jankélévitch에 따르면 루소의 생각은 '인간 변신론', 즉 신을 대신하는 인간에 대한 변신론이다. 악의 자연화를 말할 수 있을 정도로 신이나 '자연'

이 다시 부각되었다.

1958년 독일 철학자 귄터 안더스는 '원자 및 수소 폭탄 반대 국제회의'에 참석 차 히로시마와 나가사키를 방문했다. 그는 방문 기간 원폭 피해자들과 많은 대화를 나눴는데, 당시 일기에 다음과 같이 적고 있다.

스스로가 바로 그 엄청난 재앙의 피해자이면서도 죄인에 대해서는 일언반구도 없었다. 그 재앙이 인간에 의해 저질러졌다는 사실에 관해 입을 다문 채 조그만 원한도 내비치지 않는 그 의연함은 나로서는 이해하기 힘들었다. 내가 이해할 수 있는 범위를 넘어서 있었다.

그러고 나서 이렇게 덧붙인다.

그들은 원자 폭탄을 언제나 지진이나 쓰나미처럼 말했다.[6]

귄터 안더스는 동료이자 아내였던 한나 아렌트와 거의 같은 시기에 새로운 악의 체제를 밝혀내려 했다. 아렌트는 아우슈비츠를 이야기했고, 안더스는 히로시마를 이야기했다. 아렌트는 아이히만의 심리적 장애를 '상상력 결여'라고 진단했다. 반면 안더스는 파괴의 힘까지 포함한 인간 능력이 인간 조건에 비해 과도하게 커지는 것은 한 특정한 개인의 장애가 아닌 누구에게나 있는 장애 때문임을 입증했다. 이 경우 악은 그것을 저지른 자들의 의도와 무관하게 스스로 자율성을 획득한다. 안더스와 아렌트는 악의가 전혀 없어도 거대한 악이 생겨날 수 있다는 사실을 지적한다. 전혀 악의가 없어도 끔찍한 만행을 저지를 수 있다는 뜻이다. 악이 우리의 상상력을 초월하면 우리가 지닌 도덕적 범주로는 그 악을 묘사하고 판단할 수 없게 된다. 그럴 때 우리는 "우리가 저지른 엄청난 범죄는 바로 자연을 거스르는 것이다. 그래서 지구가 복수를 외치고 있다. 악은 자연의 조화를 깨뜨렸데, 이는 징벌만이 되살릴 수 있다"라고 말할 수밖에 없다.[7] 유럽의 유대인들은 대량 학살이라는 '홀로코스트'라는 말 대신에 특이하게도 해일, 쓰나미와 같은 자연적 재앙을 의미하는 '쇼아shoah'라는 말을 사용한다. 이는 악의 희생자이거나 책임자가 스스로 그 악을 제대로 생각할 수 없게 되었을 때 자연현상으로 간주하려는 경향이 있음을 말해준다.

이제 악의 문제와 관련한 경제에 대한 나의 생각을 펼칠 때가 왔다. 프랑스 사회학자 에밀 뒤르켐은 마지막 저서 《종교생활의 원초적 형태》(1912)에서 다음과 같은 주장을 펼쳤지만 당시 인류학자들은 시시한 것으로 여겼다. 이 방대한 저서의 결론에서 뒤르켐은 이렇게 적고 있다.

우리는 사상과 학문의 기본 카테고리에는 종교적 기원이 들어 있다는 것을 밝힌 바 있다. 또 우리는 마술도 그렇지만 거기서 나온 다양한 기술들도 그러하다는 것도 알게 되었다. 한편으로 도덕이나 법규도 제의적 처방과 크게 구분되지 않는다는 것 또한 오래 전에도 그랬지만 비교적 진보한 오늘날에도 우리는 잘 알고 있다. 간단히 말하면 사회적 제도의 거의 모든 것이 종교에서 나왔다고 말할 수 있다.[8]

내가 강조한 '거의 모든'이라는 표현은 아주 당연한 말인데, 여기에 딸린 주석이 그 의미를 제공해준다.

사회 활동 중에 종교와 명백하게 연관되어 있지 않은 것이 단 한 개가 있는데, 그것은 바로 경제 활동이다. 하지만 마술에서 나온 모든 기술은 간접적으로 종교적 기원이 있다. 그런데 경제적 가치는 일종의 권력이나 효율성인데, 권력이라는 개념 자체가 종교에서 나왔다는 것을 우리는 알고 있다. 초자연력[mana]을 부여할 수 있는 부에는 그래서 어떤 초월의 힘이 있다. 여기서 우리는 경제적 가치와 종교적 가치의 개념은 무관하지 않다는 것을 짐작할 수 있다. 하지만 문제는 이 관계에 관한 연구가 아직도 시작되지 않았다는 것이다.[9]

지난 30년 동안 경제에 관한 내 연구를 이끌어온 것은, 경제는 종교와 연관이 있다는 확신뿐만 아니라 오늘날 세상의 특징인 신성 상실이라는 종교적 과정을 겪으면서 공석이 된 그 자리를 경제가 차지하고 있다는 확신이었다.

2. 경제의 폭력

사람들은 2008년에 시작된 지구촌 경제의 급작스러운 붕괴를 묘사하면서 '지진'이나 '쓰나미' 같은 표현을 자주 사용한다. 이 같은 단어들은 그 사용에 주의를 기울이는 사람이 거의 없을 뿐만 아니라 언론을 거치면서 이제 진부한 표현이 되고 말았다. 그러나 엄청난 정신적 재앙을 자연적 재앙과 동일시하는 현상에는 충격적이고 심오한 진실이 있어 깊이 생각해볼 만하다.

바다 깊은 곳에서 큰 물살이 갑작스럽게 솟아 빛의 속도로 퍼져 평화로운 해안을 급습할 때 물살에 쓸려갈 것과 살아남을 것을 물살이 선택하는 게 아니다. 리스본에서 지진이 일어난 뒤 라이프니츠의 변신론을 비판하던 볼테르의 말을 우리도 따라 할 수 있을 것이다.

> 라이프니츠는 알려주지 않았네.
> 멋지게 정리된 이 세상에서
> 불행의 혼돈, 끝없는 무질서가
> 보이지 않는 어떠한 매듭으로
> 가짜 즐거움과 진짜 고통을 한데 뒤섞고 있는지,
> 또 알려주지 않았네
> 무고한 사람들이 왜 이런 화를 당해야 하는지도.[10]

금융 사기의 세계적 대가들은 대가를 치렀거나 앞으로 치를 것이다. 하지만 그들을 신뢰한 잘못밖에 없는 공익을 목표로 하는 기구들 또한 똑같이 피해를 입었다. 잘 나가던 기업이나 탄탄하던 금융기관이 무너질 때 다른 사기꾼들은 분명 무사히 빠져나갔을 것이다. 담력이 좋아 용기 있는 사람들은 지금 세계를 강타하고 있는 이 불행이 맹목적임을 인정하고 볼테르처럼 결론지으라고 요구하고 있다.

모든 게 잘 되리라는 생각은 없었다.
난 의사와 같으니. 이런! 난 아무것도 모른다오.[11]

지금의 위기를 해석하는 데 이런 용기와 현명함이 부족한 사람들에는 두 부류가 있다. 한 부류는 시장의 '효율성'이라는 독트린에 아직도 집착하고 있는 사람들이고, 다른 한 부류는 자본주의가 지금도 가난한 자들을 착취하여 힘 있는 자들을 부유하게 하고 있다고 상상하는 음모론자들이다. 이들은 자본주의를 전지전능한 존재라도 되는 양 여긴다. 이 두 부류의 사람들은 모두 의미가 없는 것에서 의미를 찾았다고 믿으면서 마음을 놓고 있다.

경제 논리를 지탱하는 기둥 중 하나가 완전히 무너지고 말았는데, 바로 경기 부양론이다. 자유주의 이론가들치고 시장에 대한 제재가 정당하다고 여기는 사람은 거의 없다. 《정의론》(1971)을 쓴 존 롤스를 비롯한 자유주의자들 대부분은 시장 제재를 정의롭

다거나 부당하다고 표현하는 것 자체가 무의미하다고 주장한다. 시장에 의한 가치 상승은 주체들의 미덕, 도덕적 가치나 필요와는 무관하다는 것이다. 뼈 빠지게 일하지만 가난에 허덕이는 무능한 의사가 있다고 해보자. 그는 경쟁에서 밀려날 것이다. 이것이 부당한 일일까? 이는 정의와 아무런 관련이 없다. 규칙은 만인에게 동일하다. 그 과정은 이름도 의도도 주체도 없다. 반면에 자유주의자들은 주체의 행위와 시장 제재 사이에는 연관성이 있어 주체를 합리적 선택에 이르게 한다는 것을 공통으로 인정한다. 그 선택이 다른 사람의 선택과 합쳐져 공동선의 방향으로 나아가게 될 것이라는 믿음과 함께 말이다. 위의 무능한 의사가 직업을 바꾸고 자신의 진정한 재능을 발견하여 그 재능을 다른 사람들을 위해 쓴다면 자신에게도 이로울 것이다. 우리가 행동하면 시장이 반응하는 식의 단순한 관계가 파괴된 것이 지금 우리가 겪고 있는 자본주의 위기다. 아니 어쩌면 이 위기가 이런 관계의 허상을 폭로했다는 것이 더 나쁜 것인지도 모른다. 경제 주체는 모두 보이지 않는 신의 기분에 따라 움직이는 꼭두각시가 되어가고 있다. 이 위기는 의미의 위기이고, 의미의 위기는 총체적 혼란을 낳고 있다.

경제가 폭력적이라는 것은 새삼스러운 얘기가 아니다. 자본주의, 특히 소외와 착취에 관한 마르크스의 주장은 그 어느 때보다 오늘날 더 효력을 발휘하는 것 같다. 20세기 역사는 공산주의의 끔찍함을 보여주기에 충분했다. 자유주의 경제학의 대가들은 경제가 해롭고 유독하고 폭력적임을 나름대로 인정했다. 애덤 스미스는 '도덕 감정을 타락'시키는 원인을 경제라고 했다. 케인스는 경제는 완전 고용이라는 균형점으로 돌아가는 것이 아니라 경제 주체가 서로의 원인이 되어 실업과 일자리 위기라는 극히 나쁜 상태로 고착되는 메커니즘임을 보여주었다.

근래의 비판에도 이에 못지않은 설득력과 진실이 담겨 있다. 프랑크푸르트학파와 이반 일리치와 정치 생태학 그리고 한나 아렌트, 귄터 안더스, 한스 요나스 같은 이른바 '하이데거의 후예들'은 모두 경제의 폭력적 양상을 조명했다.

3. 폭력으로부터 우리를 지켜주는 경제

이 모든 것은 잘 알려진 사실들이다. 하지만 잘 알려지지 않은 것이 있다. 탈신성화 사회에서 경제가 인간 폭력을 '억제하기' 위한 유일한 수단으로 간주되던 시절도 있었다는 사실이다. 여기서 흥미로운 점은 이를 정당화하는 주장이 대부분 경제 비판론자들이 경제를 비판하면서 펼쳤던 주장과 같다는 것이다. 독일 경제사상가 앨버트 허시먼이 《정념과 이해관계》에서 이를 증명했다.[12] 허시먼은 생각의 발생과 운명과 몰락을 이야기한다. 허시먼에 따르면 물질적 이득을 위한 사익 추구로 이해되는 경제 활동은 혼란과 상호 파괴라는 과도한 정념에 대한 치유책이다. 안팎의 전쟁으로 분열되어 위기에 처한 사회에서 외부 규제 기구와 같았던 종교도

제 역할을 하지 못했다. 개인의 행동을 통제하면서 집단 붕괴를 막아주던 이 성스러움을 대신할 무언가를 찾던 중 경제가 인간의 정념을 억제할 수 있으리라는 생각이 생겨난다. 크나큰 아이러니가 아닐 수 없다. 허시먼이 말하듯 "자본주의는 머지않아 비난받을 최악의 특성을 제대로 획득하리라 간주되었다."[13] 경제적 계산 능력 하나로 환원되는 존재의 일차원화와 모든 행위의 예측 가능성, 개인의 고립화와 인간관계 감소는 오늘날 자본주의 사회에서 우리가 개인의 소외라고 묘사하는 것들이다. 그런데 여기서 특기할 점은 이 모두가 당시 권력이나 타인으로부터 인정받기 위해 사람들이 벌이던 유혈 투쟁을 멈추게 할 것으로 생각하여 고안되었다는 것이다. 사적 영역으로 물러나서 이기적으로 서로에게 무관심할 것, 이것이 바로 폭력을 낳는 정념의 '전염'에 대해 사람들이 생각해낸 치유책이었다. 허시먼은 몽테스키외, 제임스 스튜어트, 데이비드 흄과 같은 사상가들에 의지하며 자신의 주장을 펼쳤다.

하지만 사회철학자로서 노벨상을 받은 프리드리히 하이에크로 인해 전통적인 주장들에서 방향을 크게 바꾸게 된다. 케인스의 적수 역할을 한 하이에크는 케인스학파보다는 신고전학파로부터 더 배척을 받은 경제학자였다. 이는 하이에크가 신고전학파 이론의 토대와 같던 경기 부양론을 대부분 인정하지 않았기 때문이다. 이후 케인스학파는 경기 부양론에 완전히 매몰된다.[14] 내가 앞에서 '경제의 터무니없음', 즉 넌센스라 부르던 것을 하이에크는 '사회 과정의 보이지 않는 힘'이라 부르고 있다. 하이에크가 보기에 이 보이지 않는 힘에 몸을 맡기는 것이야말로 자유와 효능과 정의와 사회 평화를 위한 조건이었다.

하이에크는 때로 역설적이게도 자신의 적인 구성주의자 루소를 연상시키는 용어를 사용해 논지를 펼친다. 가령 타인의 자의적 의지에 종속되어 있을 때가 악이라는 식이다. 종속성에서 벗어나는 것이 자유의 조건이며, 모두는 자기를 능가하는 보편적이고 추상적인 규칙을 따라야만 종속에서 벗어날 수 있다. 루소가 실정법도 자연법과 똑같은 엄격성과 외재성을 갖기를 원했다면, 하이에크는 시장 법칙을 논리적으로 훨씬 더 필연적인 것이며 쉽게 이해하기 어려운 것으로 보았다. '사회의 복합성'으로 인해 개인들은 예측도 못 하고 수정도 못 하는 어떤 방향으로 달려가게 하는 막연한 힘밖에 볼 수 없기 때문이다.

하이에크는 그 방향이 옳은 방향이라고 우리에게 장담한다. 경기 부양책이 작동하지 않을 때 시장이 효과적일 수 있다는 생각은 (내가 앞에서도 말했고 경제학자들을 설득할 생각은 전혀 없지만) 이 오스트리아 사상가가 일반 균형 모델에 기여한 커다란 혁신이라 생각한다. 하이에크의 주장을 구체적으로 설명하려면 그의 '문화적 진화 및 선택 이론'을 설명해야 하는데 내 능력을 벗어나는 일인 것 같다.[15] 하지만 우리가 만들었지만 우리를 능가하는 추상적 규칙과 힘을 따르는 것이 사회 정의와 평화의 조건이라고 하이에크가 주장한 이유에 대해서는 말할 수 있을 것 같다. 그것은 원한, 선망과 같은 파괴적인 정념의 샘을 마르게 하기 때문일 것이다. 하이에크에 따르면 일자리에서 쫓겨나 생계를 이어나가기 힘들 정도로 시장으로부터 호되게 당한 사람일지라도 그런 상황을 누군가 의도했다고는 생각지 않기에 굴욕감을 느끼지 않는다.

여기서 우리는 아렌트와 안더스 등이 아우슈비츠나 히로시마 그리고 핵 억제나 이른바 NBIC(나노 기술, 생명 기술, 정보 기술, 인지 과학 기술) 융합 등과 관련해 묘사한 새로운 악의 체제를 받아들이게 된다. 이 체제 안에서는 악도 선한 것이 된다. 하이에크가 이름 붙인 이 '자기 초월적' 체제는 때로는 필리아^philia의 새로운 정의인 우정과 연동된 선의 새로운 모습으로, 때로는 우리에게서 나왔지만 어떻게 표현할 수 없는 새로운 악의 모습으로 나타나게 된 것은 아닐까? 만약 그렇다면 이것은 누군가가 악의 '양면성'이라 부르던 것의 분명한 예증은 아닐까?

경제는 마르크스와 오늘날의 자본주의 비판자들이 생각하는 것처럼 정말 폭력의 원천인가, 아니면 몽테스키외로부터 하이에크에 이르는 자유주의자들이 생각하듯 폭력의 치유책인가? 경제는 약인가, 아니면 독인가?

4. 경제와 성스러움

30년 전에 애덤 스미스를 다시 읽으며 이런 모순을 극복할 방법을 찾다가 르네 지라르를 알게 된 것도 그때였다. 이 스코틀랜드 경제학자에 대한 나의 해석은 말장난이 아닌 하나의 경구로 요약할 수 있다. 나는 당시 애덤 스미스의 《도덕감정론》과 《국부론》의 명백한 모순 문제인 이른바 '애덤 스미스의 문제'에 대해 새로운 답을 모색하던 중 "애덤 스미스에게 경제는 폭력을 '포함하면서도 억제하고'(프랑스어 동사 'contenir'는 '포함하다'와 '억제하다'라는 의미를 동시에 지닌다 - 옮긴이) 있다"는 생각이 들었다. 경제에는 폭력이 내재되어 있는 것이 사실이다. 하지만 경제가 폭력을 저지한다는 것 또한 사실이다. 경제에 의해 폭력이 억제될 수 있어 사회 질서의 붕괴도 막을 수 있음이 드러나기 때문이다. 말하자면 악에 대한 경제의 양면성은 폭력에 대한 성스러움의 양면성의 관계와 같다.

여기서 복합적인 해석으로 넘어가야겠다.[16] 프랑스의 역사가이자 철학자인 엘리 알레비(Élie Halévy)의 말을 빌리면 애덤 스미스는 '이익의 자연스런 조화' 모델을 생각해내 경제학의 아버지로 불린다는 이야기를 귀에 못이 박히도록 들어왔다. 자기애로 생기를 얻고 자신의 '이기적 이익'에 따라 움직이는 개인들은 마치 '보이지 않는 손'에 의해 조종되는 것처럼 자신이 바라지도 않고 알지도 못하는 사이에 사회의 번영과 집단의 조화를 만들어낸다. 이런 점에서 애덤 스미스의 철학은 정념이 사라진 것만 제외하고는 허시먼이 분석한 노선의 전통에 속한다.[17]

이는 수 세기 동안 전설처럼 유포되어온 해석상의 심각한 오류라고 생각한다. 애덤 스미스에게 있어 이익은 그 자체가 포함하고 있으면서도 억제하고 있는 파괴적 정념에 물들어 있는 것이다.

루소의 분류를 따르면 사람들이 자신을 사랑하는 것은 자기애가 아니라 이기심의 발로다. 이를 달성하려면 타인의 '공감'을 끌어내야 한다. 우리가 부를 원하는 것은 물질적 만족 때문이 아니다. 그보다는 타인들에게서 부러움이 가득 담긴 감탄을 사고 싶어서 부를 원한다. 공공연한 번영은 필히 '도덕 감정의 오염'이라는 대가를 치르게 된다.

르네 지라르의 《폭력과 성스러움》의 인류학을 처음 발견했을 때 내가 받은 지적 충격은 형언할 수 없을 정도로 정말 엄청났다.[18] 이 책에는 역설 형식으로 된 나와 동일한 생각이 담겨 있다. 성스러움에 의해 폭력은 스스로 거리를 둠으로써 자신의 한계를 지키게 된다는 것이었다. 성서에서 "사탄이 사탄을 추방한다"라고 표현한 그대로다.

르네 지라르는 제2차 세계 대전과 지난 수십 년간의 구조주의와 '해체주의' 같은 후기구조주의로 인해 단절되었던 종교 인류학의 전통을 다시 이으며 '문화의 기원' 문제를 힘겹게 제기했다. 에밀 뒤르켐과 마르셀 모스, 지그문트 프로이트, 제임스 조지 프레이저, 아서 모리 호카트 같은 사회 이론가들을 본떠서 제기한 문화의 기원이라는 문제는 지라르에게 '성스러움의 기원'과 같은 문제다. 지금은 사람들 입에 자주 오르내릴 정도로 널리 인정받는 지라르의 '가설'은 요컨대 성스러움을 인간 폭력의 자동 표출 메커니즘에서 나온 것으로 가정한다. 이때 폭력은 제의적 관습이나 규칙, 제도, 금기와 의무라는 형태로 겉으로 분출함으로써 제어된다. 겉으로는 상반된 것처럼 보이는 무질서한 '나쁜' 폭력을 제어하는 '좋은' 폭력이 바로 성스러움이라 할 수 있다. 우리가 현대라고 부르는 세상의 탈신성화 움직임은 인류 역사에 조금씩 스며든 '좋은 폭력과 나쁜 폭력은 같은 것이 아닌가' 하는 생각에 의해 시작되었다. 본질적으로 차이가 없다면 어떻게 될까? 우리는 이런 생각과 의문을 어떻게 갖게 되었을까? 이 질문에 대한 르네 지라르의 대답은 익히 알려져 있듯이 바로 신약 성서에 나오는 예수 수난 이야기와 그 해석 때문에 우리에게 밝혀진 이른바 "세상 설립 이래 감추어져온 것들"이다.

내가 여기서 문제로 삼는 것은 이 전복적인 가설이 아니라 르네 지라르 인류학이 제기만 해놓고 해결은 하지 못한 질문이다. 진실을 밝혀내는 작업에 의해 희생양 제도의 효능은 갈수록 사라져가고 우리는 또다시 자신의 폭력과 직면하게 되었다. 이게 바로 기독교가 우리에게 안겨준 고민거리다. 기독교가 마키아벨리 같은 사람에게 위험해 보인 것도 이 때문이었다. 그렇다면 지금까지 인간 집단이 체제 내부의 폭력에 의해 자멸이라는 불행한 운명을 아직 겪지 않았다는 상황을 과연 어떻게 설명할 수 있을까?

나는 30여 년 전 캐나다 철학자 폴 뒤무셸Paul Dumouchel과 함께 쓴 한 책에서 경제는 그 수단만 다를 뿐 성스러움의 연장이라고 대답했다. 성스러움과 마찬가지로 경제는 폭력으로 폭력을 막고 있다. 성스러움과 마찬가지로 경제에 의해 사람들의 폭력은 스스로 제어되고 있다. 헤겔이 말했듯이 신들의 퇴조로 인해 극도로 위험해진 '근대 세계의 본질적 형태'가 바로 경제인 것도 바로 이런 이유 때문이다. 오늘날의 위기에서 의미를 찾기 위해서는 이런 틀에서 생각해보아야 한다.

5. 경제의 자기 초월성과 패닉

앞서 언급한 하이에크의 사상처럼 경제사상과 경제에 영향을 받은 사회 철학에는 자기 초월의 형상이 들어 있다.[19] 하지만 그것은 결코 방금 우리가 확인해본 그런 형식으로는 나타나지 않는다. 악은 스스로를 초월하면서 억제하지 못한다. 변신론의 고전적 도식을 빌리면 선은 일종의 필요악처럼 악을 이용하며 악을 포함하면서도 억제하고 있다.《파우스트》에서 "항상 악을 원하는 이 힘의 한 부분은 언제나 선을 행한다"라는 메피스토펠레스의 말처럼 버나드 맨더빌의 우화에 나온 "개인의 악덕, 사회의 이익"이라는 그 유명한 경구는 '경제 이데올로기'의 탄생을 엿볼 수 있게 한다. 형식은 위계상 모순이다. 하위 층위에서 나온 상위 층위가 하위 층위와 모순되는 형식이다. 이처럼 불가사의한 것이 바로 층위 간 본질의 정체다.

　레옹 발라Léon Walras와 그 후계자들에게서 나온 일반 균형 모델은 지나친 수학적 단순화로 똑같은 도식을 낳는다. 오늘날 세계 금융 위기로 시장은 자동 조절된다는, 즉 저절로 균형의 길을 찾는 신화를 이야기할 때마다 비판받는 것이 바로 이 일반 균형 모델이다. 그러면서 비판자들은 시장을 확실히 통제해야 한다는 결론을 내놓는다. 이 말에는 적잖은 개념 혼동과 범주의 오류가 있다. 이런 비판자들은 예전이었다면 시장이 자동 조절된다는 말이야말로 인간이 통제할 필요가 없음을 의미하므로 상품 사회에서 인간의 소외를 말해주는 증거라고 주장했을 것이다. 그러면서 이들은 자본주의 체제에서 시장 자율성은 민주주의 원리에 반하는 것이라고 매도한다.

한 가지 주목할 점은 시장이나 경제가 지닌 자동 조절 능력이다. 자율이라고 말할 수 있는 이 자동 조절은 외재성의 출현을 반드시 동반하며 그 결과는 효과와 정의의 기준에서 볼 때 처참하기 쉽다. 번영기나 공황 상태에도 시장은 자율적으로 자동 조절을 한다. 이런 것이 바로 시장의 본질적 특성 중 하나다. 결과가 원인에 피드백되는 모든 복합 체계들이 그렇듯이 말이다. 시장은 스스로의 외재성을 만들어내면서 스스로를 조절한다. 이 외재성은 각 개인의 행동이 모여서 만든 결과지만 개인들을 능가하는 힘처럼 보인다.[20] 여기서 흔히 범하는 범주 오류는 시장을 작동시키고서 그 결과에 감내하는 사람들에게 시장이 돌려준 것에 대한 가치 판단을 자동 조절되는 시장 구조와 그 작동 역학에 대한 객관적 분석과 혼동하는 것이다. 자동 조절이 좋거나 나쁜 것일 수는 있지만 어느 쪽이든 자동 조절이다.

조절은 스스로 외재성을 만들어내는데, 그게 바로 조절의 자기 초월성이다. 단순하게 말하면 가격과 그 변동이 외재성을 만들어낸다. 아닌 게 아니라 경제 주체들이 외재성을 만나면 자신들이 선택한 결과가 이 외재성인데도 감히 범접하지 못하는 신성한 것으로 간주한다. 케인스의 천재성은 미래를 보는 안목을 지닌 기업가가 소득을 분배해 소비자 수요를 만들어냄을 이해했다는 데 있다. 소비자이기도 한 노동자들에게 일자리가 없으면 당연히 기업에는 소비자가 사라지는 것이다.

특히 이해해야 할 것은 시장의 자기 초월은 '사탄이 사탄을 추방하는' 식으로 일어난다는 사실이다. 좋은 폭력은 나쁜 폭력을 꼼짝 못 하게 제어하지만 둘 다 폭력으로 근본이 같다. 하지만 요즘 금융 위기를 논하는 분석들을 보면 모두 헛된 선악 대조표를 만드느라 애쓰고 있다. 문제의 악을 기껏해야 선을 위해 봉사하는 필요악임을 보여주는 식이다. 우리가 실물 경제에 금융 경제를, 규제 시장에 투기 시장을, 매수 상승에 공매 하락을 들이대는 것도 이 때문이다. 위기에 대한 합리적 분석이란 범주를 구분하여 책임자를 지목해 안심케 하는 것이다. 반면 이런 눈속임 뒤에 숨은 진실을 알아채는 일은 머리도 좋아야 하지만 이제 용기도 필요하다.

투기가 행해지고 그래서 견고한 실물 경제와 상반되는 환상을 낳는다는 식의 이유로 금융 경제는 악이 되었다. '투기spéculion'의 라틴어 어원 스페쿨룸speculum은 '거울'이라는 뜻이다. 금융 투기의 거울은 어디에 있을까? 투기 행위는 대상에 애착을 가져서가 아니라 자기보다 그것을 더 원하는 사람에게 되팔기 위해 사는 것이다. 여기서는 자신이 획득한 대상에 보내는 '타인의 시선'을 거울로 볼 수 있을 것 같다. 금융 세계에서 문제의 '재화'는 대부분 가치, 주식, 채권, 증서, 통화 같은 회계 항목들이다. 그런데 이른바 '실물 경제'도 흔히는 확인된 실재 재화나 서비스와 연관되어 있지만 대부분은 방금 살펴본 금융 경제의 논리를 그대로 따르고 있다. 다시 말해 대상에 대한 타인의 욕망이 그 대상이 욕망할 만하다는 것을 우리에게 가르쳐주므로 우리는 그 대상을 욕망한다. 애덤 스미스에 대한 나의 해석은 이렇다. 애덤 스미스에게 부란 우리가 시선을 받고자 하는 사람, 즉 우리를 보는 사람이 원하는 모든 것이다. 이처럼 모두 투기 논리에 기초해 있는 실물 경제와 금융 경제라는 '규범적' 구분은 언젠가 효력이 없어질 것이다.

앞서 성스러움이 그랬던 것처럼 오늘날의 경제도 스스로를 제한하는 규율을 만드는 능력을 잃어가고 있다. 이것이 오늘날 경제 위기의 진정한 의미다. 그리스 신화에서는 어원상 성스러운 질서라는 의미를 지닌 위계hierarchy가 스스로 붕괴할 때 '패닉panic'이라 했다. 앞으로 살펴보겠지만 패닉에도 자기 초월성은 있지만 자동 조절 능력은 없다. 오히려 패닉은 자신을 저지하려는 모든 것을 흡수해버리고 만다. 국제 금융 시스템 혹은 더 크게는 자본주의 '재건'을 자신들의 소임으로 알고 있는 전 세계 재무장관들을 보면 나는 항상 몰리에르의 〈서민귀족〉이 떠오른다.[21] 이 희곡에서는 주인공 주르댕이 귀족이 되는 데 각자 자신의 과목이 가장 중요하다고 주장하는 음악 교사, 무용 교사, 검술 교사를 철학 교사가 자신의 권위로 중재하려 한다. 그러자 3파전으로 전개되던 말다툼이 4파전으로 전개된다.

권위와 권한을 스스로 가졌다고 제멋대로 주장하면서 나폴레옹처럼 스스로 왕관을 쓸 수 있다고 상상하는 것은 교만일 뿐이다. 이런 교만에서 비롯된 폐해를 우리는 매일같이 보고 있다. 당국은 '시장 안정'이라는 명목으로 천문학적 돈을 쏟아붓고 있지만 역효과만 내고 있다. 오로지 패닉만이 우리가 처한 이 극단적 상황을 설명해줄 수 있다고 시장은 이미 결론 내리고 있다. 시장 규제를 통해 '자본주의를 재건하자'는 말은 정말 뜬금없는 순진한 생각이다. 그렇게 말하는 것은 모든 외재성의 소멸이 낳은 엄청난 문제가 다 해결된 것을 전제로 하고 있기 때문이다. 경제는 모든 지위를 차지함으로써 자멸했다.

6. 경제에 의한 윤리의 타락

'도덕적 자본주의', '경제에 윤리를 부여하자', '상인에게 시민 교양을 부여하자'는 등의 말들이 종종 들린다. 하지만 너무 늦은 것 같다. 윤리는 지금 이미 경제의 현혹에 빠져 있다. 그렇기에 위 말들은 언 발에 오줌 누는 격이다.

경제가 스스로를 자동 조절하는 데는 나락으로 추락하는 것까지 포함된다. 이와 같은 방식으로 경제는 그 자체가 자신의 윤리에 따라 작동하고 있는데, 이 윤리 안에는 생지옥을 만들어내는 것도 함께 있다.

경제는 경쟁에 의해 작동하며, 이 경쟁은 아주 힘든 세상을 만들고 있다. 사람들은 일자리를 잃고, 기업은 파산하고, 판매자는 오랜 단골로부터 외면을 받고, 모험한 투기자는 파산하고, 신상품은 실패하고, 오랜 노력을 기울인 연구자들은 아무것도 얻지 못하고, 국민 전체는 국제 경쟁에서 희생되는 식이다. 뜬금없는 예측 불능의 이런 형벌은 흔히 운명의 시련처럼 다가온다. 역설적이지만 하이에크가 볼 때 이런 형벌들을 견딜 수 있게 하는 것은 바로 아무도 그런 형벌과 같은 일들을 원치 않는다는 것이다. 하지만 현실 세계에서 이런 일들은 우리에게 굴욕과 분노를 느끼게 하며 점점 더 절망을 안겨주고 있다.

그런데도 경제는 자신이 분비하는 독을 없애기 위해 스스로 해독제가 되길 원한다. 미국의 경제학자 밀턴 프리드먼이 외치는 시장 찬가를 어떻게 달리 해석할 수 있겠는가.

구매자와 판매자의 자발적 거래로 형성된 가격, 즉 자유 시장에서 형성된 가격은 각자 자신의 이익만 추구하는 수많은 사람의 행동을 조정할 수 있다. 그 결과 모두의 상황이 개선된다. (…) 가격 체계는 그리하여 자기 임무를 충분히 완수한다. 이때는 주된 방향이 없어도 가능하고 사람들이 서로 말하지 않아도 서로 사랑하

지 않아도 된다.[22]

서로 말하지 않고 사랑하지 않아도 함께 살아갈 수 있고, 상호의 무관심과 자폐가 공동 이익을 보장해준다는 이 기괴한 유토피아는 너무나 악마 같아서 많은 사람에게 이런 사회를 상상하게 하고 진지하게 생각해보게 하는 것은 오로지 강력한 동기뿐이라고 말하고 있다. 여기서 내 가설을 풀어보기로 하자.

루소는 우리의 열정이 일단 "장애물 때문에 목표에 도달하지 못하면 우리 열정은 목표에 도달하는 것보다 장애물을 피하는 데 더 몰두하게 된다"[23]는 것을 우리에게 알려주었다. 여기서 장애물은 나와 내 욕망 대상 사이에 있는 경쟁자다. 온갖 구속이 없는 사회에서 경쟁자는 도처에 넘쳐난다. 동등한 조건이 지배하는 민주주의 사회에 대한 토크빌의 탁월한 묘사를 보자.

신분과 재산에 따른 모든 특권이 무너지고 모두 어떤 직업이든 가질 수 있고 누구나 정상에 오를 수 있게 되면, 시민들에게는 야망 앞에 탄탄대로가 열려 있을 것만 같은 확신이 선다. 하지만 이런 생각은 틀린 생각으로 매 순간 수정하게 될 것이다. 한결같은 평등으로 시민들은 모두 드넓은 희망을 품을 수 있지만 바로 그때문에 나약해지기도 한다. 평등이 그들의 욕망을 뻗어나갈 수 있게도 하지만 그와 동시에 그들의 힘을 제한하기도 한다.
시민들은 스스로 무기력하기도 하지만 지금껏 경험하지 못한 거대한 장애물을 매 순간 만나게 된다.

그들은 일부의 특권을 없애버린 대신 만인이 경쟁하는 상황을 만나게 된 것이다. 한계의 위상이 변한 게 아니라 그 형태가 바뀐 것이다. 사람들이 거의 모두 비슷해져 한 길을 걸어가는 상황에서 주변의 비슷한 사람들을 헤치고 속도를 내서 재빨리 나아가기란 누구에게나 어려운 일이다.

평등에서 나온 충동과 이를 만족시키기 위해 평등이 제공하는 수단 사이의 이런 끊임없는 갈등은 우리 마음을 괴롭히고 또 피곤하게 한다.[24]

이어서 토크빌은 이렇게 적고 있다.

사회와 한 민족의 정치 형태가 아무리 민주적이라 하더라도 모든 시민은 항상 자기를 감시하는 몇 개의 지점을 느끼면서 끈질기게 그 시선을 피하고 있다는 것을 예상할 수 있다. 불평등이 그 사회의 일반적 양상일 때는 아주 심한 불평등도 눈에 띄지 않지만, 모두가 거의 같은 수준일 때는 아주 사소한 불평등도 사람의 마음에 큰 상처를 준다. 평등이 확대될수록 평등의 욕망은 만족시키기가 더 힘든 것도 이 때문이다.[25]

장애물(경쟁자)은 도처에 있다. 경쟁자를 쓰러뜨리고 정복하는 데만 몰두하느라 자기가 욕망하는 대상은 안중에도 없는 것이 바로 악이다. 경쟁자의 이런 매혹적 힘은 연애 싸움에서 아주 큰 존재감을 드러내겠지만, 경제 전쟁에는 이런 게 없다고 생각한다면 너무 순진한 생각이다. 경제계의 다양한 사건들은 하루가 멀다고 이를 숱하게 보여주고 있다. 루소의 완벽한 제자 도스토옙스키처럼 표현해보자면 '지하 생활자의 심리'는 우리 집념의 견고함뿐만 아니라 경제도 위협하고 있다. 앞의 프리드먼의 주장은 이 문제에 대한 경제적 해법이 무엇을 원하는지를 잘 말해준다.

경쟁의 나쁜 점은 존경받는 동시에 미움받는 자라는 경쟁자의 속성이 말해주는 장애물에 대한 강박적 집착이기에, 개인들을 완전히 분리하여 이 위험을 차단해야 한다. 그들은 접촉하지 않고서도 서로 전쟁을 벌이고 있기 때문이다. 이런 점에서 보면 경제의 일반 균형 모델이란 경쟁으로 생겨나는 폐해를 제한하면서 사람들의 경쟁 고삐를 풀어주기 위해 만들어낸 거대한 체계인 것 같다. "악의 없는 살인자들과 증오 없는 희생양들이 사는 낙원의 모습"[26]을 한 세상이 올 것이라는 귄터 안더스의 묵시록적 예견은 지금 우리가 사는 세상과 다르지 않은 것 같다.

경쟁자가 있어서 경쟁이 있으며, 경쟁으로 부추겨진 욕망이 있기에 경쟁이 있을 수 있다. 애덤 스미스는 이런 사실을 제대로 이해하고 있었다. 그런데 욕망이 등장하는 순간 선망, 질투, 원한과 같은 모든 나쁜 정념들이 같이 등장한다. 이는 실제 현실에서 일어나고 있는 일이다. 경제 이론이 은연중에 윤리를 권장한다는 주장에 대해서는 달리 무슨 말을 할 의욕도 생기지 않는다. 경제는 파괴적 정념이 빚은 폭력에 대한 해결책으로 도피와 배제를 들고 있다. 그렇다면 저 지하에서 올라오는 악을 피하고자 사람들이 좀비로 변해야 한다는 말일까?

자
기
초
월
성

악에 대한 철학적 대응과 경제사상이라는 유사한 두 운명을 깊이 고찰하던 우리에게 나타난 것이 바로 자기 초월이라는 개념이다. 이 개념은 경제학자들의 무기는 아니라 하더라도 시장 메커니즘을 이해하는 데 꼭 필요하다. '보이지 않는 손'으로는 충분치 않다. 시장은 자동 조절만 하는 게 아니다. 시장은 외부에 자신을 투영하는 자기 초월을 통해서 자동 조절하고 있다. 경제 주체들은 자신들이 상호 작용한 결과인 이 외부를 모두 고정된 어떤 실체로 여기고 있다. 가격 체계가 좋은 예이지만 좀 더 미묘한 예가 있다. 바로 '미래'라고 불리는 것이다. 빙벽 높은 곳에 피켈을 꽂아놓는 알피니스트처럼 시장도 자기 앞에 투영된 미래에 의해 견인되고 있다. 그러나 이 이미지에는 중요한 요소, 즉 미래의 자기 초월이라는 역설이 빠져 있다. 미래는 지금 존재할 수 없으므로 미래의 시간은 빙벽과 비슷한 것이 아니다. 그렇지만 현실은 마치 시장이 아직 존재하지 않는 것에 실체를 부여하는 능력을 지닌 것처럼 진행된다. 빙벽의 이미지는 깊은 늪에 빠진 자신이 자신의 머리카락을 붙잡고 그 진창의 늪에서 나올 수 있었다고 말하는 '허풍선이 남작 뮌하우젠'의 이미지로 바꾸는 편이 더 나은 것 같다.[1]

"멀리 있는 것을 현재 있는 것처럼 보고 예견할 수 있는" 존재가 인간이라고 니체는 말했다.[2] 오늘날과 같은 시장이야말로 니체가 말한 인간의 이런 능력이 최고로 발휘될 수 있게 해주었을 것이다. 우리는 이렇게 될 수 있었던 원동력이 무엇인지 알아야 한다. 그 원동력은 범접할 수 없는 것이 아니기 때문이다. 영국의 경제학자 케인스가 잘 이해했듯이 자본주의의 위기는 본질적으로 예측의 위기다. 미래의 자기 초월이라는 개념은 가격의 자기 초월보다 훨씬 이해하기 힘든 개념이다. 그래서 본격적인 연구는 지금부터 시작된다.

1. 가격의 자기 초월성

시장 경제 이론의 중요한 가설은 생산자와 소비자 같은 경제 주체들이[3] 가격을 고정된, 즉 그들 행위와 무관한 것으로 여긴다고 본다. 주체들의 행위는 경제를 이루고 있는 재화의 수요 및 공급과 연관되어 있다. 동시에 경제학자들은 똑같은 수요와 공급의 일치, 즉 '수요·공급 법칙'으로 가격 형성을 설명한다. 일찍이 마르크스 경제학자들은 이 가설이 지닌 '모순'을 지적하는 것이 이롭다고 생각했다. 말하자면 자신이 한 행위로 인한 결과를 고정된 것으로 여기는 자신의 능력을 모르는 경제 주체들이 가격 형성의 원인이 되는 능력을 지니고 있다고 생각한다는 것은 앞뒤가 맞지 않는다고 마르크스 경제학자들은 보았다. 마르크스주의는 이 같은 모순을 '부르주아' 경제의 총체적 소외의 흔적으로 해석할 수밖에 없었다.[4] 시장주의 이론가들은 수학적으로 '고정점'을 찾는 것을 모순으로 보는 데 전혀 개의치 않았다.

사실 경제 주체들이 가격을 고정된 것으로 본다는 가설이 모순은 아니다. 그렇다고 경제학자들이 이 가설을 구실로 하는 주장도 이제 평범하다 할 수 없다. 경제 이론, 합리적 선택 이론, 게임 이론 등이 '균형'이라는 개념을 통해 말하고자 하는 것은 고전 역학에서 말하는 균형과 아무런 관련이 없음은 오늘날 널리 알려진 사실이다. 두 사람 이상의 주체가 어떤 결정을 내릴 때는 항상 자신의 생각에 대한 상대방의 생각을 생각하는 '반사' 현상을 보인다. 경제학자들의 '균형'이라는 것은 말하자면 잠재적으로는 무한한 이 회귀 과정, 즉 반사를 어딘가에서 중단한다는 의미다. 시장 이론은 고정가격 가설에 의지해 무한한 회귀 과정이 멈추는 곳이 바로 가격이 결정되는 지점이라 주장한다. 그렇지만 이 이론은 핵심이 되는 근거를 내놓은 적이 진정 단 한 번도 없다. 경제학자들은 흔히 경제 주체들은 아주 미미하므로 그들 행위가 가격에는 그다지 큰 영향을 미치지 못한다고 말하는 선에서 만족한다. 소비자들은 가령 협동조합 같은 것을 통해 협력과 연대를 할 수 있는데도 이론의 여지가 있는 그런 주장을 한다는 것은, 확실한 검증이 있어야만 인정받을 수 있는 관념적 가설을 정작 경제학자들은 아무런 망설임 없이 받아들이고 있음을 말해준다. 지금부터 내가 검토해보려는 것이 바로 이 미묘한 지점이다. 경제학자들은 자신들은 학문을 행하고 있으므로 모든 관념적 가설도 받아들일 수 있다고 말할지도 모른다. 한 걸음 더 양보해 학문을 한다는 경제학자들의 지위를 인정한다 하더라도 칼 포퍼의 인식론적 입장에서 보자면 형이상학적 기반에 근거한 학문은 없다. 학자라면 한물간 실증주의로 도피하기보다 문제를 의식하고 비판적 토론의 대상이 될 수 있게 숨겨놓은 형이상학을 드러내는 것이 더 나은 태도일 것이다.

가격 체계가 내 행위와 무관하다는 말은 다음을 의미한다. 어떤 선택에 앞서 우리는 달리 선택하면 어떤 결과가 벌어질지 따져본다. 어떤 선택의 결과와 다른 선택의 결과를 비교할 때 우리는 가격 체계는 변화가 없다고 간주한다. 혹은 우리가 이미 어떤 선택의 행동을 했다면 다른 선택을 했었다면 어떤 결과였을까를 따져본다. 이미 일어난 결과와 일어날 수 있었을 결과를 비교할 때도 우리는 가격 체계를 불변의 것으로 간주한다. 실제 현실에서는 철학에서 실재 세상이라 말하는 '현실화된 세상' 단 하나만 존재하지만, 내가 그런 선택의 행동을 하기 이전에는 여러 세상이 가능하거나 가능했다. 내 선택이 옳거나 옳았다는 것을 확신하기 위해 내가 하는 비교 행위는 실재의 두 세상이 아니라 실재 세상과 가능한 세상 사이를 비교하는 것이다. 고정가격이라는 가설은 실재 세상을 포함한 모든 가능한 세상에서 가격은 똑같다는 것을 상정하고 있다.

나의 이런 분석이 중언부언 같다고 생각한다면 조금만 더 기다려달라고 부탁하고 싶다. 여기서 나올 결론은 가히 혁명적인 것이기 때문이다. 실재 세계와 잠재 세계의 비교를 가능하게 해주는 형이상학적인 표현법을 '반反사실적 조건법proposition conditionnelle contrefactuelle'이라 부르고자 한다. '만약 ~한다면'이라는 식으로 조건을 나타내는 문장은 '내일 비가 온다면 일을 쉴 것이다'처럼 직설법으로 표현할 수도 있고, '내가 더 부자라면 람보르기니 한 대를 살 텐데'처럼 반사실적 조건법으로 표현할 수도 있다. '반사실적'이라는 용어는 실제 현실(애석하지만 나는 그만큼 부자가 아니다)과 상반되는 가상 조건(내가 부자라면)을 가리킨다. 이 두 조건문의 의미는 전혀 딴판이다. 고전적 예를 들어보자. '〈트로일러스와 크레시다 Troilus and Cressida〉를 셰익스피어가 쓰지 않았다면 다른 누군가가 그것을 썼다'는 문장은 분명 옳은 문장이다. 분명히 존재하는 작품의 작가는 필히 존재해야 하기 때문이다. 하지만 이와는 달리 '셰익스피어가 〈트로일러스와 크레시다〉를 쓰지 않았더라면 다른 누군가가 그것을 썼을 것이다'와 같은 '반사실적' 문장이 '진실'이라고 주장하는 것은 많은 문제가 있다. 우리는 천재 시인만이 그런 걸작을 쓸 수 있다고 생각할 수 있다.

반사실적 조건문은 현실 세계와 '유사한' 가능한 세계를 담고 있다. 우리가 생각이나 논리를 전개할 때 조건문은 꼭 필요한 구문이다. 일어날 수 없는 어떤 사건이 일어나거나 아니면 일어날 수 있는 일이 일어나지 않을 때 우리의 삶과 세상이 좋은 쪽으로든 나쁜 쪽으로든 완전히 뒤집힐 수 있을 때는 특히 더 그러하다. 냉전 시대에 전 인류가 멸망할 수도 있었을 핵전쟁을 '가까스로' 모면한 적이 한두 번이 아니었다. 인류가 자멸을 피한 것은 어쩌면 엄청난 사건에 대해 지속해서 행해진 일시적인 화해 덕분이었을지도 모른다. 후쿠시마 참사는 일어나지 않을 수도 있었을 것이다. 제방이 몇 미터만 더 높았더라도 쓰나미로 인한 참사는 일어나지 않았을 수 있다. 이렇게 하여 후쿠시마 참사가 일어나지 않았더라면 우리가 목격한 방사능 누출의 광란은 어쨌든 지금까지는 일어나지 않았을 것이다. 만약 그랬다면 우리는 일촉즉발의 상태에 처해 있는 원자력 발전의 위험성을 전혀 몰랐을 수도 있다. 실제로 일어나기 전에는 상상도 하지 못하는 그런 사건의 불발 덕분에 인류가 생존하고 있는 셈이다. 이 순간 우리는 반사실이 지금 현실의 일부임을 느끼게 된다. 그래서 현실 세계에 사는 자유로운 주체들은 가상 세계에 대해 끊임없이 질문을 던지고 있으며, 그 주체들의 선택은 질문에 대한 스스로의 답변에 의해 결정된다.

반사실적, 즉 가상 세계와 연관된 질문에 대한 답변은 당연히 미확정적 요소를 포함한다. 가령 '클레오파트라의 코가 낮았더라면 이 세계는 어떻게 달라졌을까?'라는 질문에 우리는 완전히 엉터리도 아니고 완전히 명확하지도 않은 다양한 대답을 내놓을 수 있다. 이런 식의 다양한 대답들이 로마 제국의 역사에 영향을 끼쳤을 것이다. 역사가들은 애써 입을 닫고는 있지만 역사학에는 그들이 '반사실적' 혹은 '가상적'이라 부르는 역사가 포함되어 있음을 인정한다.[5] 미국보다 먼저 나치가 원자 폭탄을 만들었다면 어떻게 되었을까? 냉전에서 소련이 이겼다면? 만약 바오로가 다마스쿠스를 벗어날 때 살해되었다면 기독교는 결코 오늘날 문화의 중심이 되지 못했을 텐데 그럼 어땠을까?

이런 가상의 역사에 대한 진지한 질문들에 역사학은 명확하고 분명한 답변을 할 수 없을 것이다. 이는 인과율의 영역이 아닌 해석, 즉 의미의 영역이기 때문이다. 경제 이론이 반사실적 문제를 한 번도 제대로 다루지 않은 것은 아마도 경제학이 자연 과학 같은 과학이 되기를 원하고 있기 때문일 것이다. 그러나 경제 체계는 형이상학적 입장을 취하는 데 기초해 있다. 경제의 틀은 명확하게 밝혀진 적도 제대로 검토된 적도 없었다. 그래서 나는 이 장에서 경제의 틀을 명확하게 밝히고 검토해보려 한다.

경제학자들의 고정가격 가설은 우리를 곧장 반사실적 이론으로 이끈다. 경제 주체들이 가격을 그들 행동과는 무관한 외부의 고정된 것으로 간주한다는 것은 곧 가격을 그들 행위와는 '반사실적으로 무관한' 것으로 생각한다는 말이다. 이 가설을 뒷받침하기 위해 경제학자들은 경제 주체들은 개인적으로는 가격에 '영향을 주는' 능력을 지니고 있지 않다고 주장한다. 이런 주장이 설득력이 있으려면 인과 관계의 부재가 곧 '반사실' 관계의 부재로 연결되어야 한다. 거듭 말하지만 시장 이론의 핵심 가설의 토대가 이런 논리라는 사실은 경제학자들이 인과율적으로 무관하다는 것을 반사실상으로도 무관한 것으로 보고 있음을 암시한다.

이제부터는 두 변수 사이에 인과 관계의 무관성이 있을 때만 반사실상 무관성이 있다고 보는 가설을 인과론적 가설이라 부르기로 하자. 어떤 변수가 인과율적으로 다른 변수에 의존하고 있을 때에만 반사실적으로도 의존하고 있는 것이다. 고정가격 가설을 옹호하는 경제학자들이 내세우는 논리는 인과율적 가설을 정당한 것으로 보고 있다는 그들의 감추어진 형이상학을 드러내고 있다. 그렇지만 우리는 이런 입장이 과연 온당한 것인지 깊이 따져보아야 한다.

인과율적 관련성은 없지만 반사실적 관련성은 있을 수 있다는 사실은 숱한 예를 들어 증명할 수 있다. 다음은 그중의 하나다. 가령 우리는 2001년 9월 11일 아침 보스턴에서 비행기를 놓친 사람을 상상할 수 있다. 정신 분석학적으로 그 사람은 지금도 떨고 있고 어쩌면 평생을 떨지도 모른다. 전혀 터무니없는 상상이 아닐 것이다. 왜 그러할까? 그 사람은 '그날 비행기를 놓치지 않았다면 모두 다 아는 그 끔찍한 상황 속에서 나도 죽었을 것'이라고 생각할 것이기 때문이다. 그 사람의 생각을 정당화하는 것은 인과론적 가설이다. 그 사람 입장에서 생각해보면 내가 비행기를 놓쳤느냐 안 놓쳤느냐 하는 것은 그 비극적 참사의 전개에 인과율적으로 아무런 영향도 주지 못했다. 그러므로 내가 비행기를 놓치지 않았어도 비극은 똑같이 일어났을 것이고 그 희생자 가운데 나도 들었을 것이다. 하지만 이런 추론은 상식을 벗어난 것 같다.

그 증거로 내 개인적 경험을 예로 들어보겠다. 여기서 내가 이런 이야기를 하는 이유는 형이상학은 흔히 생각하듯 알쏭달쏭하고 냉랭한 학문이 아니라 우리의 깊은 감정이나 감동과 밀접한 관련이 있음을 보여주고 싶어서다. 브라질에서 사는 내 딸이 2009년 5월 31일 리우데자네이루에서 파리로 오는 에어프랑스 AF447편을 탔다. 하루만 늦게 탔더라면 내 딸은 그 끔찍한 사고에 희생되었을 것이다. 이는 당시 제삼국에 있던 내가 딸이 그 전날 파리에 무사히 도착한 것을 알고 난 뒤에 해본 혼자 생각인데, 어쩌면 내 생각이 틀렸을 수도 있을 것이다. 그 순간 불안을 감추지 못한 내게 딸은 이렇게 대답했다. "하지만 아빠, 그날 내가 탔다면 추락 사고는 일어나지 않았을지도 몰라." 좋은 시운을 타고 태어났기 때문에 자기가 그 비행기를 탔더라면 어떤 사고도 일어나지 않았을 것이라 했다. 합리적인 생각이든 터무니없는 낙천적인 생각이든 간에 딸의 이런 생각은 인과율 가설을 단숨에 무너뜨리기에 충분했다.

그러므로 가격은 사람들의 선택과는 반사실적으로도 무관하다고, 다시 말해 고정된 가격에 대해 개인들은 아무런 인과율적 영향력을 행사하지 못한다고 주장하기는 쉽지 않을 것이다. 게다가 그럴 필요도 없다. 나는 바로 이 점을 파고들 것이다.

우리는 모순을 시장주의자들의 탓으로 돌리지 않고, 개인들이 가격에 대한 인과율적 능력을 지니고 있음을 알고 있으면서도 가격을 고정된 것으로 보고 있다고 생각할 수 있다. 1960년대 마르크스주의자들은 개인들은 마르크스주의가 부여한 의미에서 '소외'되었다고 주장했다. 하지만 꼭 그렇지는 않을 수도 있을 것이다. 개인들은 '소외된 것처럼' 선택할 수 있을 것이기 때문이다. 그렇다면 개인들은 왜 그렇게 하는 것일까? 거듭 말하지만 사람들은 스스로를 조정하기 이전에 자신이 알고 있는 것에 대해 타인들은 무엇을 알고 있는지를 알고자 하는 무한히 되풀이되는 거울 게임을 끝내는 방법을 선택해야 한다. 거울[6] 안의 이 '종착점'은 사람들이 함께 만들어내는 변화무쌍한 게임의 '고정점'이라고 모두가 가정한 지점이다. 사람들은 자신에게 가격에 대한 인과율적 영향력이 있음을 알면서도 이처럼 변하는 가격을 고정된 것이라고, 다시 말해 반사실적으로도 자신의 행위와 무관하다고 '관습적으로' 여긴다. 이때 사람들의 정신에 이상이 없는 한 충분히 그럴듯한 생각이다. 바로 이런 생각에 기초해 오늘날 경제사상에서 받아들여지고 있는 '조정 합의'라는 개념을 떠올려 볼 수 있을 것이다.[7]

잠시 형이상학을 살펴봄으로써 우리는 중요한 본질적인 것을 알 수 있었다. 시장 이론의 기초가 되는 가격이 고정되어 있다는 이 가설의 자기 정당화는 행위와 가격 사이에 아무런 인과 관계가 없기에 자연 상태에 있는 것이 아니라 자유 의지를 가진 사람들 사이의 성공적인 조정을 위한 암묵적 합의라는 관습 속에 있다. 요컨대 자연 상태나 본성이 아니라 정책이 문제의 핵심이다.

'조정 합의'라는 말이 있다. 조정은 가격 결정 영향력을 지닌 경제 주체들이 모두 추측하는 바로 그 가격에서 결정되어야만 한다. 그러므로 추측과 인과율의 피드백을 봉쇄하는 '완결' 조건이 꼭 필요하다. 이 조건이 실현되어 봉쇄된 상태를 경제학자들이 '균형'이라 부르는 것인데, 이보다 더 가증스러운 말장난도 없을 것이다.[8] 균형이라는 용어는 양 접시에 동일한 무게를 올려놓은 접시저울의 이미지를 떠올리게 해 분리 지점을 연결한 원이 보여주는 본질적인 순환 관계를 감추고 있다. 여기서 다음과 같은 질문이 제기되는데, 경제학자들도 나름의 방식으로 묻고 있기도 하다. 이 외과 수술(분리 지점 연결)은 어떻게 행해지며 또 이때 의사는 누구인가?

이 질문에 최선의 대답은 바로 시장일 것이다. 자기 초월과 자기 조절 속에서 스스로의 가이드라인과 같은 가격 체계라는 지표를 부각함으로써 자신을 외부로 투사하는 데 성공했기 때문이다. 시장 이론이 비현실적 외부에 항상 도움을 청한다는 아주 단순한 도식에서 좀처럼 벗어나지 못한다는 것은 아주 의미심장하다. 레옹 발라는 시장이 식품이나 노동 시장처럼 경매하는 방식으로 작동한다고 생각한다. 경매인이 공개적으로 가격을 공지하고 몇 차례의 암중모색을 거친 뒤에 수요·공급의 균형을 실현하는 가격을 결정하는데, 이렇게 한번 이루어진 거래로 '균형' 가격이 공식화된다. 물론 레옹 발라는 현실이 사고의 경험과 일치한다고 한순간도 믿지 않으면서 '만사가 그런 식으로 진행된다'라고만 말하는 태도가 문제였다. 이렇게 극도로 단순화된 일반 균형 이론이 오늘날 자유주의 이데올로기를 거의 자동적으로 연상하게 하면서도 '시장 사회주의' 모델에서 가장 이상적인 표현을 찾았어야 했다는 사실은 정말 아이러니가 아닐 수 없다. 폴란드의 오스카 랑게[Oskar Lange] 같은 경제학자들이 내세우는 시장 사회주의 운동은 일반 균형 이론의 가격 계산 방식에다가 생산 수단의 집단 소유라는 사회주의 체제를 연결하고자 했다. 발라가 말하는 경매인이 계획 경제 기구의 총비서가 되는 혼합 체제는 사회 정의와 생산성 추구를 결합하고자 한다.

　경제에 이런 정책적 문제가 있는 것은 아무리 생각해도 경제학이 철학적 노력을 다하지 않기 때문이라는 생각을 지울 수 없다. 경제학은 지금까지도 자신 안에 내재한 자기 초월 모델에 대해 생각하기를 꺼리고 있다. 시장 사회주의는 일반 균형 모델을 실현하고 있는 양 가격 계산과 같은 추상적 절차만을 고집하고 있다. 그런데 앞에서도 이야기했듯이 가격의 자기 초월을 만들어내는 것은 계산의 인과 관계 봉쇄다. 어떤 연산이나 절차를 통해 인과 관계를 가장하는 것은 인과 관계가 작동하는 것과는 다르다.[9] 이는 명백하고 분명한 사실이다. 이 결론은 미래에 대한 자기 초월성 연구로 더 단단해질 것이다.

2. 자기 초월로서의 미래

체면을 지키고 있는 다른 학문을 흉내 내는 경제학은 스스로 미래를 예측할 책임이 있다고 자임하고 있다. 하지만 번번이 큰코만 다치고 있다. 예측이 체계적으로, 그러니까 통째로 틀리다 보니 경제학자들은 자주 비웃음의 대상이 된다. 하루아침에 스스로 예언자가 되었지만 엄청난 금융 위기가 닥쳐오는 것은 예언하지 못한 자들이 누구인지 여기서 일일이 거론하면 잔인한 일이 될 것이다. 게다가 그 많은 예 중 추려내는 것도 일일 것이다. 위험을 무룹쓰고 미래 성장률이나 인플레이션 비율을 말하던 경제학과 정책 당국의 예언자들은 자신들의 잘못에 대해 분명 물리학자나 천문학자와는 처지가 다르다는 핑계를 댈 것이다. 물리학자와 천문학자들의 예견은 보스 입자나 초신성에 아무런 영향을 미치지 않는다. 반면 저명한 경제학자나 경제학자의 냄새를 풍기는 정치가가 금융 시스템의 핵심 변수가 앞으로 어떻게 될 것이라고 공개적으로 천명할 경우 얘기는 전혀 달라진다. 사람들은 이 예언자들의 말을 문자 그대로 받아들이고 반응하여 예상과는 다른 상황이 벌어질 가능성이 크다.

좋은 예언은 현실에 미칠 영향도 마땅히 고려해야 한다. 뛰어난 권위자로서 그 지위 덕분에 사람들이 자신이 하는 미래 예언에 집중할 것이라고 굳게 믿고 있는 사람을 상상해보자. 여기서 '집중하다'라는 표현은 이렇게 예측한 미래를 사람들이 '고정된' 것으로 여긴다는 뜻이다. 이때 '고정'이란 사람들은 가능한 여러 선택을 검토하면서도 머릿속으로 미래의 여건을 불변의 것으로 간주한다는 뜻이다. 적어도 이런 예언자들은 그렇게 믿을 만한 근거는 댈 것이다.

여기서 우리는 다음과 같은 의문을 갖게 된다. 예언자들이 그 과정에서 사람들의 자유 의지를 빼앗아버리는 것은 아닐까? 자유로운 주체들이기에 사람들이 흔히 말하는 대로 '미래를 바꿀' 수 있다고 생각하지 않을까? '미래를 바꾼다'는 말은 정확히 무슨 뜻일까? '일반적' 생각으로 보자면 우리가 미래를 바꾸는 대단한 위업을 실현할 수 있다는 말은 거짓말이다. 미래도 과거만큼이나 한결같은 것이 아니다. 오늘의 미래는 앞으로 그러할 것과 다를 수가 없다. 직설법의 조건절로 '내가 그것을 한다면 미래는 달라질 것이다'라고 생각하는 미래의 어떤 순간과 현재 사이에서 내가 할 수 있는 것은 아무것도 없다.

20세기 가장 위대한 논리학자이자 라이프니츠의 후계자임이 분명한 미국 철학자 데이빗 루이스는 이 사실을 다음과 같이 표현한다. 이 글에서는 동사의 법과 시제가 아주 중요한 의미를 차지하고 있다.

> 흔히 '미래를 바꾼다'라고 말할 때 우리는 스스로에게 정확히 어떤 능력을 부여하고 있는 것일까? 미래는 실제로 그렇게 될 것이 되도록 하는 능력이지, 우리가 현재 행하는 것과는 다르게 행동했다면 그렇게 되었을 상태를 만들어내는 능력은 아닐 것이다. 어떤 의미로는 우리가 상황을 변화시킨다는 말을 할 수는 있다. 하지만 그것은 엄격한 의미에서의 변화는 아니다. 우리가 만들어 낸 차이는 '연속적인 실현태들 사이'의 차이가 아니라 실현된 가능태와 아직 실현되지 않은 가능태들 사이의 차이이기 때문이다. 엄격하게 말하면 '미래는 반사실적으로 현재에서 나오고 있다'라고 말해야 옳다. 그것은 부분적으로 지금 우리가 하는 것에 달려 있다.[10]

내가 이야기하는 예언자들이 사람들에게서 빼앗고 있는 것이 바로 이 반사실적 인과 관계다. 사람들이 자신들의 미래에 영향력이 있음을 부인할 수 없게 되자 이 예언자들은 사람들이 인과론 가설을 위반할 가능성을 열어놓았던 것이다. 예언자들이 생각하는 것처럼 미래는 반사실적으로는 자신의 행위와 무관하다고 여기고 있는 사람들도 실제로는 미래에 영향력을 지니고 있다. 자신의 예언이 사람들 선택에서 불변의 기준이 되는 효과를 고려하는 예언자들이 미래를 생각하는 것은 바로 이런 토대 위에서 이루어진다. 앞에서 우리가 가격의 자기 초월성을 검토하다가 만났던 피드백의 봉쇄 조건을 여기서 다시 만나게 된다.

모델에 따른 예언은 무엇일까? 그것은 점占이 아니다. 여기서 말하는 예언자에게는 커다란 두루마리에 이미 '기록되어' 있는 미래에서 온 메시지 같은 것은 없다. 되돌릴 수 없는 시간의 속성은 누구도 피할 수 없다. 이것은 더 이상 인간 의지로 해결할 수 있느냐 아니면 이미 결정된 것으로 보느냐의 문제가 아니다. 예언자는 아무 미래나 그려내는 것이 아니라 자신의 고유한 이유로 그가 적합하다고 생각한 미래를 그려낸다. 그는 어쩔 수 없이 끝없는 피드백 과정을 차단하는 조건에 간여할 수밖에 없고 사람들의 반응을 고려하지 않을 수 없다. 운명론도 아니고 그렇다고 의지론도 아닌 미래에 관한 이러한 관계의 방식은 그 나름의 논리와 철학을 가지고 있다.

플라톤의 동굴에서부터 오늘날 분석 철학자들이 자주 이야기하는 '통 속의 뇌'에 이르는 철학적 사고 실험들이 문제일까? 그렇게 생각한다면 우리는 크게 잘못 생각하는 것일지도 모른다. 사실 예언은 다양한 모습으로 인류 역사에 상당한 영향을 미쳐왔다. 성서의 예언과 시장의 예언이 바로 그 알파와 오메가다.

성서의 예언자들은 종종 상궤를 벗어난 특별한 사람들이다. 그들의 예언은 세상에 큰 영향을 미쳤는데, 순전히 인간적이고 사회적인 이유도 있었지만 사람들이 예언자들의 말을 예언을 실현시킬 수 있는 여호와의 말이라고 믿었기 때문이기도 했다. 요즘 표현으로 말하자면 예언자의 말에는 '실행력'이 있었다고 말할 수 있을 것이다. 예언자들도 이를 잘 알고 있었고 자신들이 원하는 방향으로 사태가 흘러가도록 말했다는 점에서 혁명가의 능력을 가지고 있었다고 생각할지도 모르겠다. 하지만 이는 예언의 운명론적 측면을 망각한 것이다. 예언은 두루마리에 기록되어 있는 대로 한 치의 오차도 없이 앞으로 일어날 사건을 정확히 말한다. 가령 예언자 예레미야는 이렇게 말한다. "에티오피아 사람들이 제 피부색을 바꿀 수 있겠느냐? 표범이 제 가죽에 박힌 점을 없앨 수 있겠느냐? 그렇다면 악에 젖은 너희도 좋은 사람이 될 수 있으리라."[11]

혁명적 예언에는 성서에 나온 예언의 특징인 숙명론과 의지론이 한데 있다. 마르크스주의가 그 훌륭한 예다. 독일 철학자 한스 요나스는 이렇게 썼다.

여기서 우리는 합리적 토대에서 역사적, 세계적 예후를 보게 됨과 동시에 당연히 있어야 할 것과 함께 필연적으로 있어야 할 것에 관한 이상한 방정식에 따라 그 자체가 이 이론을 증명하는 인자가 되는 정치적 의지의 목표 지점을 보게 된다. 마땅히 일어나야 할 것을 일어나게 하는 정책을 행하다 보면 그 결과는 결정론적 책임 부재와 연결된 미래에 대한 아주 거대한 책임이라는 정말 이상한 혼합이 된다.[12]

성서의 예언은 자체 담론 속에 포함되어 있다. 운명처럼 내뱉은 말이 실현되는 것이 예언인 셈이다. 이런 자기 지시는 의식적인 것이다. 예언자는 문제의 '고정점'을 찾는데, 운명론이 규정하는 것을 의지론이 실행하는 바로 그 지점이다. 하지만 고정점이 없는 경우도 있다. 이것이 바로 예언자 요나가 빠진 형이상학적 함정이다. 요나는 자신의 예언이 이 세상에 관한 것이라는 점에서 거짓이 될 것을 알고 있었다. 자신에게 우리가 시간이라 부르는 미로의 함정을 파놓은 여호와를 요나는 어떻게 원망하지 않을 수 있었을까?

예견된 미래와 인과율적으로 실현된 미래 사이의 고정점처럼, 다시 말해서 예언자의 말에 대한 반응이 결과적으로 그 말의 이미지에 일치하는 미래를 예언자가 만들어낼 때 그 미래는 현실이 되면서 사람들은 이를 그 예언자가 옳았다는 증거로 받아들인다. 그런데 예언자는 미래가 그에게 기적적인 출현처럼 나타났기 때문이 아니라 자기 말의 영향을 고려하면서 그것을 예상했기 때문에 진실을 말한 게 아니었다.

처음에는 사회학 이론이, 뒤이어서는 경제학 이론이 '자기 충족적 예언'이라는 개념을 만들어냈다.[13] 자기 충족적 예언은 애초부터 진실이라서가 아니라 어떤 것을 공유하는 사람들에게 그것을 믿게 하거나 아니면 적어도 미래 현실과 일치한다는 반응을 불러일으키기 때문에 진실의 모습을 한 미래를 표현한 것이다. 오늘날 전 세계가 봉착해 있는 금융 위기는 복잡한 이 개념에다가 인류가 지금껏 경험해보지 못한 명성을 부여하고 있는데, 그 까닭을 살펴보기로 하자. 경제 영역의 자기 충족적 예언 중에서 가장 고전적 예는 모든 경제 주체들이 똑같은 가격 상승률을 기대하면서 경제적 계산을 하기에 기대치와 똑같은 가격 인상이 일어난다는 예언이다. 이런 예언은 도식적인 자기 충족적 예언의 한 형식에 불과하다고 말하고 싶을 것이다. 하지만 그렇게 하면 반사성의 중요한 요소를 놓치게 될 것이다. 지금 우리가 이야기하고 있는 예언자는 사실 이런 내용들을 이미 잘 알고서 자신의 예언을 행했다. 미래가 자기 충족적 예언의 도식에 따라 실현될 것을 알면서 예측했다는 말이다. 자기 충족적 예언의 논리는 전통 형이상학의 틀 안에서도 쉽게 설명될 수 있다. 미래 예언의 통찰력에 있는 반사성의 정도에 의해 우리는 시간이라는 또 다른 관념의 탑 속에서 흔들리게 된다. 이 부분을 밝혀보자.

3. 금융 위기에 대한 공적 발언

2007년 여름부터 세계를 강타한 금융 위기를 분석하는 사람들의 말을 들어보면 자기 초월 모델은 이름은 모를지언정 너무 진부한 것이 된 듯하다. 이 주제에 대한 혼동은 시장의 자동 조절론에 부담을 지우는 혼동 못지않게 난처하기만 하다. 하지만 깊이 들여다보면 내가 정치에 대한 '경제의 속임수'라고 부르는 것에 관해 많은 것을 암시해주기도 한다.

공적 인물들이 직면해 있다고 말하는 딜레마는 다음과 같은 것이다. '시장'이 불안해지고 있을 때 예언한 재앙을 재촉할 위험을 무릅쓰고라도 재앙을 초래할 '진실'을 말해야 할까(자기 충족적 예언)?[14] 아니면 침묵을 지키고 있다가 결국 사태가 일어나고 난 뒤에 방관자나 무능한 자로 비쳐야 할까? 끔찍한 현실을 감추고 있던 침묵이 재앙을 불러왔다는 의심을 사게 되지는 않을까?[15]

이와 같은 문제 제기 방식이 중대한 결함을 내포하고 있다는 사실을 공적 인물들은 보지 못하고 있는 것일까? 우리는 한편으로 예언이길 바라는 공적 인물들의 말이 사실 미래에 대한 영향력이 있음을 인정하면서도, 다른 한편으로는 현실을 보고 현실에 관해 이야기하는 우리 태도와 무관한 현실이 따로 존재하는 것처럼 행동한다. 현실은 지금 있는 그대로이다. 현실에 관해 진실을 표방한다고 해서 그것이 현실을 변화시키지는 못할 것이다. 앞의 두 번째 가정은 첫 번째 가정에 모순될 뿐만 아니라 자연과 생명 연구에서 오랫동안 방치되어왔지만 과학적이길 바라는 인간사 문제 해결에 충분히 일조할 수 있을 것이다.

예언자의 성찰이 남다른 것은 우리가 행하는 일반적인 성찰과는 거리가 있다는 점이다. 그의 말은 진실, 즉 미래에 대한 진실을 말하는 것으로 추정된다. 그리고 그 진실은 사람들의 머릿속에서 고정된 것으로 정착한다. 그러나 사실은 예언자의 성찰도 일반인들의 성찰과 그다지 차이가 없어서 일반인들의 성찰을 받아들여 미래를 예측한다. 그렇게 해서 예측한 미래와 실제의 미래가 일치하게 된다. 평범한 우리가 보기에 가장 뛰어난 예언자는 사실 자기 말의 결과를 계산하는 사람이 아니라 아주 단순하게 미래가 어떻게 될지를 알거나 예측하는 사람일 것이다. 이런 사람을 우리는 전문가라고 부른다.

미래를 헤아리는 것을 예측, 전망, 예언이라는 세 가지 방법으로 구분해 보는 것이 편리할 것 같다. 예측가는 자연계의 변화를 예측할 때처럼 인간적 현상을 예측한다. 예측가는 인간 사회 현상으로 수학적 모델을 설정해 문제를 분석하고 해결하거나 컴퓨터 프로그램을 '이용한다.' 중국의 미래 에너지 소비를 예측하는 것이나 우주선의 궤적을 계산하는 것이나 차이가 없다. 또 다른 극단에서 자유 의지를 찬양하는 미래학자는 '미래는 예측하는 것이 아니라 만들어지는 것'이라며 미래에 대한 어떤 지식도 형성하지 않으려 한다. 그러고는 '가능한 미래의 여러 양태'[16]의 총체를 다양한 시나리오를 써가면서 탐색하는 것을 자신의 일로 여긴다. 미래학자는 이렇게 '미래에 대한 수많은 시나리오'[17]를 펼쳐놓고 선택권은 정치권에 넘긴다. 예측가는 결정론을 믿고 미래학자는 인간의 자유 의지를 믿는데, 예언자는 이 둘 사이에 있다.

능력 있는 전문가는 방금 살펴본 구분에 따르면 미래학자에 해당한다. 사람들은 예언자보다 전문가를 상대하기를 더 좋아한다. 그렇다면 사람들은 구체적으로 무엇을 찾고 있는 것일까? 사람들에게 중요한 것은 다들 알고 있는 상식[18]과 같은 미래의 모습에 자신을 조화롭게 적응시키는 것이다. 어떤 지식의 기원이나 가능한 조건이나 현실에 미칠 영향 같은 것에 마음 쓰지 않으면서 지식에만 만족하는 전문가는 너무 지나치게 자신에게로 회귀한다는 혐의를 받는 예언자보다 더 확실한 가이드일 경우가 많다. 이건 역설이 아닐 수 없다.

골드만삭스나 애플의 경영자 못지않게 우리는 모두 세계화의 결정권자들이다. 우리 결정권자들은 어떤 문제에 대해 매 순간 타인들은 어떻게 생각하는지를 따져보면서 잠재적인 무한한 연결 고리에 따라 자신의 행동을 맞춰나가고 있다. 이 한결같은 관심사를 만족시키는 데 꼭 필요한 무한한 자기 회귀성은 광기에 가깝다. 이런 문제를 가장 솜씨 좋게 해결하는 사회적 형식이 바로 시장이다. 모든 사람은 타인의 생각에 직접 관여하는 게 아니라 타인들을 동시에 고정 지수로 받아들이는 반사적인 직접 대면을 없애는 변수에 관여하고 있다. 이를 컴퓨터 용어를 빌려 '인터페이스 변수'라 부를 수 있을 것이다. 여기서 고정 지수로 받아들인다는 것은 이런 변수들이 서로의 행위로 빚어진 결과임을 알면서도 반사실적으로 자신의 행위와 무관하다고 여기고 있다는 사실을 잊지 말자. 우리는 지금까지 가격과 미래라는 두 가지 유형의 인터페이스 변수를 살펴보았는데, '시장은 미래를 통해서 조정을 실현하고 있었다.' 시장은 바로 그 운동으로 그리고 그 운동 속에서 구현되는 가상의 구동력에 힘입어 미래를 향해 스스로를 투영한다. 이는 정확히 앞서 언급한 뮌하우젠 남작 이야기를 떠올리게 한다.

전문가라는 사람이 왜 쓸모가 있고 또 왜 없어서는 안 되는지 이제 이해가 되었을 것이다. 유명한 건축가 프랭크 로이드 라이트 Frank Lloyd Wright의 준엄한 말에 의하면 "전문가는 '이제 알았다'라며 생각하기를 멈춘 사람이다." 대개 시장은 전문가에게 더는 아무것도 요구하지 않는다. 시장은 모두에게 해당하는 공통된 미래의 이미지에 자신을 맞춘다. 기원이나 근본 때문에 그 이미지를 의심하는 문제는 사실 그다지 중요하지 않다. 앙드레 오를레앙이 레이건 효과라고 부른 것이 바로 그것이다.[19] 1987년 12월 어느 날 레이건 대통령은 자신이 보기에 달러 가치가 너무 하락했다고 선언했다. 그래서 달러 가치를 올려야 하고, 또 오르리라는 것이었다. 하지만 대통령의 판단에 신뢰를 보내는 외환 전문가는 아무도 없었다. 게다가 대통령은 자신의 생각을 뒷받침하기 위해 경쟁국의 낮은 이자율을 비난했다. 화폐 이자율이 높을수록 더 매력적이라는 터무니없는 생각이다. 하지만 대부분의 외환 중개인들은 그 소식을 듣자마자 달러를 사 모으기 시작했다. 그렇다면 이는 비합리적인 행동일까? 아니다. 다른 사람들도 같은 행동을 할 것이며 그런 행동으로 화폐의 가치가 올라갈 것을 그들은 예상했기 때문이다. 그리고 실제로도 그렇게 되었다.

실제로 일어난 이 일에 작용하고 있는 것은 '전문가'의 예측이다. 대부분의 경우 시장은 예측의 신뢰도에 의문을 제기하지 않는다. 무엇보다 중요한 것은 타인의 예상을 오해하지 않는 것이기 때문이다. 최고위 당국자가 아주 태연하게 남발하던 근거 없는 예측들을 아직도 기억하고 있는 사람이 있을까?[20] 하지만 예언은 상황이 전혀 다르다. 신의 예언에 대해 '신명기'는 진짜 예언을 판가름하는 유일한 기준은 그 말이 실현되는 것이며, 그러할 때 그 예언이 진실임이 드러난다고 알려주고 있다.

그런데 그것이 여호와께서 하신 말씀인지 아닌지 어떻게 알겠느냐 하는 생각이 들겠지만, 그 예언자가 여호와의 이름으로 말한 것이 그대로 이루어지지 않으면 그 말은 여호와께서 하신 말씀이 아니다. 제멋대로 말한 것이니 그런 예언자는 두려워할 것 없다.[21]

예언이 초월적 기원을 가지고 있지 않음을 입증하는 방법은 그 예언이 실현되지 않는 것이다. 미래야말로 유일무이한 판관이다. 하지만 전문가에게는 이런 제약이 없다. 전문가는 무슨 말이든 할 수 있다. 외환 중개인에게 중요한 것은 다른 중개인들도 그 말을 상식처럼, 자기 계산의 기준으로 삼으리라 확신하는 것이다.

전문가는 구조적 근시안으로 때로는 아주 비극적 평가를 낳기도 한다. 국제신용평가기관의 평가가 그런 경우이다. 이 기관들은 현재 상황에 대한 자신의 평가를 공적인 것으로 만들면서 미래가 과거의 추세보다 한술 더 뜨는 것 외에는 다른 선택이 없게 한다. 입법기관이 무능한 전문가들에게 권력과 영향력을 부여하는 바람에 보잘것없는 평가가 은행이나 나라를 벗어나기 힘든 침체의 소용돌이에 몰아넣고 있다. 미국의 기관 투자가들이 투자한 자본을 회수하면 신용도가 하락한 국가의 부채액은 감당하지 못할 정도로 치솟는다. 사정이 이렇게 되면 신용평가기관들은 자신들은 신용을 측정하는 체온계일 뿐이지 환자의 병을 악화시키는 게 아니라고 큰소리친다. 환자의 체온을 널리 공포하는 행위가 질환에 아무런 영향도 미치지 않았다는 말도 안 되는 말을 하면서 말이다! 국제신용평가기관들은 신탁의 지위를 찬탈했다는 비난을 받고 있다. 하지만 신탁은 예언과 마찬가지로 제대로 가늠하려면 자신의 말이 사태의 추이에 미치는 영향도 마땅히 고려해야 한다. 비극적 예언의 실현을 돕는 것은 결과적으로 볼 때 그 예언의 비극을 막으려던 행동일 때가 많았다. 하지만 비극은 신탁이 이미 예견한 것이었다. 그래서 신탁은 항상 정당한 것이 된다. 오이디푸스를 어쩔 수 없이 불행에 빠뜨리는 '운명의 힘'을 생각해보자. 신용평가기관들은 객관성과 중립성이라는 외피를 걸치고서 마치 선무당처럼 날뛴다. 미래가 실제로 이 기관들의 비관적 평가와 일치하면 단순히 홍보물을 통해 미래를 제대로 예측했을 뿐인 자신들은 최종 결과에 아무런 영향도 미치지 않았다고 주장한다. 이게 바로 전문가의 말도 안 되는 소리다.

경제가 정치를 예속하고 있다는 가장 결정적인 징표는 오늘날 사람들이 국가 원수로서 경제 전문가를 기대하고 있다는 사실이다. 경제 전문가로 인정받을수록 선출되거나 임명이 될 가능성은 더 크다. 경제학자들이 국가의 최고 지위에 올라 있는 것을 우린 이미 보고 있다. 그러나 경제적으로 생각하고 행동하는 국가 원수는 변질된 정치인일 뿐이다.

4. 대참사와 의사소통

기후 변화에 많은 전문가는 개발 방식을 바꾸지 않으면 인류는 중대 고비를 맞게 될 것이라고 주장한다. 전문가들은 한편으로는 기후 온난화는 분명히 일어나고 있으며 그 본질적 원인은 인간의 활동이고, 지구 온난화의 국지적 혹은 전 지구적인 결과는 크나큰 재앙이라고 주장한다. 다른 한편으로는 가령 2100년에 지구의 평균 기온이 1.5도 상승할지 6도 상승할지 정확히 말할 수 없으므로 자신의 예측에는 큰 불확실성이 작용하고 있다고 하나같이 고백한다.

이처럼 불확실성이 수반된 확신은 넓은 의미에서 정책 결정자뿐만 아니라 정치인을 포함한 비전문가들에게는 패닉과 무관심이라는 아주 대조적인 반응을 불러일으킨다. 상황이 심각하여 신속한 대응을 해야 한다고 믿는 사람들에게는 예측 속 모호함에 어떤 의미를 부여해야 하는가 하는 문제와 함께 이런 불확실성을 사회에 어떻게 제시해야 하는가 하는 문제가 제기된다. 이런 문제에 자기 초월 모델을 이용하면 많은 혼동을 피할 수 있을 것 같다는 게 내 생각이다.

과학자나 기술자들이 위험 문제를 다룰 때는 십중팔구 과학적으로 규명한 '객관적' 위험과 정보가 부족하거나 비정상적인 사람들이 느끼는 '지각된'(혹은 '주관적') 위험을 구분하라고 주장한다. 그러면서 과학은 '지각된' 위험이 '객관적' 위험과 일치하게, 즉 실재하는 위험들만 있다는 것을 이해할 수 있게 대중들에게 정보를 제공하고 교육할 역할을 자임한다. 이런 구분은 받아들이기 힘들다. 이는 기본적으로 주체의 상태와 주관성을 철학적으로 심각하게 혼동하고 있기 때문이다. 일반인이 파악한 위험이라고 해서 과학자가 파악한 위험보다 항상 덜 객관적인 것은 아니다. 그 차이를 설명할 수 있는 것은 완전히 객관적인 여건, 즉 위험을 바라보는 사람의 위치다. 극단적인 두 가지 경우를 생각해보자. 방법론적으로 자기 행위의 외부에 있는 사람과 자동차 안의 운전자처럼 대상과 한 몸이 된 사람이 있다고 하자. 위험에 대한 그들의 두려움은 당연히 다르다. 그런데 그 차이는 관찰자의 비합리성에서 기인하는 것이 절대 아니다.

기후 변화에 관한 정부 간 협의체[IPCC](Intergovernmental Panel on

Climate Change)는 사람들의 부당한 비난과는 달리 항상 자신들이 하는 예측의 맹점인 불확실성을 제시해왔다. IPCC는 다음과 같은 경우에도 엄격한 정확성을 절대 감추지 않았다. 가령 1.5도와 6도라는 격차를 보이는 2100년의 기온 상승에 관한 불확실성의 절반은 수십 년 뒤 지구 차원에서 온실가스 배출이 얼마나 될지에 대한 불확실성에서 나오는데, 이 불확실성은 또한 정치인이 무책임한 관용론을 택할지 아니면 공격적인 의지론을 택할지에 따른 불확실성에서도 나오고 있다고 기술하고 있다. 그러므로 기후 시스템의 변화에 관한 불확실성에는 정신적, 심리적 요소들이 큰 역할을 한다고 볼 수 있다. 이런 불확실성을 주관적인 것이라고 결론 내릴 사람은 아무도 없을 것이다. 만약 그런 사람이 있다면 그것은 심각한 잘못일 것이다.

기후 시스템처럼 그리고 더 일반적으로는 육체의 역학 시스템처럼 그 안에서 인간이 관찰자이자 행위자가 되는 생태계를 연구할 때는 지나친 단순화가 일어나는데, 기후나 생태계에 대한 예견가라는 전문가 역할을 하고 싶은 마음에 사태를 심각하게 오해하는 데서 비롯되는 것이라고 본다. 그렇지만 IPCC의 미래학자들과 대변인들은 그렇게 하지 않는다. 그들은 미래학에서 쓰는 방법처럼 시나리오를 발표하는 것을 더 좋아한다. 하지만 이런 것은 더는 충분하지 않다. 이 말에 부여하는 기술적이고 완전히 세속적인 의미에서 예언자적 태도만이 여기서는 유효하다. 그 이유는 무엇일까?

인간의 행위는 기후에 영향을 미치고 기후 온난화의 많은 부분은 인간의 행위에 따른 결과다. 우리가 취할 정책은 지구의 기후 변화에 영향을 미칠 것이다. 인류가 온실가스 배출량을 줄이는데 성공하느냐 실패하느냐에 따라 대재앙이 발생하거나 발생하지 않을 수 있다. 사태가 다른 방향으로 변하면 IPCC 같은 기구는 존재할 이유가 없어질 것이다. 숱한 학자와 전문가들이 기후 변화의 원인을 그렇게 열심히 연구하는 것은 오로지 학문적 열정 때문만은 아니다. 국민, 특히 정치인이 취할 정책에 영향을 미치고 싶은 마음도 있을 것이다. 전문가들은 기후 자체는 아니라도 적어도 여론의 기후는 변화시킬 수 있다.

이 모든 게 명백해 보이는 데도 예측할 때 어느 것도 고려하지 않는다는 사실이 놀라울 뿐이다. 물론 모델에는 온실가스 배출량을 줄이기 위한 정책이 포함되지만, 이것은 마치 인간의 행동이 독립 변수이거나 외생 변수인 것처럼 통제 변수나 매개 변수의 형태로 그러하다. 이 변수의 수치가 '가능한 미래' 전체 중 하나의 시나리오를 결정한다. 물리적 시스템처럼 객관적인 것이라고 알고 있는 것과 자유 의지를 가진 주체성에서 나온 것을 이렇게 아주 근본적으로 단절시키는 방식은 방법적으로나 철학적으로도 심각한 잘못이다. 이렇게 하면 정말 중요한 인과율의 고리가 빠지기 때문이다. 어떤 결정을 취할 것인가 하는 문제는 부분적으로는 실현될 것으로 보이는 미래에 대한 예견에 달려 있는데, 그 미래는 어떤 결정을 취하느냐에 달려 있다. 원인과 결과가 서로 연결된 이 인과율적 순환은 미래에 대한 지식을 포함한 인간의 지식이 현재의 행동과 무관할 수 없음을 말해준다. 이런 순환은 인간 행위를 독립된 변수로 취급해서는 안 된다는 뜻이다.

IPCC의 운영 방식에 대한 논쟁은 전문가의 정직성이나 신중함 그리고 대중들은 접근할 수 없는 모델 틀 안에서만 의미가 있는 실상을 공개하는 데 따른 걱정 등과 같이 중요하긴 하지만 부수적인 문제를 다루고 있다. 그러면서 미래와 미래의 예측이라는 원인과 결과의 순환, 다시 말해 자기 초월의 문제처럼 정말 중요한 문제는 언급도 되지 않고 있다. 미래가 인과율적으로 미래를 예측하는 방식에 따라 달라지고 그 예측이 어떤 상황에서는 공적인 것이 되어버린다면, 미래를 결정할 때는 바로 이런 요소들을 마땅히 고려해 이 요소들이 대중과 결정권자들에게 받아들여지는 방식뿐만 아니라 여론 형성에 영향을 미치는 방식까지 반드시 고려해야 할 것이다. '미래를 묘사하는 인자가 바로 미래를 결정하는 인자다.' 인식과 존재에 관한 논의는 매번 서로에게 회귀되는 형국을 띠게 되는데, 이런 것이 공적 사건의 객관적 특징이다. 이 사실이 미래에 대한 어떤 묘사의 적절성을 결정짓는 기준이 된다는 점에 유의하자. 그 묘사하의 미래는 마땅히 그렇게 기술된 미래를 발생시키는 반응을 일으키게 될 것이다.

여기서 심리학, 특히 인지 심리학은 방법의 객관성은 건드리지 않으면서 기여하는 것이 있다. 우리가 생각하는 합리성에는 하나의 원칙이 있다. 그것은 우리의 선택은 인지 심리학의 용어로 말하면, '프레이밍된' 우발적(혹은 조작된) 방식에 의존해서는 안 된다는 원칙이다. 스탠퍼드 대학의 아모스 트버스키$^{Amos\ Tversky}$가 진행한 실험은 선택의 문제가 어떤 형태로 주어지느냐에 따라 선호도가 달라진다는 사실을 보여주고 있어 눈길을 끈다. 경제와 생태학의 관계를 논할 때 자주 목격하게 되는 궤변을 드러낼 수 있으므로 실험 중 하나를 여기에 소개하려 한다.

피실험자는 다음과 같은 세 개의 질문을 받게 된다.

질문 1 – 무엇을 선택하겠는가?

A. 30달러를 딸 확률 100퍼센트 [78퍼센트가 선택]

B. 45달러를 딸 확률 80퍼센트 [22퍼센트가 선택]

질문 2 – 두 단계로 되어 있다. 1단계에서 이기지 못하고 게임을 끝낼 확률은 75퍼센트고 2단계로 넘어갈 확률은 25퍼센트다. 2단계의 조건은 다음과 같다. 무엇을 택하겠는가? 단 게임을 시작하기 전에 택해야 한다.

C. 30달러를 딸 확률 100퍼센트 [74퍼센트가 선택]

D. 45달러를 딸 확률 80퍼센트 [26퍼센트가 선택]

질문 3 – 다음 중 마음에 드는 것은 무엇인가?

E. 30달러를 딸 확률 25퍼센트 [42퍼센트가 선택]

F. 45달러를 딸 확률 20퍼센트 [58퍼센트가 선택]

이 세 질문이 논리적으로 동일하다는 사실을 쉽게 알아챘을 것이다. 질문 2와 3은 수학적으로는 거의 같은 질문이다. 질문 1과 2를 자세히 보자. 질문 2의 두 번째 단계에 이르면 질문 1과 질문 2는 결국 같은 질문이다. 게임이 첫 번째 단계에서 끝나버리면, C를 선택하거나 D를 선택하거나 간에 결과에는 변화가 없다. 그런데 질문 1과 2에서는 비슷하게 선택했지만 질문 3에서는 아주 다른 선택을 한다.

질문 1과 3에 대한 답변의 차이는 유명한 '알레의 역설'을 보여준다. 1988년 노벨 경제학상을 받은 모리스 알레$^{Maurice\ Allais}$는 사람들의 선호가 기대 효용 이론에 관한 수학적 이론의 공리를 철저하게 배반하고 있음을 밝혀냈다. 특히 큰 비율로 확실한 우승의 보장을 줄이는(여기서 100퍼센트에서 80퍼센트로 확률이 20퍼센트 감소) 것보다 중간 정도의 비율로 줄이는(여기서 25퍼센트에서 20퍼센트로 확률이 5퍼센트 감소) 것이 훨씬 더 강한 인상을 주고 있다. 그러므로 확실한 것은 그 자체로 큰 의미가 있고 또 다들 바라는 것이다. 100퍼센트 확실한 것을 택하기 위해서라면 사람들이 기꺼이 대가를 치를 태세가 되어 있는 것도 이 때문이다. 질문 3에서는 다수가 E보다는 F를 더 많이 선택한 반면, 질문 1에서는 B가 45달러의 80퍼센트인 36달러를 딸 수 있어 A의 30달러보다 더 기대 효용이 더 크다. 그럼에도 다수가 B보다 A를 더 많이 선택한 이유는 확실성 때문이다. 이런 현상을 트버스키는 '확실성 효과'라 부른다

문제는 질문 2와 3에 대한 선택이다. 둘 다 수학적 기대치는

거의 동일하다. 그런데 왜 C를 더 많이 선택했을까? 이에 대한 유일한 설명은 사람들이 질문 1과 똑같은 식으로, 다시 말해 '확실성 효과'에 따라 접근하고 있다는 것이다. 하지만 질문 2의 선택지에는 100퍼센트 확실한 것이 없다. 아니 여기서 확실성은 질문을 임의로 두 단계로 구분하여 접근하는 방식에서 나오는 단지 환상일 뿐이라고 말하는 편이 더 정확할 것 같다. 트버스키는 이를 '준확실성 효과'나 '가짜 확실성 효과'라는 모순적 용어로 부른다.

협상 테이블에서뿐만 아니라 더 일반적으로는 상반된 이해와 가치가 충돌하는 경우에도 '우발적으로 확실한 결과들'이 중요한 역할을 한다는 것을 아모스 트버스키는 치밀하게 보여주었다. 이스라엘 육군 퇴역장교인 트버스키는 1993년 과감하게 다음과 같은 사례를 든 적이 있다. 가령 적국에 둘러싸여 있는 한 민주 국가에서 현재 자국이 점령하고 있는 외국 영토를 양도할 가능성에 관해 정치적 논쟁을 벌인다고 가정해보자. 전시라면 이 영토는 승리를 보장하는 아주 중요한 으뜸 패일 것이다. 다른 측면에서 보면 이 영토가 전쟁 가능성을 줄이는 역할을 할 수 있을 것이다. 하지만 둘 다 근본적으로는 불확실한 경우다. 단순한 가능성보다는 우발적 확실성의 우세로 이 논쟁에서 영토 점령파가 우세하리라 확신할 수 있다. 앞의 실험에서 사람들이 E보다 C를 많이 선택한 것도 이 때문이다.

이와 유사한 상황이 산업 기술의 발달로 인한 딜레마에서 많이 나타나고 있다. 특히 기후 온난화 문제에 관해 선진국 국민에게 경제와 생태 중에 하나의 선택을 제안하는 태도가 가장 단순한 예다. 환경을 보존한다는 이유로 어떠한 경우에도 경제가 희생되어서는 안 된다는 여론이 지배적이다. 하지만 기후 재앙을 극복하기 위해서는 뛰어난 기술과 함께 경제를 이용하는 것은 필수불가결한 일이다. 이 가짜 확실성 효과는 지속적 성장이 생태 위기의 가능성을 증가시킨다는 주장보다 조금 나을 뿐이다.

가짜 확실성 효과라는 '미망에서 벗어나' 우발적 확실성이 순전히 환상임을 폭로하는 것이 가능할까? 형식적으로 보자면 가능한 대로 결정을 질문 2보다는 질문 3의 형식에 '맞추는 것'이 될 것이다. 하지만 그렇게 하면 우리는 또 다른 인식론적 장애물에 부딪히게 된다. 사람들은 일반적으로 0과 1 사이의 확률은 잘 다루지 못하고, 확실성과 불가능성과 같이 자신에게 익숙한 언어로 생각하기를 더 좋아한다.

우리의 이런 성향을 캘리포니아 산타바바라 대학의 인지 심리학자 레다 코스미데스Leda Cosmides와 존 투비John Tooby가 유명한 실험을 통해 증명했다. 다음과 같은 질문을 의사가 포함된 한 무리의 사람들에게 한다. 평균 1000명당 1명이 걸리는 질병이 있는데, 정상인데도 검사에서 양성 반응이 나올 오진율은 5퍼센트다. 당신의 검사 결과가 양성으로 나왔다면 당신이 그 병에 걸렸을 확률은 얼마인가? 이 질문에 의사를 포함한 다수의 사람은 95퍼센트라고 대답했다. 하지만 토마스 베이즈Thomas Bayes의 고전적 분석이 보여주듯이 정확한 답은 2퍼센트다. 이 문제를 확률이 아니라 익숙한 표현으로 제시하면 사람들은 한눈에 정답을 알아차린다. 1000명을 검사할 때 오류가 없다면 평균 1명이 양성으로 나오지만, 실제는 5퍼센트의 오류를 생각하면 다른 50명도 양성으로 나왔을 것이다. 양성 판정을 받은 51명 중에서 단 한 사람만이 실제로 양성이며 실제로 그 병에 걸린 사람이다. 그러므로 51명 중 1명, 약 2퍼센트가 정답이다.

코스미데스와 투비의 실험에서 보았듯이 인간의 두뇌는 습관에 익숙한 장치라서 생태 재앙 같이 낯설고 특이한 사건에 대해 추론하는 능력이 떨어진다. 결과적으로 가짜 확실성 효과가 파놓은 함정을 피하기가 몹시 어렵다고 할 수 있다. 기후의 미래, 즉 우리의 미래는 수리학水理學적 현상이나 고온 현상을 지배하는 물리 화학적 법칙에 좌우되는 만큼이나 집단적 인지 메커니즘에도 영향을 받는다. 우리 정신의 '회로'에 있는 이런 메커니즘의 객관성은 부분적으로 가능한 힘을 다하고 있다.

에릭 르 부세Éric le Boucher는 2004년 7월 4일자 〈르몽드〉에 "빈사 상태의 교토 의정서, 완전히 끝을 내자"라는 도발적 제목의 글을 발표해 논란을 불러일으켰다.

생태학자들은 쿄토 의정서를 금기시하고 있다. 의정서가 정한 약속을 지연시키는 술책을 생태학자들이 고발한다고 해서 반드시 잘못된 것은 아니다. 먼 훗날을 위한 노력은 의심스러울 수 있다. 하지만 생태학자들이 기후 문제 때문에 기존의 개발과는 다른 모델에 세상을 끌어넣을 수 있다고 생각한 것은 잘못이다. 환상이라는 말이다.

가난한 나라에 환상이다. 그들은 소비를 요구하고 있다. 부자 나라에도 환상이다. 그들은 과거로의 회귀를 용납하지 못한다. 생태학은 경제에 반대하는 입장을 취할 수가 없고 환경을 보존하더라도 개발을 희생시켜서는 안 된다고 여긴다. 지구 미래에 대한 종말론적 비전에 사로잡힌 생태학은 필경 실패하고 말 것이다. 진보의 폐해에 대한 해결책은 바로 진보다.

이 언론인은 자신의 말만 계속하는 조지 부시 정부처럼 가짜 확실성 효과에 사로잡혀 있는 것이 확연히 보인다. 나는 무책임한 태도라고 주저 없이 말하고 싶다. 여기서 나는 그를 비난하기 전에 이런 태도를 합법적인 것처럼 보이게 하는 데 기여하고 있는 '객관적' 메커니즘의 힘을 따져보고 싶다.

문제는 전문가와 예언자의 역할이다. 자기 영역, 여기서는 기후에 관한 진실을 점유하고 있는 전문가로서는 그 진실을 사회에 전달하는 방식이 문제다. 이른바 '커뮤니케이션'의 문제다. 이에 비해 예언자는 진실을 전달하는 방식과 무관한 진실은 없다고 믿는다. 예언자에게는 기상학의 객관성 못지않게 인지 메커니즘과 군중 현상의 객관성도 중요한 문제다. 만약 IPCC의 잘못이 있다면 그것은 이런 두 가지 태도 사이에서 분명히 결단을 내리지 않고 있다는 것이다.

5. 말 없는 자기 초월성

자기 초월성을 만들어내는 시장의 능력은 꼭 예언자나 전문가의 말을 거쳐야 하는 것은 아니다. 우리는 가격에서 이런 사실을 확인한 바 있다. 가격의 형성 과정이나 가격의 가이드 역할은 자연 발생적, 즉 기계적으로 진행된다. 발라 법칙에 경매인은 없으며 오스카 랑게의 이론에도 중앙 정부는 필요치 않다. 미래의 자기 초월성에 대해서도 우리는 똑같은 말을 할 수 있다. 사태의 변화란 사람들이 보인 반응의 결과일 뿐임을 알면서도 이를 잠시 무시하고는 나타나는 그대로가 역사의 방향이라고 믿으며 미래의 방향을 제시한다.

애덤 스미스에서 케인스를 거쳐 하이에크에 이르는 위대한 경제학자들이 알아보고 이론화한 시장의 한 특성이 있는데 그것은 바로 모방이다. 경제는 르네 지라르가 말하는 '모방 욕망'이 마음대로 뛰노는 공간이라 할 수 있다.[22] 모방은 광고가 부추기는 유행 현상에서 뚜렷이 드러난다. 모방은 또 지식인 사회와는 달리 경쟁자 모방을 감추지 않는 비즈니스 세계에서 더 분명히 드러난다. 케인스도 잘 이해했듯이 더 섬세하게는 철저히 불확실한 상황에 놓여 있을 때 모방은 하나의 규칙과 같은 역할을 한다. 앞일을 계산하고 예측하는 일이 아무런 도움이 되지 않을 때 주변 사람을 모방하는 것이 상책이다. 주변 사람들이 훌륭한 정보를 가지고 있어서가 아니다. 그들이 어떻게 하는지를 지켜보고는 그 지식을 간접적으로 활용하려는 것이다. 주변 사람들도 분명 우리와 마찬가지로 아무것도 모르고 있을 수 있다. 하지만 우리는 그런 것에 대해 아무것도 모르고 있다.

그런데 가령 '수요·공급 법칙'에서 엿볼 수 있듯이 경제학자들이 알고 있는 고전 역학이나 열역학에서 나온 역학과 모방에서 나온 역학은 그 특성이 근본적으로 다르다. 시장 이론의 조화로운 균형에서 벗어난 상태는 당겨진 추나 꽉 죄어놓은 스프링처럼 다시 균형으로 되돌아오는 힘을 만들어낸다. 어떤 상품에 대한 수요가 늘어나면서 구매자들이 원하는 만큼 가격은 상승하고 그래서 생산자는 더 많이 생산함으로써 수요와 공급이 다시 균형을 취하게 된다. 이것이 기존의 고전 역학에서 나온 수요·공급 법칙일 것이다. 하지만 모방 역학은 그 편차를 더 확대시키면서 전혀 예상치 못한 방향으로 나아간다.

여기서 나는 복합적 질서가 만들어지는 과정에서의 우연의 역할에 대해 네오 사이버네틱스 이론이 고안한 중요한 구별을 소개하려 한다. 그것은 '소음으로부터의 질서'와 '소음으로부터의 복잡성'이라는 두 형태 발생 원칙의 구별이다.[23] 수학에 관한 기초 지식만 있어도 이해할 수 있는 두 원칙의 차이를 보여주는 두 개의 실험을 살펴보자.

첫 번째 실험은 1937년 파리의 데쿠베르트^{Découverte} 궁전의 개설 때부터 방문객들에게 행한 실험이다. 같은 간격의 평행선 위로 평행선 간격의 절반 길이의 바늘을 무작위로 던져서 바늘이 그

평행선에 걸리는 확률을 구하는 실험이다. 많은 사람이 이 실험을 반복했을 때 확률은 증감을 되풀이하다가 점차 그 폭이 줄어들면서 정확한 수치에 접근했다. 그 값은 0.318309886183791로 시작하는데, 이 수치는 원의 지름과 둘레의 비율인 원주율 파이$^\pi$의 역수다. 이 실험을 통해 우리는 아주 정확한 원주율을 구할 수 있다. 똑같은 실험이 세계 곳곳의 과학 박물관에서 행해졌는데 줄에 걸칠 확률은 정확히 원주율의 역수로 나타났다.

이는 프랑스의 유명한 수학자 조르주루이 르클레르 뷔퐁의 이름을 딴 '뷔퐁의 바늘'이라는 실험이다.[24] 이 실험은 무작위로 발생하는 사건의 빈도는 시간이 갈수록 어떤 '선험적' 확률값에 수렴한다는 '대수의 법칙'을 구체적으로 증명한 것이다. 뷔퐁은 겹치는 확률은 정확하게 원주율의 역수와 같다는 것을 아주 우아하게 입증할 수 있었다. '소음'과 같은 우연은 여기서 이미 존재하는 필연성에 봉사하고 있다. 이것이 바로 '소음으로부터의 질서'이다.

두 번째 실험은 모방이 가진 형태 발생 능력을 보여주고 있다. '폴랴 항아리'라 불리는 이 실험은 과학 모델의 진실을 담은 모태가 되었다. 항아리에 하얀 공과 검은 공이 하나씩 들어 있다. 무작위로 공을 꺼냈다가 같은 색깔의 공 하나를 다시 넣는다. 이렇게 공을 하나씩 끄집어낼 때마다 항아리에는 공이 하나씩 늘어나게 된다. 이 과정을 계속할 때 항아리 안의 흰 공의 비율은 어떻게 변할까? 계산기만 있어도 쉽게 모의실험을 해볼 수 있을 것이다. 실제 실험을 해보면 그 과정이 '뷔퐁의 바늘'과 같이 작동하는 것을 보고 깜짝 놀라게 될 것이다. 장기간 반복하면 진폭이 줄어들면서 아주 정확한 어떤 값으로 수렴한다. 그런데 놀랍게도 그 값은 0.5가 아니다. 왜일까? 실험 조건은 완벽하게 대칭적이다. 그러면 이 대칭이 도대체 어디서 균열이 일어난 것일까? 어떤 이론도 이를 설명하지 못하고 있다.

중요한 것은 폴랴 항아리에서 모방 역학을 이해하는 것이다. 어떤 색깔의 공을 끄집어내는 것과 같이 무작위로 일어나는 사건들은 모두 어떤 색깔의 기회를 높이면서 '선험적' 확률을 변화시키므로 다음에 일어날 발생의 조건을 변화시킨다. 이는 자기 증폭 과정인데, 다음 이야기로도 설명할 수 있다. 주의가 산만한 두 사람이 같은 곳을 향해 단호한 태도로 함께 길을 가고 있다. 두 사람은 장소를 정확히 알지 못하지만 상대방은 잘 알고 있을 것이라고 믿고 있다. 그래서 상대방이 가는 길을 뒤 따라간다. 그 결과 두 사람은 확실히 안정된 길을 걷게 되는데, 그것은 물론 상대적으로 안정된 길이다. 그들은 얼마 안 가서 서로 잘못 알고 있었음을 깨닫기 때문이다.

폴랴 항아리는 뷔퐁의 바늘과 사실 본질적인 차이점이 있다. 실험을 다시 할 때마다 어떤 값이 나타나지만 매번 다르게 나타난다. 그 값은 한 번의 실험과 밀접하게 연관되어 있다. 변화는 이미 존재하던 값에 인도되어 그 값으로 수렴한다. 하지만 그 값은 바로 그 실험의 인과율적 결과이기도 하다. 단 한 번의 실험으로 한정한다면 모방에 의한 역학을 어떤 값으로 수렴하는 뷔퐁의 바늘의 역학과 구분할 수 없을 것이다. 외부의 관점에서 보면 그 값이 아주 분산되어 보이지만, 단 한 번의 실험을 뛰어넘을 때만 무한히 많은 가능성 중 한 가능성이 나타난 것으로 볼 수 있다. 우선 수렴값이 나올 확률은 사실 전체적으로 보면 0과 1 사이의 일정한 숫자이다. 이게 바로 '소음으로부터의 복잡성'이다. 우연이 만들어내는 필연성은 '사후에만' 그렇게 보이는 독특한 유형의 필연성이다.

모방 역학과 그 점근선적(시간이 무한히 진행될 때 그 역학이 작동하는 과정) 관계는 드러나는 행동의 차원과 역학 자체 차원으로 된 고리 모양이다. 도식으로 그리면 다음과 같다.

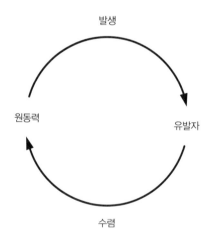

| 그림 1 | **소음으로부터의 복잡성**

원동력은 자신이 만든 유발자로 수렴하는데 이를 '경로 의존형' 변화라 부른다.

우리는 고리와 함께 자기 초월이라는 익숙한 구조를 보게 된다. 모방 동력은 내면적으로는 이미 경험한 것처럼 이미 존재하는 어떤 목표에 의해 인도되고 있다. 그런데 그 목표는 자신이 만들어낸 것이다. 경로상에 있는 원의 한 점에 찍힌 화살표로 표시된 인과 관계는 물론 환상일 뿐이다. '인과율적으로' 미래는 과거를 바꾸지 못한다. 인과율의 물질계에서는 단지 경로만 있을 뿐이다. 경로가 인도하는 곳은 바로 그 경로의 한 지점일 뿐이다. 반면에 의미의 세계에서는 꼭 그런 사실을 표현하는 예언적인 말이 없어도 모방의 동력이 지칭하는 방향은 그 동력에 다시 영향을 준다.

예언이 없는 자기 초월은 특히 시장의 패닉 현상에서 잘 드러난다.[25] 패닉 상태에 빠진 군중은 프로이트의 정의처럼 리더를 잃는데,[26] 그를 대신해 언뜻 보기에는 다른 사람들보다 월등한 존재처럼 보이는 다른 대표자가 등장한다. 갑자기 부각된 대표자는 실은 개인적 반응의 합성체이지만 자신과 분리된 개인적 반응이라기보다 독자적 행동과 반응이 모인 집단 자체의 화신이다. 말하자면 패닉 시스템의 결과이다. 패닉은 각자 타인이 생각할 수 있는 것을 요구하고 그 역도 무한히 되풀이되는 상호 반사적인 구조를 불시에 깨뜨려버린다. 뒤르켐이 감지한 것처럼 '흥분'에 들떠 있는 사회는 총체적으로 '외재성, 초월성, 예측 불가능성, 범접 불가능성'과 같은 인간이 신에게 부여한 모든 속성을 보여준다.[27] 영국 작가 엘리아스 카네티는 "대중은 모두 외부로부터 주어지는 똑같은 목표와 방향이 필요하다"라면서, 그것이 '아직 도달하지 못한'

이상 그게 무엇인지는 별로 중요하지 않다고 했다.[28] 패닉이 계속
될 때 전체주의 과정이 실현되는 것도 이 때문이다.

모든 복합 구조들이 그러하듯이 시장이 자동 조절 능력을 가
지고 있다는 사실을 부인할 사람은 드물 것이다. 그런 능력을 행
사할 때, 때로는 우리를 깊은 구렁에 빠뜨릴 때도 시장은 초월성
이라는 중개를 통해서 자동 조절하고 있다. 아마도 우리는 실제
로 시장을 조절하고 통제하고 때로는 냉대도 하고 오싹하게도 해
야 할 것이다. 하지만 그렇게 해야 하는 것은 시장이 자동 조절을
안 해서가 아니라 남의 말을 듣지 않고 기분 내키는 대로 행동하
는 동물처럼 시장이 자동 조절을 너무 잘 하고 있기 때문이다. 이
말은 우리의 이익에 반하는 방향으로, 즉 우리를 파멸로 향하게끔
시장이 자동 조절을 하고 있기 때문이라는 뜻이다.

6. 고문의 아바타들

미국에서 양 진영 간 TV 토론이 있었다. 패널은 민주당과 공화당
국회의원 각 한 명과 기자 한 명이 전부였다.

기자: (민주당 의원을 향해) 오바마 정부가 부자의 세금 인하가 아니
라 세금 인상을 고려하고 있는데 어떻게 설명할 수 있습니까? 부
자들은 **일자리**를 만들어내는 사람들인데 그들을 질식시킬 겁니까?

민주당 의원: 경제의 발목을 잡는 것은 이제는 수요가 없다는 겁니다. 사람들이 도대체 무엇이든 사지를 않아요!

공화당 의원: 사람들이 소비하지 않는 것은 자신들이 일자리를 잃거나 실업이 장기간 계속될 거로 예상하기 때문입니다. 지금 필요한 것은 일자리를 만들어내는 것이고, 따라서 일자리를 만들어 낼 수 있게 중소기업을 도와주는 것입니다.

민주당 의원: 하지만 자신이 만들어낸 상품을 사람들이 사지 않으리라 예상하는데 기업이 왜 일자리를 만들겠습니까?[29]

주장하는 측이나 이의를 제기하는 측이 보여주는 강한 열기는 위기를 바라보는 두 입장이 서로 대립하고 있다는 느낌을 준다. 수준 높은 청중이라면 적은 수요를 예상하는 기업들이 적게 생산함으로써 일자리가 줄어들고 있다는 민주당 의원의 발언이 좌파, 즉 '케인스식' 해석임을 알 것이다. 이와 같은 일자리 위기 혹은 과잉 생산 위기에서 벗어나려면 임금 인상 등으로 수요를 늘려야 한다. 공화당 의원은 자기 입장에서 공급 경제를 옹호한다. 그는 노동 비용이 너무 올랐다고 기업의 편을 든다. 이처럼 과도한 노동 비용과 과중한 과세 때문에 실업이 발생한다는 것이 우파적 견해다.

민주당 입장을 취하면 이 토론의 두 패널은 모두 옳을 수가 없다. 실업이 발생하는 것은 상품에 비해 노동의 상대적 비용이 너무 높기 때문이다. 상품의 상대적 비용이 약하기 때문에 과잉 생산이 아니라 가게 앞에 구매 대기자들이 길게 늘어설 수 있도록 과소 생산을 유지해야 한다는 것이다. 그리고 그런 불균형은 경기 문제일 뿐이다. 수요·공급 법칙은 상품 시장뿐만 아니라 노동 시장에서도 실현된다. 재화에 대한 과잉 수요뿐만 아니라 실업이 사라질 때까지 노동의 상대적 비용은 인하되어야 한다.

이런 관점에서 보면 과잉 생산의 전면적 위기는 불가능하다.[30] 이 불가능성은 경제학자들이 다음과 같은 농담을 통해 조롱하면서 묘사하는 불가능성과 아주 흡사하다. 경제학 교수 두 사람이 거리를 걷다가 한 교수가 50유로짜리 지폐 한 장을 발견했다고 외친다. 그러자 다른 교수는 쳐다보지도 않고 이렇게 말했다. "말도 안 돼, 길바닥에 돈이 있다니 만약 있다면 누군가 주워갔을 거야." 기업은 더 많이 생산하고 더 많이 판매하려 하지만 판로를 찾지 못하고 있고, 노동자는 일을 더 많이 하려 하지만 직장을 찾지 못하고 있다고? 케인스 이래로 우리가 '디플레이션'이라 부르고 있는 유형의 위기는 불가능하다. 하지만 오늘날의 세계적 위기뿐만 아니라 1930년대의 위기가 바로 그와 같은 위기의 존재를 말해준다고 말하는 순진한 사람들이 있다고? 하지만 그런 말을 한 사람은 헨리 포드처럼 단호한 행동을 통해 모두에게 유리한 쪽으로 그 위기에서 자동으로 벗어날 수 있다는 반박을 받을 것이다. 기업이 실업자를 고용해 추가 근무 수당을 지급하는 등 임금을 올려주기만 하면 충분할 것이다. 이렇게 하여 기업이 구매력을 분배해주면 이 구매력은 생산 증가분을 아주 자연스럽게 흡수하게 될 것이다. 모리스 알레는 헬리콥터로 사람들에게 지폐를 뿌려주자는 꿈같은 주장을 한 적도 있다.

돈이 바로 그 약점이다. 민주당 의원은 상대방 주장을 용인하며 이점을 누릴 수 있었을 것이다. 만약 그렇게 했다면 자신의 주장으로 상대방의 주장을 싸안는 결과가 되었을 것이다. 경제학자들은 항상 돈을 매개로 의사 전달을 하는데 그래서 의사 전달이 제대로 안 되고 있다. 화폐 거래는 서로 말할 필요가 없게 만든다. 화폐 덕분에 사람들은 자신의 일이나 계획을 대조하기 위해 서로 만나서 협의하는 일을 피할 수 있게 되었다. 그러므로 화폐는 경제 주체들이 가지고 있는 거의 자폐증과 같은 개인주의적 전략을 정말 잘 도와주고 있다. 이 전략은 집단적 허위의 모습을 띠고 있는데 이에 대해서는 잠시 뒤에 다시 살펴볼 예정이다. 안 하는 척하면서 정보를 교환할 수 있게 해주는 것이 바로 인터페이스 변수다. 그러나 의사소통을 하는 반의사소통이라는 이 역설에는 대가가 따른다. 헨리 포드로 돌아가보자. 그는 실업자들을 고용한다. 좋다. 하지만 그는 노동자들에게 자기 회사 자동차 구입의 계약금 형태로 노동자들에게 임금을 지불하지 않는다! 그는 노동자들에게 돈을 지불한다. 이때의 돈은 관념적으로만 돈의 기능을 하고 있다. 거래의 보편적 매개물, 그리고 우리가 여기서 펼치고 있는 이야기의 많은 부분이 빚지고 있는 케인스가 좋아한 마르크스의 말을 빌리면 '보편적 등가물'이라는 특성으로서만 기능한다. 돈은 불특정 상품에 대한 계약금이다. 헨리 포드에게는 단 하나의 보증이 있었는데 그것은 자신이 지급하는 노동자들의 임금이었다. 그 임금은 곧장 자동차에 대한 수요로 전환되었기 때문이다.

물론 자유주의 경제학자는 여기에 이의를 제기할 수 있을 것이다. 최근에 고용된 노동자들이 우선하여 구매하는 것이 자동차가 아니라 고기나 주택일 수도 있다는 생각은 충분히 인정할 수 있을 것이다. 하지만 그렇다 하더라도 그 노동자는 푸줏간과 부동산 중개인의 이익을 증가시켜주었을 것이고, 이 이익은 적어도 부분적으로는 자동차 수요로 전환되었을 것이다. 이런 논지는 곧 한계를 드러내고 만다. 상호 의존성이 강한 경제에서 구매력의 회로는 매우 복잡하므로 기업가들은 과잉 생산한 상품이 결국 재고품 전문 가게로 가지 않는 것만 바랄 수 있을 뿐이다.

서로 간에 긴밀한 이야기를 나누고 있지 않기에 사람들은 완전히 불확실한 이런 상황하에서 요령 있게 처신하면서 미래의 지표에 따라 스스로를 조정해나가야 할 것이다. 케인스가 말하는 디플레이션도 실은 자기 초월 메커니즘을 통해서 시장이 만들어낼 수 있는 지표 중의 하나일 뿐이다. 시장이 상당한 매력이 있는 것으로 비치는 것은 시장을 형성하고 있는 구조적 실업과 판로의 위기라는 두 극단 사이의 상호 단절 때문이라고 할 수 있다. 실업을 예상한 가계가 소비를 줄인다는 공화당 의원의 말은 옳다. 기업은 낮은 수요를 예상하여 고용을 줄인다는 민주당 의원의 말도 옳다. 각자 자기가 옳다고 주장하지만 결국 그 주장은 상대방 주장에 근거를 제공해주는 것이다.[31]

이렇게 서로를 정당화해주는 상반된 두 극단과 같은 구조를 가진 지표들이 경제계에서 넘쳐나고 있다. 지금 소개하는 지표는 교통과 일자리와도 관련 있다. 이는 현대 사회의 기능 장애의 주요 원인 중 하나다. 앞의 TV 토론이 미국에서 전파를 타고 있던 바로 그날 다음과 같은 카툰이 한 신문에 실렸다. 똑같은 사람이 나오는 두 개의 그림으로 된 카툰이었다. 첫 번째 그림에서 한 사람이 아무런 감정도 없는 좀비 스타일로 끔찍한 이야기를 하고 있고 다른 사람은 멍하니 듣고 있다. 이들은 지옥 같은 도시의 교통 체증에 사로잡힌 자동차 안에 있다. 두 번째 그림에서 두 사람은 넓은 사무실에 있다. 각 그림에는 대화가 실려 있는데, 첫 번째 그림에서 기사가 이렇게 말한다. "운전하기 정말 싫어. 하지만 직장에 출근하려면 자동차가 없으면 안 되니 어쩔 수 없지 뭐." 몇 시간 뒤에 그는 이제는 자동차가 아니라 동료들, 즉 그와 똑같은 죄수들에게 둘러싸여 있다. 거대한 공장의 한쪽 귀퉁이에서 그는 그들을 바라보고 그들은 그를 바라본다. 이때 그가 말한다. "이 일이 싫어. 하지만 자동차 할부금을 내려면 할 수 없지 뭐"라고 말이다. 이런 대사 말고도 여러 가지 소리도 있다. 첫 번째 그림에는 짜증 섞인 자동차 경적 소리가 있고 두 번째 그림에는 "닥쳐!"라는 고함이 들려온다.

우리가 일상으로 경험하고 있는 두 개의 지옥 이야기다. 이 두 지옥은 '필요의 고리'라 부를 수 있을 악순환 속에서 서로가 서로를 꼼짝 못 하게 가두고 있다. 이런 점을 알아야만 자본주의의 본질을 이해한다고 말할 수 있을 것이다. 1장에서 그 논리를 살펴보았던 악의 자기 초월성과 마찬가지로 이 지옥은 제각기 상대의 존재를 필요한 것으로 만들어낼 줄 아는 두 아바타같이 자신을 합리화하기 위해 스스로로부터 벗어날 줄 아는 능력을 지니고 있다. 일자리는 교통을 필요로 하고 교통은 일자리를 필요로 한다. 여행을 뜻하는 영어 '트래블travel'은 프랑스어로 노동을 의미하는 '트라바유travail'와 어원이 같다. 세 개의 다리가 달린 고문 형틀을 가리키는 라틴어 '트리팔리움tripalium'이 그 어원이다. 이렇게 놓고 보면 우리가 쓰고 있는 말이 종종 우리보다도 더 많은 것을 알고 있는 것 같다. 노동과 여행은 똑같은 고문의 서로 다른 두 개의 변형체, 즉 아바타들이다.

이렇게 자기 회귀적인 피드백의 의미를 발견하고 또 이것이 어리둥절한 시선이나 기계적 고함만 불러일으킬 뿐임을 이해하기 위해서는 이 모두가 두 극단으로 귀결된다는 것을 알아야 한다. 그러나 이 귀결의 성질이 문제를 낳는다. 자동차는 단순히 필요의 도구이기만 한 게 아니다. 자동차는 또한 자유의 약속이기도 하다. 하지만 이 약속은 자신도 일정한 역할을 한 산업 사회의 지옥을 예고하는 약속이다. 노동도 단순히 필요의 도구인 것만은 아니다. 노동은 일자리이고 직업이고 직분, 즉 사회적 인정과 집단에의 편입에 접근 통로를 열어주는 약속이다. 이런 약속은 과연 무슨 의미가 있을까?

과잉 생산이나 심지어는 해로운 상품 생산도 그것이 사람들에게 제공해주는 일자리라는 의미 때문에 합당한 것이 되고 있다. 에너지 과잉 소비와 환경 오염의 주범인 상품 수명의 단축, 재생 불가능한 천연자원의 파괴적 소비 등은 현재 그 누구도 막을 수 없다. 일자리를 보장해주기 때문이다. 이반 일리치와 함께 산업 사회 신화의 거짓을 밝혀내는 작업을 할 때의 일이다.[32] 노동조합 이 콩코르드 프로젝트는 계속되어야 한다고 강하게 탄원을 한 적 이 있다. 노조가 모든 사람이 초음속으로 날아다닐 수 있는 계급 없는 사회를 앞당기려 한 것일까? 물론 아니다. 노조가 옹호하면 서 주장한 것은 바로 그들의 일자리였다. 거의 비슷한 시기에 있 었던 유사한 일화도 있다. 또 다른 노조에서 '대중의 소비' 증가와 이로 인한 일자리 창출을 위해 사회적 불평등 해소를 주장했는데, 이들이 목적과 수단을 혼동한 것일까? 아니다. 산업 사회의 궁극 적 목표는 물론 일자리를 만들어내는 것이다. 산업 사회가 구현하 고 있는 경제적 합리성이 이 일자리를 가능한 한 없애야 하는 뼈 아픈 고문으로 만들고 있기는 하지만 말이다. 이 모순은 자본주의 가 안고 있는 풀기 어려운 문제다. 이 문제는 아마도 문화의 변화 만이 해결할 수 있을 것이다.

7. 정치적 자기 초월성

경제학자들의 말처럼 인간이 합리적 존재였다면 인간은 정치 체제를 만들어낼 수 없었을 것이다. 서로를 신뢰할 수 없는 인간은 모두에게 해를 주지 않으면서 갈등을 해소할 수 없기 때문이다. 인간사의 불가피한 조건인 예측 불가능성에 직면하여 '예측 가능한 공간을 마련'하고 '안전의 기준을 계획'하는 수단인 유망한 약속과 위협, 합의와 단념은 인간으로서는 도달하기 힘든 것인지도 모른다.[33] 그런데도 인간이 사회를 만들기에 이른 것은 경제적 합리성의 속박을 피하기 위해서였다.

우리는 이 주장을 논리적으로 증명해 보일 수 있을 것이다. 이 사실은 갈수록 더 분명한 것으로 받아들여지고 있으며, 특히 '인간적' 사업가 중에는 오늘날 자본주의라는 제도가 완전히 멈추어 서는 것을 막기 위해서라도 윤리가 필요하다고 주장하는 사람들이 많아지고 있다. 하지만 이와 같은 주장은 적어도 다음 두 가지 이유로 길을 잘못 든 것이다. 하나는 윤리를 경제의 윤활유 정도로 깎아내리는 것은 윤리를 제대로 이해하지 못한 것이기 때문이고, 두 번째 이유는 근본적으로 정치적인 문제를 윤리 쪽으로 방향을 돌리는 것은 문제의 영역을 잘못 짚은 것이기 때문이다. 경제인들이 오로지 자신의 이익에만 관심을 가지고 이타심도 관대함도 없이 이기적으로 행동하는 것은 단지 그들이 '비도덕적'이어서일까? 왜 갑자기 이런 것이 새롭게 보이는 것일까? 자본주의가 존재한 이래로 이 제도에 연료를 공급해온 게 바로 이런 것이 아닐까?

지금의 위기를 완전히 새로운 상황으로 만든 것이 무엇인가에 대한 나의 해석은 전혀 다르다. 최근의 연구를 통해 나는 다음과 같은 결론에 이르게 되었다. 미래의 중개를 통해서 성공적으로 조화를 이룰 수 있다면, 애초에 경제학에서 말하는 '호모 에코노미쿠스'보다 더 '윤리적'이지 않았던 사람들도 서로를 신뢰하면서 폭력의 소용돌이에 빠지지 않고 자신들의 갈등을 해결할 수 있게 될 것이다. 일단 이렇게 되면 위기가 과연 무엇을 말해주는 징조인지를 알게 될 것이다. 이 위기가 말해주는 징조는 다음과 같은 것이다. 미래가 가상 세계가 정착할 수 있는 실마리를 제공해주지 못하고 미래를 현재로 만드는 방법도 없는 것처럼, 경제도 자신을 초월해서 스스로를 투영할 수 없다는 것을 알려주는 징조다. 미래가 너무 불확실해져서일까? 하지만 미래는 불확실하지 않은 적이 없었다. 그렇다면 미래의 가능성에 대한 의구심 때문에 사람들이 괴로워하는 것은 아닐까? 이 가정은 3장에서 검토할 것이다.

지금 당장은 방금 언급한 가정에 적합한 예시를 살펴보기로 하자. 경제학자들에게는 거의 알려지지 않은 이 이야기는 형이상학적 논리와 신학에 따른 것이다. 그렇다. 경제의 근본을 깊이 성찰하기 위해서는 형이상학자나 신학자의 옷을 입을 필요가 있다. 단도직입적으로 말하면 그렇게 하는 것이 밀반입된 신학, 혹은 신조어를 하나 만든다면 '경제에 현혹된*économystifié*' 신학을 하는 것보다는 더 정직하다고 볼 수 있다. 이 문제에 관한 본격적인 이야기는 이 책의 후반부에서 다룰 예정인데, 거기서는 밝은 약속을 할 수 있기를 바란다. 우리를 낙담시키는 이야기는 훨씬 더 심각한 문제를 일으키고 있다.

경제 이론이 최대 이익을 추구한다고 말하는 합리적 인간이 서로를 신뢰할 근거는 하나도 없다. 만약 인간이 미래를 통해 서로 조화롭게 되는 데 성공하여 뛰어난 합리성에 도달한다면 이런 불가능한 장애물을 깨뜨릴 수 있을 것이다. 흄에서부터 칸트까지 그리고 홉스에서부터 오늘날의 분석 철학자들까지 모든 철학자가 관심을 두고 몰두했던 단순한 모델로 이런 이중의 주장을 충분히 설명할 수 있을 것이다. 그것은 바로 쌍방에게 이익임에도 불구하고 두 사람의 행동이 동시에 일어날 수 없는 상황이기에 실현되지 않는 거래 모델이다. 전자가 먼저 한 발짝 내디뎌야 한다. 말하자면 먼저 물에 뛰어들어야 하는데 후자도 똑같이 행동하리라 예상하고서 먼저 손을 내밀어야 한다. 그러나 가령 의무나 채무와 관련된 것이 하나도 없는 세상에서 후자가 과연 그렇게 할까? 애초에 자기의 몫을 갖고 있던 후자는 그 몫을 그대로 지키게 되지만 전자는 이 거래에서 아무런 대가도 얻지 못한다. 할 수 없는 노릇이다. 후자가 행하리라 기대한 전자지만 그래도 아무것도 안 하는 것보다는 낫다는 결론을 얻는 것을 제외하면 그렇다는 말이다. 후자는 상호 거래에서 자기 몫을 행할 것이라고 예고하고 그렇게 하리라 약속할 것이다. 기본적인 시민 정신이 존재하지 않는 세계에서 신뢰는 무의미한 말일 뿐이다. 채무자가 필요한 재화를 획득하지 못해 파산 선고를 할지도 모른다는 두려움에 마비가 될 정도로 금융에 지배당하여 있는 자본주의의 강박관념이 된 부채 문제

가 바로 이 우화의 내용이다.[34]

앞서 우리가 부여한 의미, 즉 기술적인 그래서 속된 의미에서 '예언적'인 미래의 중개로 두 사람이 행동을 조정하는 데 성공했다고 상상해보자. 그들이 가진 미래의 이미지는 아마도 통속적인 예언이나 아니면 아주 단순하게 그들의 대화에서 나온 것일 수 있다. 이때부터 그들은 우리가 줄곧 이야기했던 피드백 상황에 들어서게 된다. 다시 말해 자신의 예상이 미래를 만들어내는 데 이바지하는 순전히 이해관계에 따른 사람들의 의도적인 반응과 예시된 미래는 같은 것이 될 수밖에 없는 피드백 상황이다. 전자가 양보해도 후자가 양보를 따르지 않는 것은 자기 초월적 미래의 징표와 같은 이런 피드백 상황에서는 어쩌면 당연한 일인지 모른다. 만약 그렇다면 그럴 것을 예상하는 전자도 약속하지 않았을 것이고 후자도 빠져나갈 수 없었을 것이기 때문이다. 이런 추론에서 다음과 같은 정언 명령이 나오게 된다. 당신의 행동이 예상된 행동이 됨으로써 그 행동을 성공적으로 수행하는 것이 '인과율적으로' 불가능하게 되는 상황에 빠지는 식으로는 절대 행동하지 마라. 이런 상황을 만족시키는 것이 바로 상호 교환이다. 상호 교환이야말로 자기 초월적 미래의 결정이 안고 있는 문제에 대한 합리적 해결책이다. 상호 교환을 끌어내는 데 개인 윤리는 아무런 필요도 없다.

단순히 이상적인 학교에만 해당하는 이야기가 아니다. 학교가 존재했을 때 프랑스의 제도는 자기 초월적 미래의 결정으로 이끄는 계획이라는 민주적 토의 방식을 만들어내는 데 성공했다. 자유 방임주의뿐만 아니라 소련의 계획 경제와도 거리가 먼 이 계획은 계획 입안자 중 한 사람이었던 경제학자 피에르 마세[Pierre Massé]에 따르면 "협의와 연구를 통해 자기실현에 이를 수 있는 행동을 개시하기에 충분한 바람직하고 신뢰성 있는 낙관적 미래 모습을 획득"하는 것을 목표로 한다.[35] 정말 멋진 표현이다. 앞서 세속적인 예언자들에 관해 이야기하면서 묘사하려 했던 상황과 용어가 정확히 담겨 있다. 미래는 미래를 묘사하고 또 공개적으로 제시하는 방법을 포함해 미래를 예상하는 방법과 인과율적으로 연관되어 있다는 것을 잘 알고 있는 사람들이 예언자들이다. 예언자들의 말은 자기 실현적 예상이 스스로 만든 결과로 피드백되는 미래의 이미지를 중심으로 한 총체적 연합이라는 기적을 가능케 한다. 그런데 프랑스의 계획 경제는 전혀 새로운 면을 보여주고 있는데, 여기서 자기반성이 준비되는 것은 예언자로 칭해지는 예외적 개인을 통해서가 아니라 정치권 전체의 숙고를 통해서다.

우리 생각을 제도적으로 구현하고 있는 이런 예는 자기 초월적 미래를 만들어내는 경제의 능력은 정치가 경제에게 행사하던 초월성에서 끌어온 것임을 암시한다. 민주주의적 숙고의 결과는 사실 경제인이나 정치인들의 주장이나 의도를 넘어서 있다. 그러한 숙고는 루소식으로 말하자면 개인의 의지로 환원되지 않는 모든 것을 초월한다는 의미에서 국민이나 민족과 같은 집단 주체와 관련되어 있다. 하지만 이 말은 잘못된 말이다. 국민, 즉 일반 의지와 똑같은 것을 바라는 의식과 의지를 타고난 개인은 존재하지 않기 때문이다. 이런 말이 목표로 삼고는 있지만 빠져 있는 것은 간단히 말해 자기 초월 모델이다.

정치사상이 자기 초월성을 형상화하는 데는 이르지 못하면서도 이를 형상화하려고 얼마나 집착하고 있었는지는 정치사상의 역사만 보아도 알 수 있다. 근대 정치 철학의 창시자인 토마스 홉스와 함께 악이 시작된다. 국가 발생을 철학적으로 재구성한 홉스의 저서에 의하면 자연 상태의 개인들은 평화를 바라지만 스스로는 평화를 얻지 못한다. 모든 개인은 모든 것에 대해 절대적인 권리를 갖고 있지만 이 권리는 약화되어 있다. 그래서 개인은 모두 무기력에 빠져 있는데 만인에 대한 만인의 투쟁에서 그 무기력은 절정에 달한다. 이 문제에 대한 홉스의 해법은 모든 개인이 동의하여 절대 권력자이자 '인간적 신'이자 '인공의 개인'인 리바이어던을 만드는 것이다. 리바이어던을 만드는 것은 다름 아닌 하나의 계약, 좀 더 정확히 말해 수많은 쌍무 계약이라 할 수 있다. 여기서 개인들은 만사뿐 아니라 다른 모든 타인에 대하여 가지고 있던 무한한 권리를 이 계약에 참여하지 않은 제삼자에게 양도한다. 바로 이렇게 만들어낸 존재자가 이 계약의 준수를 보증한다. 그의 권력은 절대적이다. 그는 우리가 생각할 수 있는 가장 큰 권력을 가진 존재다.

이렇게 해서 자연 상태에서 미약한 존재이던 개인들은 자신들을 무한히 능가하는 권력을 만들어내는 수단과 방법과 기법을 찾게 되었다. 자신들이 원하는 평화와 평화의 유지를 실제로 갖기 위해 개인들은 초월성이라는 외부의 힘을 거칠 수밖에 없었다. 그런데 사실 그 초월성은 개인들 스스로가 만들어낸 것이다. 리바이어던이 핵심을 이루는 구조에서 하나의 정점을 이루고 있는 중심의 주변에 개인들이 조직화된다. 결국 리바이어던은 사람들이 포기한 무한한 권리를 가질 수밖에 없는 유일한 존재가 된다.

이 모든 역설은 사람들이 그만큼 자기 초월성의 구조를 간절히 바라고 있음을 말해준다. 이와 유사한 역설을 장 자크 루소의 사회 계약론에서 볼 수 있는데 이는 많은 것을 암시한다. 홉스는 절대론 혹은 일종의 절대적 초월성을 정당화하여 그 기반을 세우려 했지만, 루소가 규정하려 한 것은 중개자도 대표자도 없는 국민에 의한 국민의 직접 통치이다. 이렇게 되면 정치 형태와 국민 사이의 어떠한 불일치나 간극도 완전히 배제될 것이다. 이때 우리는 원칙적으로는 절대적 내재성에 있게 된다. 널리 알려져 있다시피 이것이 바로 루소 스스로 '해결할 수 없는 난제'라고 부르던 문제를 해결할 수 있다고 한 '일반 의지'의 개념이다. 그런데 루소는 결국 '일반 의지의 표현'인 법의 본질을 홉스가 말하는 리바이어던의 본질과 유사한 것으로 간주하고 만다. 법을 만든 것이 사람이고 이 사실을 사람 또한 알고 있으면서도 법은 인간에 대해 자연법과 같은 외재성과 위상을 지녀야 하는 것으로 되어 있다. 루소는 "법은 인간 위에 있다"라고 썼다. 홉스와 마찬가지로 이런 형상은 여전히 이 말의 나쁜 의미로 역설적이다. 풀 수 없는 수수께끼 같다. 프랑스 혁명기의 공포 정치에서 20세기 전체주의에 이르기까지 역사상 루소의 정치사상을 구현한 체제들은 괴상한 가짜 초월성의 형태를 만들어냄으로써 초월성의 토대를 마련하고자 했던 루소의 목표를 저버렸다.

자기 초월 모델에 가장 근접한 정치사상가 중의 한 사람이 토크빌이다. 그는 사회 메커니즘을 통해 정치를 봄으로써 정치의 역설적인 성격을 제거했다. 토크빌의 민주 사회 여론의 횡포에 대한 분석과 미국 사회에 관한 연구는 지금까지도 비교를 불허할 정도로 빼어나다.

토크빌은 초기 미국인들은 당시의 평등한 조건 때문에 "자기 스스로 그리고 자신 안에서만 사태의 원인을 찾는다"라는 동일한 철학 방법을 취하게 되었다고 설명한다.

한 사람의 지식이 다른 사람의 지식에 미칠 수 있는 영향은 모든 시민이 동등한 기반 위에서 상호 간 긴밀하게 접촉할 수 있는 나라에서는 크게 제한되어 있을 수밖에 없다. 그리고 그러한 나라에서는 그 시민 중 다른 사람과는 확연히 돋보이는 위대성이나 우월성이 드러날 수 없기 때문에, 각개 시민들은 가장 분명하고 확실한 진리의 원천을 자기 자신의 이성에서 찾게 된다. 시민 상호 간의 신뢰는 파괴되었을 뿐만 아니라 어떤 사람의 권위를 믿는 성향마저 파괴되었다. 모든 사람은 자기 자신 속으로 강하게 빠져들게 되고 또 그러한 상태에서 세계를 판단하게 된다.[36]

하지만 적어도 부분적으로는 지적이고 도덕적인 권력에 의지해야 하는데, 이는 어떤 초월성에서 나올 수 있는 게 아니다. 평등조건으로서의 민주주의는 모든 외재성을 거부하는 것을 내포하고 있기 때문이다.

사회적 평등의 시대를 사는 사람들은 그들이 복종하는 지적 권위를 인간성을 초월한 곳이나 아니면 인간성의 상위에 쉽사리 두려하지 않는다. 그들은 보통 진리의 원천을 그들 자신에게서 찾으려고 하거나 아니면 그들과 유사한 사람에게서 찾으려 한다.[37]

진퇴양난의 상황이라 할 수 있다. 권력은 외부에서도 오면 안되고 타인에게서 나와도 안 되기 때문이다. 이처럼 풀기 힘든 문제에도 해법은 있다. 권력이 제삼자에게서 나오게 하는 것이다. 어떤 개별자도 아닌 이 제삼자는 인간 공동체 외부의 존재는 아니지만 모두에게는 외부의 존재처럼 비친다. 이 제삼자는 물론 자기 초월 메커니즘의 결과다. 권력은 그것을 만드는 데 모두가 기여했던 하나의 지표지만, 사람들은 모두 권력을 외부에서 온 리더로 간주한다.[38] 이것은 내부에서 만들어낸 외부의 것이다. 여기서는 여론이 그런 역할을 한다. 토크빌은 자기 초월성이라는 개념을 아주 멋지게 소개하는 다음과 같은 글에서 여론의 발생 메커니즘과 횡포를 분석하고 있다.

사람들이 평등하고 동일한 조건의 평범한 수준에 더욱 가깝게 접근할수록 특정한 개인이나 특정한 계급을 절대적으로 신뢰하는 일은 적어진다. 반면에 대중을 신뢰하는 마음은 점점 더 증가하고 동시에 여론은 세계를 제패하는 여왕처럼 고고해진다. 공통적인 견해야말로 민주 사회의 시민에게 있어 개인적 판단에 도움을 주는 유일한 안내자일 뿐만 아니라 또 그것은 다른 사회의 공통 견해보다 훨씬 큰 영향력을 갖는다. 평등의 시대에는 인간은 그들의 공통적 유사성으로 말미암아 상호를 신뢰하는 일은 없다. 그러나 바로 그 유사성으로 말미암아 그들은 대중의 판단을 거의 절대적으로 신뢰한다. 그들은 모두 태어나면서부터 평등한 수단을 부여받고 있기 때문에 더 뛰어난 진리란 사람 수가 더 많은 데서 만들어진다는 것이 그럴듯해 보이기 때문이다.[39]

토크빌은 결론적으로 "개인 지능을 압도하는 전체 의사라는 일종의 거대한 압력"을 언급한다. 그런데 '전체 의사'와 '대중의 판단'은 집단 주체를 언급하는 것일까? 물론 아니다. 토크빌은 방법적 개인주의의 열렬한 지지자이다. 우리는 지금 자기 초월 과정에서 생겨난 집단적 형태(주체도 아니면서 주체인 것처럼 행동하면서 수많은 이름으로 불리고 있는 집단들)를 만나고 있다. 집단적 형태의 일반 이론을 잘 보여주는 것이 바로 여론과 국가일 것이다. 프랑스의 과도한 여론과 국가의 중앙 집중화 덕분에 토크빌은 우리에게 다른 멋진 논증을 제공해줄 수 있었던 것 같다. 여기서 우리는 경제 이론을 난처하게 하는 화폐, 신뢰, 관습과 같은 실체들뿐만 아니라[40] 대공황을 설명하면서 케인스가 큰 의미를 부여했던 '기업 신뢰도'라는 모호한 개념도 만나게 된다. 이 지점에서 정치 이론과 경제 이론은 그들이 멸시하는 경향이 있는 사회학이나 군중 심리학과 유사해지는 것 같다.

앞에서 언급했듯이 대재앙 발생 시 의사소통에서는 자기 초월의 구조 자체가 이런 불행한 만남을 정당화한다. 예언적 전망도 사실은 자신의 발언이 여론에 미친 영향을 다시 되받아서 통합하는 것이기 마련이다. 그런데 이런 인과 관계는 인간 집단 현상 논리에서 나오는 것이지 경제 법칙(온난화 문제의 경우 대기 상층부의 열역학 법칙)에서 나오는 것이 아니다.

나는 더 나아가 다음과 같은 추측도 제기해보고자 한다. 자기 초월성이 우리 현실에 아주 큰 영향을 주고 있는데도 사회 이론과 정치 이론이 지금까지 이 자기 초월 모델을 따로 체계화한 적이 진정으로 한 번도 없었기 때문에 지금까지 우리의 사고를 방법적으로 개체론과 전체론이라는 두 개의 큰 학파로 구분해온 것은 아닐까 하는 추측이다. 자기 초월 모델은 엄격하게 말하면 개체론과도 전체론과도 상관이 없다. 자기 초월은 개인적 차원을 집단의 차원으로 연결하고 그 역도 마찬가지이기 때문이다. 방법론적인 전체론의 비조인 에밀 뒤르켐을 보자.《종교생활의 원초적 형태》에서 뒤르켐은 본질적으로 정치적인 인물인 연설가를 언급하면서 '군중과 한 몸 상태가 되어 군중에게 연설하는 정치인의 태도'

를 분석한다.

그의 언어는 일반적인 상황에서라면 우스운 호언장담과 같고, 그
의 몸짓에는 위압적인 면이 있고, 그의 생각은 중간 지대를 잘 참
지 못하고 온갖 극단적 상태에 쉽게 빠져든다. 자신에게서 솟아
나 자신에게서 흘러넘쳐 널리 퍼져나가려는 엄청난 힘이 있다고
스스로 느끼고 있기 때문이다. 때때로 그는 자신을 능가하는 어
떤 정신적 힘에 의해 지배당하고 있으며 자신은 그 통역자일 뿐
이라는 느낌을 받기도 한다. 그들이 종종 웅변의 영감이라는 수
호신에 의지했다는 것을 인정하는 것도 이런 특징 때문이다. 그
런데 그의 엄청난 힘은 상상의 것이 아니다. 그 힘은 바로 그의 말
을 듣고 있는 군중에게서 나오는 것이다. 자신의 말이 불러일으
킨 그 감정이 처음보다 더 크게 증폭되어서 자신에게로 되돌아온
다. 군중들이 그의 감정을 그만큼 증폭시킨 것이다. 그가 자극한
열정적 에너지는 자기 안에서 울려 퍼지면서 생기를 불어넣는다.
이 순간 연설하는 자는 단순한 개인이 아니고 군중이 그 개인으
로 육화된 것이다.[41]

피상적으로 읽어보아도 정치인과 군중의 관계를 현상학적으
로 묘사하는 뒤르켐의 이 글은 강렬한 인상을 준다. 하지만 더 세
심하게 분석적으로 읽어보면 모순에 부딪히게 된다. 정치인이 군
중을 지배하는 것인가, 군중이 정치인을 지배하는 것인가 하는 문

제가 그것이다. 뒤르켐의 글은 하나를 말하면서 그 반대도 동시에 말하고 있다. 이 분석 속에 드러나지 않게 감추어진 자기 초월성의 모델이 이런 모순을 해결해줄 것이다. 군중은 정치인을 중개로 하여 스스로보다 더 두드러지게 드러났다.[42]

정치가 자기 초월성의 중요한 원천이 되지 못하는 이유는 경제사상을 따라 정치사상도 자기 초월성의 모델을 따로 취급하지 않았기 때문이 아니다. 사물 그 자체는 이론화할 필요가 없다. 이런 능력을 정치는 과연 어디서 얻을 수 있을까? 쉽지 않은 이 질문에 대한 답은 내가 보기에는 의심의 여지가 없는 것 같은데, 이에 대해서는 이미 다른 책에서 다룬 바 있다.[43] 정치는 국민이 가끔은 자신을 초월하고 그리하여 미래를 향해 과감히 뛰어들 수 있게 해주어야 한다. 그런데 오늘날의 정치는 이런 능력을 상실하고 있다. 정치가 이 능력을 되찾기 위해서 돌아볼 곳은 바로 정치에 남아 있는 성스러운 영역이다.

경제에서는 모든 게 끝났다. 경제는 점점 더 공공연하게 정치를 조롱하면서 이를 자랑스럽게 여기고 있다. 경제는 때로는 정치를 물리칠 수 있다는 것을 자랑하기도 하고 또 그러다가 어떨 때는 정치에 단역을 떠넘긴다. 경제는 겁주기를 즐기고 사람들은 경제를 두려워한다. 경제가 불안해할까봐 조심스러운 행보를 하는 무능한 정치인들보다 경제를 기쁘게 하는 것은 없다. 그런데 경제는 잘못을 저질렀다. 경제는 정치를 비하함으로써 재정 관리인이라는 자신의 보잘것없는 지위를 뛰어넘을 수 있게 해주는 버팀목을 잘라내고 있다. 그러면서 경제는 원래 맡았던 일상의 잡일로 되돌아가 있다. 눈앞의 미래 외에는 다른 지평이 없는 경제는 위축되어 이제는 젊은이들에게 삶의 이유를 제시해주지도 못하고, 전체 국민을 가난으로 몰아넣으면서 폭력을 제어하는 능력도 상실하는 등 악몽의 세계로 치닫게 하고 있다.

3 장 ——

종말의 경제와 경제의 종말

"매일매일 죽음으로 가고 있는데, 마지막 날이 당도했다."

• 몽테뉴, 《수상록》, I, 19

1. 앞날의 문제

경제는 자기 초월 메커니즘에 따라 미래로 나아가지만 목적지가
최선인지 최악인지는 모른다. 정치가 제공해준 초월성을 가지고
경제가 자신의 조건을 뛰어넘을 때는 최선이다. 하지만 경제는 정
치를 자신의 수준으로 끌어내리면서 절실히 필요한 외부 힘을 상
실한 채 스스로를 자책하고 있다. 미래가 무한히 열려 있다고 믿
는 것이야말로 경제가 성공하는 필수 조건이지만, 미래가 닫혀 있
거나 그 끝이 정해져 있다면 모든 행위는 반동의 도미노 효과에
의해 무화되고 말 것이다. 종말의 순간이 가까워지면 되돌려 받
을 시간도 더는 없을 뿐만 아니라 아무도 화폐의 가치를 인정하
지 않아 신용 거래도 가능하지 않을 것이다. 곧 사라질 화폐의 가
치를 신뢰할 사람은 아무도 없다. 이런 상황은 종말 직전에 해당
하지만 바로 그래서 이 순간에도 해당하는 이야기다. 하지만 정확
한 종말의 시점을 모르는 사이에 만사가 끝나리라 믿는다면 어떻
게 될까?
　21세기 초에 들어선 지금 그 어느 때보다 종말론이 많이 등장
하고 있는 것 같다. 과거 종말론이 풍미했던 때와 유일한 큰 차이

3장 · 종말의 경제와 경제의 종말　　123

점은 종말을 외치는 사람들이 광신도들만이 아니라는 것이다. 학자나 기술자나 안목 있는 몇몇 국가 원수들도 종말을 생각하고 있다. 먹구름은 몰려오고 앞길이 막막한 것을 보면 이들이 틀렸다고 말하기 힘들 것이다.

인류가 자멸하는 데는 다음과 같은 두 가지 길이 있다. 하나는 전쟁과 같은 내부 폭력 혹은 갈등의 길인데, 이 개념은 칼 폰 클라우제비츠^{Karl von Clausewitz}의 표현에 따르면 상호 파괴에 이르기까지 '극단으로 치닫는 것'이다. 다른 하나는 인류 생존에 필요한 조건이 파괴되는 길이다. 그런데 오늘날 상황은 인류의 지표 역할을 하던 다른 경계선들과 함께 이 두 가지 위협의 경계도 허물어지고 있는 경향이 있다. 예전에는 자연에서 오는 재앙과 인간이 인간에게 행하는 의도적 악행에서 오는 재앙 그리고 산업계서 일어나는 기술적 재앙 사이에 뚜렷한 구분이 있었다. 예를 들어 과거 경제학자들의 글에서 기후와 날씨는 인간의 의도나 계획을 피해가는 예측 불가능성을 의미하는 메타포로 사용되었다. 하지만 오늘날 기후 변화에 인간의 행위가 개입되어 있다는 사실을 모르는 이는 단 한 명도 없다. 인간이 자연을 싫어해서 파괴한다고 말한다면 정말 터무니없는 말일 것이다. 다시 말해 사람은 자연을 미워하는 게 아니라 실은 서로가 서로를 미워하고 있다. 성장에서 나오는 분노의 동력이 완곡한 표현으로 '진보의 피해'라 부르는 것을 유발하고 있는데, 이는 모두 경제학자들이 좋아하는 '성장'이라는 명분 아래 행해지고 있다. 자연이 희생되고 있다. 그러나 지구 온난화가 빚은 진정 심각한 문제는 기후 변화(냉각 현상, 해수면 상승, 안데스와 알프스의 빙하 용해, 시베리아 영구 동토층의 소멸, 지중해 연안 건조 지역의 확대 등)나 이상 기후 현상(태풍, 토네이도, 홍수 등)이 아니다. 그보다는 이런 사태에 대한 예측이 가져올 인구 대이동 등으로 인한 갈등과 전쟁이 더 심각한 문제다. 폭력에서 출발한 우리는 자연의 운명이 걸린 오랜 우회로를 거친 뒤 다시 폭력으로 되돌아온 셈이다.

이처럼 점점 늘어가는 차이 소멸 현상 중에서도 2011년 3월 11일부터 일본 열도를 슬픔에 잠기게 한 후쿠시마 참극은 하나의 상징이라 할 수 있다. 뛰어난 지식인 중 한 사람에 의해 '제2의 핵 재앙'이라는 이름을 받아 후쿠시마와 히로시마의 차이를 없애고 있는 이 사건은 원자력 발전소 포기라는 연쇄 반응을 촉발했다. 재생 에너지에 투자를 하지 않거나 에너지 수요 증가를 예측하지 못하면 기후 변화 현상은 눈에 띄게 가속화될 것이다. 귄터 안더스가 1958년 히로시마와 나가사키 방문했을 당시 생존자들의 반응에 놀란 일화를 이 책의 앞부분에서 소개한 바 있다.[1] 생존자들은 핵 재앙을 자연재해라 여겼는데, 실제로 후쿠시마에서 잠자던 호랑이를 깨운 것은 바로 쓰나미라는 파도였으니 운명의 아이러니라 하겠다. 물론 원자력 발전소의 원자로는 원자 폭탄이 아니기에 호랑이는 우리 안에 있다. 원자로는 스스로가 일으킨 연쇄 반응을 억제하는 제어 장치라는 점에서 일종의 부정으로 볼 수 있다. 하지만 상상계에서 보면 이 부정은 자신이 부정하는 것을 긍정하고 있다. 실제 현실에서도 호랑이가 우리를 벗어나는 일이 일어난다. 그런 의미에서 자연적 재앙이자 산업과 기술의 재앙이고 사람들 마음에서는 도덕적 재앙이기도 한 후쿠시마 사건은 새로운 시대의 기수다.

후쿠시마는 히로시마로 이어지면서 핵무기 위협이 인류 미래의 가장 큰 위험 요소임을 상기시킨다. 핵무기 확산과 테러의 시대에 이를 억제하는 기존의 대책은 더는 충분치 않다. 원자 폭탄과 관련한 이전의 금기는 갈수록 허약해지고 있다. 미사일 기술의 눈부신 발전과 폭탄의 경량화로 원자 폭탄은 그렇고 그런 여러 무기 중 하나가 되었다. 이런 상황에서 원자 폭탄이 폭발하면 병 속 유령이 어떻게 나올지 모른다. 그렇게 되었을 때 어떤 일이 벌어질지 아는 사람은 아무도 없다.

물론 이런 생각에 경제학자들 대부분은 미동도 하지 않을 것이다. 몇몇은 기껏해야 경제 교과서의 '불확실한 미래에서 선택의 합리성'이라는 항에 나오는 개념 도구를 다듬거나 '예방 원칙'에 관한 토론회를 열거나 하면서 이른바 '리스크' 문제는 연구해볼 수 있을 것이다. 오늘날에도 그들을 '성장의 경제학자'라고 말할 수는 있다. 하지만 이런 정체성에 대해 경제학자들도 즐거워하지 않을 것이고, 더군다나 쓸데없기도 하지만 난해하기도 한 복잡한 수식의 앞가리개 역할을 하는 진부한 수학적 모델을 도대체 알아먹을 수가 없는 일반 사람들 또한 그다지 기쁜 표정은 아닐 것이다. 위기가 극복될 기미가 보일 때마다 각종 경제 단체 회원들은 최악의 사태는 일어나지 않았다는 자축의 말을 서로 주고받는다. 그들이 자본주의를 다시 제자리에 올려놓았다고 주장하는 그 레일이 바로 그 순간 자본주의를 깊은 구렁으로 이끄는 것임을 보지 못한 채 말이다. 그들이 그들 자신에게 보내는 찬사는 차마 듣기 거북하고, 그들의 저서에 그들이 표하는 호의는 비웃음을 자아내게 하고, 그들이 펼치는 낙관론은 기분 나쁘다.

그렇지만 나의 관심은 사업가, 은행가, 투자자, 금융 관계자 등과 같이 경제를 굴러가게 하는 사람들은 과연 어떤 생각을 하는 사람들일까 하는 데 있다. 이들 중에는 종말론적 예측을 진지하게 받아들이는 사람은 없는 것 같다. 이유는 파스칼의 내기와 정반대일 것이다. 종말론에 건다는 것은 종말론이 실현되지 않으면 엄청난 이익을 가져다줄 수 있을 투자 기회를 상실하는 것이다. 만약 종말론이 그대로 실현되면 모든 것을 잃게 되고 사람들 또한 모두 사라지게 된다. 무엇이든 다 잃게 될 것이다. 이런 결론은 곧 입증해보겠지만 경험적으로 거짓일 수 있다. 이런 종말론적 전망에 대해 자본주의자들은 강하게 의식하고 있지는 않지만 아주 진지하게 받아들이고 있다. 미국 연방준비제도이사회의 그린스펀 의장이 "시장의 과잉 열기"라고 말하면서 비난했던 것이 바로 이런 형태의 낙관론이다. 우리가 살펴볼 것이 바로 이런 역설이다.

지금 우리가 보고 있는 문제의 시간적 구조는 아주 특별한 기대 구조로 되어 있다. 재앙에 앞선 기대인데 우리는 어떤 일이 있어도 그 재앙을 딛고 살아남아야 한다. 하지만 정작 우리는 그 재앙이 언제 터질지 모른다. 그러므로 우리에게 주어진 시간이 얼마

인지도 전혀 모르는 상황이다. 이런 기대 구조의 대표적인 예가 죽음일 것이다. 인간이 이토록 시간 문제에 사로잡혀 있는 이유는 죽음이 피할 수 없는 것임을 알고 있기 때문이다. 사람의 첫 번째 걱정은 그 누구의 죽음도 아닌 나 자신의 죽음, 1인칭의 죽음, 즉 '나의 죽음'이다!

나의 죽음에 대한 경험은 존재할 수 없다. 인간의 생명이 각각의 시기나 주기나 과정의 끝을 나타내는 단절로 끊어져 있지 않기 때문이다. 다시 말해 '이야기의 끝'이라는 원래 의미의 '대단원 catastrophe'처럼 또는 휴가가 끝나고 연인 관계도 끊어지고 일자리도 잃는 것처럼 우리 수명이 단속적으로 이어져 있는 것이 아니기 때문이다. 스스로의 죽음이야말로 예고된 재앙의 대표적 예지만 다른 예들도 많이 있다. 스스로의 죽음에서 자본주의의 몰락에 이르기까지 언제인지는 모르지만 필히 살아남아야 하는 어떤 재앙을 기다리는 시간, 이것이 바로 우리의 문제다.

2. 경제와 죽음

경제학자들의 직업상 특징이기도 하지만 인간 조건의 가장 기본적인 요소들에 대한 믿기 힘들 정도의 무감각은 바로 죽음 문제를 접하는 태도에서 잘 드러난다. 경제 이론은 갈수록 그 대상보다는 방법에 의해 규정되고 있기에 자신의 방법이 근원적으로 관심이 없는 대상은 바라보지 않는다. 경제학자에게 있어 죽음은 인플레이션이나 실업보다 관심이 덜 한 대상이다. 하지만 경제학자에게 죽음 문제는 뜻하지 않은 장애물이나 발부리에 걸리면 넘어져서 죽을 수도 있는 스캔들이 될 수 있다.

죽음이 경제의 대상이 되는 영역이 있다면 '건강 경제'인데, '의료 행위 경제'라고 부르는 편이 더 정확할 것 같다. 우리를 어리둥절하게 하는 통계 자료에서부터 시작해보기로 하자. 통계에 의하면 선진국 의료비의 많은 부분이 생애 마지막 기간에 집중적으로 지출되고 있다.[2] 최근의 연구 결과처럼 "죽음이 임박했느냐가 의료비 지출 규모에 큰 영향을 미친다."[3] 여기서 중요한 것은 환자의 상태가 얼마나 죽음에 가까이 갔는가 하는 것이지 나이가 아니다. 나이가 많을수록 사망 가능성은 증가한다. 그러므로 다른 조건이 모두 동일하다면 나이와 의료비 지출의 상관관계를 보기 위해 둘의 '직접적' 관계를 설정할 필요는 없을 것이다. 현실적으로 볼 때 사망 임박성과 나이가 다 같이 의료비 지출 규모에 영향을 미치고 있다.

이런 통계를 거론하는 사람들은 대개 속셈을 가지고 있다. 이들은 사망 직전의 마지막 의료 행위는 분명 일시적 효력밖에 없는 상징적 의미만 지닌다고 한다. 게다가 생존에 미치는 효과나 병의 원인 퇴치 효과는 미미하기에 고가의 의료 행위는 기술적으로 효과적인 처방에만 행하면서, 개인적 관계망과 같은 전통적 수단으로 환자가 자신의 확실한 죽음을 준비하도록 한다면 막대한 자원을 아낄 수 있으리라는 사실을 지적한다. 이런 통계를 보고 한 개업의는 "아동과 산모의 건강이나 다른 질환 연구를 희생해가면서 죽음을 연장하는 데 막대한 자원을 사용하는 것이 과연 바람직할까?"라고 강한 의문을 제기하고 있다.

이런 의문은 1970년대 함께 작업한 이반 일리치의 생각에 강한 영향을 받아 저술한 의학과 의료 보험 제도에 관한 나의 초기 저작과 관련이 있다. 처음 의료 문제에 관심을 두게 된 계기는 프랑스 의료 보험 제도 때문이었다. 당시 프랑스는 세계에서 가장 많은 약품 소비국이었다. 가장 충격적인 수치는 연 17퍼센트 이상에 이르는 약품 소비 증가율이었다. 그리고 약품 소비 증가율의 절반 이상은 10퍼센트에 이르는 약품의 평균 가격 상승률 때문이었다. 이 놀라운 약품 가격 상승률은 약전藥典의 지나치게 빠른 갱신 때문이었는데, 새로 개발된 신약들은 모두 예전 약보다 평균적으로 확실히 더 비쌌다. 의약품 총 매출액의 절반이 5년 이내에 개발된 신약 매출액이었다. 공중 보건 책임자들의 가장 큰 걱정거리는 자칭 신약이라고 주장하는 약 중에서 기존의 약에다가 새로운 약효를 더한 것은 전체 5퍼센트 미만이라는 것이다. 신약 대부분은 기존 물질의 조합이거나 이미 출시된 약과 이름만 다를 뿐 동일한 약이거나 아니면 기존에 특허를 받은 분자의 부산물일 뿐이었다. 문제는 그렇게 엄청난 지출의 이유가 무엇인가다. 제약 회사들의 이윤 추구 때문일까? 소비자들을 비난해서는 안 되는 것일까? 약품의 '소비자들'은 정확히 누구를 말하는 것일까? 약을 소비하지만 대금을 치르지 않는 환자일까? 처방은 내리지만 더는 대가를 치르지 않는 의사일까? 물론 당시의 신약은 의사가 환자에게 추천하는 하나의 '기호'였겠지만, 분명 명시적인 것은 아니라 해도 환자의 도움 요청에 의사가 응했다는 기호로 볼 수도 있다.[4] 철학자 장 클로드 본의 말처럼 "'제가 곧 죽지 않을 것이라고 말해주세요'로 요약할 수 있는 환자들의 질문에 의사는 진정으로 답할 수 없지만 그 말을 들어주어야 한다."[5] 환자의 요청을 의사가 충족시킬 방법은 기술적 기호, 즉 새로운 처방과 치료법뿐이다.

사망 직전에 의료비 지출이 집중되는 상황을 경제적 합리성으로 정당화하려는 경제학자들도 있다. 미국 경제학자 게리 베커[Gary Becker]는 경제적 분석을 시장과 거리가 멀어 보이는 영역으로 확장한 것으로 유명하다. 배우자 선택, 원하는 자녀의 수, 신앙생활의 빈도, 주차금지 구역에 주차하기, 독극물로 계모 살해하기 등을 비용과 이익의 검토를 통해 경제적으로 설명할 수 있다는 것이다. 검토하려면 공통의 측정 단위가 있어야 한다. 화폐로 지불한 벌금을 비교할 때나 어떤 일에 든 시간이나 감옥에서 보내는 여유로운 시간을 비교할 때, 지옥의 영생보다 낙원의 영생이 더 낫다고 평할 때, 돈으로 산 여인과의 사랑과 진정한 사랑을 비교할 때 사람들은 어떤 단위로 비교할까? 대답은 돈이다. 인간적 가치, 건강한 삶, 가족에 대한 사랑, 도시의 변화무쌍, 지식이나 지혜의 습득 등 모든 것이 결국 '이런 혜택을 누리기 위해 당신은 얼마나 지불할 용의가 있습니까?'라는 질문으로 귀결된다. 이런 식의 설명은 종종 바로크적이기도 하고 그로테스크하기도 하지만 베커는 1992년에는 노벨상을, 2000년에는 미국 국가과학상을 수상했다.

말년에 병석에 누운 노인이 생명을 몇 달 연장하기 위해 어떤 대가를 지불할 수 있을지 베커는 세심하게 묻는다. 물론 전 재산일 것이다. 무덤에서는 아무 쓸모도 없을 것이기 때문이다. 하지만 질문이 가족에 이르면 금액은 더 높아진다. 부모의 이른 죽음을 보면서 느낄 괴로움 때문이다. 화폐 가치와 보살피는 비용을 비교할 때 우리는 "이런 틀에서 보자면, 마지막 보살핌에 들어가는 고비용은 가족의 입장에서 합당하다. 즉 경제적 합리주의의 기준에서 보면 유효한 것이다"[6]라는 다행스러운 결론에 이르게 된다.

이런 분석을 통해 인간의 심층적인 면에 대해 깊이 생각해보았으면 한다. 그다음에 내가 제시하는 보다 더 깊고도 끈질긴 다음 질문을 생각해보기 바란다. 의료 행위에 붙은 '사망 직전에 지출하는'이라는 술어는 경제적 의미가 거의 없어 보인다. 대부분 이 술어는 과거를 돌이켜볼 때만 정해질 수 있기 때문이다. "죽음은 확실하지만 시기는 확실치 않도다 Mors certa Hora incerta."

3. 통계상 사망과 가상 사망의 경제

한 영리한 사람이 어떤 나라 대통령을 찾아가 다음과 같이 제안한다. "나라 경제가 힘들다는 것을 압니다. 경제 성장에 도움을 주고 싶습니다. 정말 거짓말 같은 멋진 발명품을 전해드리겠습니다. 그 것으로 귀국의 국내 총생산과 일자리는 두 배로 성장할 것입니다. 하지만 한 가지 대가가 따릅니다. 매년 2만 명의 생명을 필요로 합니다." 깜짝 놀란 대통령은 곧바로 그 방문객을 돌려보낸다. 대통령이 제안받은 발명품은 바로 자동차였다.

이는 예일 대학의 법학 강의에서 자주 언급되는 우화다. 이 우화가 말하려는 게 무엇일까? 우리가 자동차로 인한 인명 피해를 쉽게 받아들이고 또 이런 부작용에 대해 특별히 양심의 문제를 느끼지 않는 까닭은 무엇일까? 그것은 정확히 말하면 우리 사회가 이 문제를 절대로 이 우화식으로 표현하거나 생각하고 있지 않기 때문이다. 고전적인 도덕적 딜레마다. 집단의 이익을 위해 무고한 사람을 희생시킬 수 있느냐의 문제다. 이 딜레마에 지금도 시달리고 있는 고전 도덕 철학과 정치 철학은 만족스러운 답을 내놓지 못하고 있다. 그런데 용어를 조금 모호하게만 표현해도 난처한 도덕적 문제는 완전히 사라진다. 그 결과 차량 흐름은 유체 역학 법칙으로 이해되고 운명은 통계 수치로 대체된다.

흔히 사회 보장이라 부르는 것까지 포함해서 광의의 의료 경제가 가능하고 물질에 대한 예산 선택의 합리화라고 생각할 수 있는 것도 바로 이런 정황 때문이다. 나아가 '인명의 가치'라는 개념이 물의를 빚지 않는 것도 이 때문이다.

우리에게 1000만 유로의 예산이 있는데 이를 인명을 구하는 두 사업, 즉 암 퇴치 사업과 전국의 사고 다발 지역의 도로 정비 사업에 배정해야 한다고 가정해보자. 그리고 이 두 사업 모두 재원의 효율은 감소하고 있다고 가정해보자. 한 사업에 할당하는 재원 규모가 클수록 추가로 구제되는 인명에 들어가는 비용[7]도 증가한다.[8] 마지막으로 재원을 배정하는 데 있어 목표는 최대한 많은 인명을 구하는 것이라고 가정해보자. 이런 가정하에서 최대한 많은 인명을 구제했을 때 예산 부족으로 포기한 인명에 들어간 비용은 두 사업에서 동일하다는 것을 수학적으로 증명하는 문제는 간단하다. 다른 한편으로 가령 보안 분야보다 의료 분야의 비용이 더 높다면, 예산을 전용하면 더 많은 인명을 구조할 수 있을 것이다. 이처럼 동일한 비용을 '인명 가치'라고 불러야 합당할 것이다. 이 표현은 적어도 다음 두 가지 의미를 내포하고 있다. 첫 번째로 이 표현은 생명에는 어떤 가격이 있다는 것을 의미한다. 이때의 가격은 이 방법 저 방법을 다 썼다가 마지막에 가서는 재원의 한계 때문에 생명 구하기를 단념한다는 의미에서 정해진 어떤 가격이라는 의미다. 두 번째로는 이렇게 인명에 부여한 일정한 가격은 재원 지출의 정합성의 조건을 말해준다.[9]

    우선 지금까지 이야기를 통해 우리가 명심해야 할 것이 있다. 토마토나 파를 헤아리는 것처럼 계산하는 인명이란 비록 항상은 아니지만 대부분은 앞의 우화에서 말하는 통계적 의미의 생명이라는 사실이다. 실제 현실을 보자. 우리는 그다지 놀랄 일도 아니지만 사실 각 영역에서 더 오래 사는 삶을 구하는 일을 단념하고 있다. 일시적 치유에 들어가는 비용을 절약하기 위해 치유를 그만

두기도 하고, 또 때로는 비용이 많이 드는 테러 방지책도 시행하지 않기도 한다. 지진이 일어난 도시의 폐허에서 어쩌면 살아 있을지 모르는 생존자 구조 작업을 단념할 때도 있다. 게다가 제3세계를 원조하면서도 얼마 되지도 않는 말라리아 퇴치 비용은 도외시한다.

다음으로 인명 가치라는 개념의 기초가 되는 최적 지출 조건이 크게 침해받고 있다는 점을 지적할 필요가 있다. 영역에 따라서 인명 가치의 편차는 엄청나서 그 비율이 1만 대 1에 이를 정도이다. 우리의 현실이 깡그리 비합리적이라서 그런 것일까, 아니면 인명 가치를 이해하는 우리의 개념 자체가 잘못된 것일까?

파리 공과대학(에콜폴리테크니크)을 다닐 때 프랑스 육군의 지프 차량의 최적 관리에 관한 논문을 썼다. 알다시피 이 학교는 나폴레옹이 군사 학교로 만들어서 지금도 시대착오적인 그 지위가 그대로 유지되고 있다. 당시는 제2차 세계 대전 중 미국에서 시작된 경영과 조직 문제에 수학을 적용하는 이른바 '과학적 조사 연구'가 유행하던 시절이었다. 지금 생각해도 그때의 내 결론은 틀리지 않았던 것 같다. 나는 문제의 특수한 조건에 기초해서 어떤 한계점을 지나면 낡은 지프를 폐기하고 새 지프로 교체해야 하는 시점이 있다는 것을 증명했다. 게다가 나의 제안은 정교하기까지 했는데, 지프의 사용 기간에 따라 유지 비용이 어떻게 달라지는를 도표로 제시했기 때문이다. 지프는 일정 시점에 이르면 수리보다 폐기 처분이 더 적절했다.

인간의 수명에 이런 경제 논리가 적용되면 어떤 끔찍한 결과를 낳을지 진지하게 상상해보기 바란다. 일정 연령을 넘어선 환자는 보살핌을 포기하고 그냥 운명에 맡겨버리고 말 것이다. 니체는 《우상의 황혼》에서 바로 이런 유형의 정책을 높이 찬양하는 '의사의 도덕'을 제시할 수 있다고 생각했던 것 같다. 하지만 당시 니체는 이미 광기에 접어들어 있었다. 그는 아무런 거리낌도 없이 이렇게 말한다. "환자는 사회의 기생충이다. 이런 상태에서 오래 사는 것은 점잖지 못한 일이다. 살아 있는 감각과 삶의 '권리'를 잃고 난 뒤 의사와 병원의 노예가 되어 비굴하게 무위도식을 고집하면 사회의 멸시를 불러올 것이다. 의사는 이런 멸시의 중개자 역할을 맡아야 할 것이다. 이런 환자에게 의사는 더는 처방은 내리지 말고 일정량의 새로운 혐오감을 매일 선사해야 할 것이다."

그런데 여기서 이런 문제를 한번 생각해보자. 합리성이라는 이름으로 모든 영역에서 인명의 가치가 동일하다고 할 수 있게 해주는 조건은 결국 지프와 인간을 동일하게 보는 조건과 같은 것이 아닌가 하는 의문이다. 자동차의 엔진이 그러하듯이 우리가 구제하는 통계 수명 역시 비인간적이다. 통계 수명에는 개인의 정체성도 이름도 나이도 성性도 없다. 통계 수명이 어떤 것이든 간에 다른 통계 수명으로 대체될 수 있는 이유도 이 때문이다. 인간 세계에서 통계 수명은 두 가지 이유에서 사실은 존재하지 않는다. 먼저 '평균적인 사람'을 한 번도 본 적이 없는 것처럼,[10] 통계 수명이란 통계에서 나온 것이기 때문이다. 그보다 더 큰 이유는 통계 수명은 잠재적으로만 존재한다는 존재 방식 때문이다. 이를 우리는 반현실反現實^{contrefactualité}, 즉 가상假想이라는 용어로 표현할 수 있을 것이다. 만약 환자의 치료를 중단했다면 어떤 일이 일어났을까? 몇몇 사람은 죽어 그 정체성은 온전히 유지되었을 것이다. 하지만 우리가 만약 조치를 취하지 않았다면 죽었을지도 모를 사람은 뭐라고 부를 수 있겠는가?

통계 수명의 특성은 그보다 많을 수도 있고 모자랄 수도 있다. 모든 것은 표본과 그 크기에 달려 있다. 영역에 따라 기대 수명이 다른 것도 부분적으로는 이런 이유 때문이다. 가상 현실에서 나오는 수명의 잠재적 특성도 마찬가지다. 이처럼 대규모 계산에서 개인의 정체성이 사라지는 정도는 상황에 따라 다르다.

2010년 여름 칠레 아타카마 광산 막장에 두 달 이상 매몰되어 있던 광부 33명은 광부 집단에서 익명의 일원이었을 때보다 생명에 엄청나게 큰 관심을 부여받았다는 데서 위로를 받았을 것이다. 그러나 매몰된 광부들의 고통에 마음 아파하던 사람들과 그들을 구출한 칠레 정부는 그들의 개인적 정체성과 광부 집단 전체의 정체성을 혼동하고 있었다. 당시 상황으로 미루어보건대 만약 전원이 구조되지 못하고 90퍼센트만 구조되었더라도 칠레 정부나 사람들은 적절하게 대처했다고 여겼을 것이다. 물론 구조되지 못한 세 명의 가족들은 다르게 생각했을 것이지만 말이다.

통계에서 개인의 정체성이 소멸하는 현상은 예방 활동에서 또 다르게 나타난다. 그것은 인명 구조의 가상 현실적 특성 때문만

이 아니라 미래의 불확실성 때문이기도 하다. 하지만 여기서 영역에 따라 기대 수명이 크게 차이가 나는 것을 정당화해주거나 설명해주는 요인도 바로 이런 점진적인 차이다. 교통사고 예방 정책을 생각해보자. 항공기 사고보다 자동차 사고가 해마다 더 많은 희생자를 낳고 있다. 그런데 항공기 사고 상황과 자동차 사고 상황을 비교할 때, 자동차 사고에 비해 항공기 사고에서 훨씬 많은 인명 구조를 포기한 통계 수명에 대해 우리는 더욱 '심적 부담감'을 갖게 된다. 자동차 사고 사망자 수는 한 명이거나 약간 명이지만, A380같은 항공기 사고의 희생자는 800명에 가깝다. 항공기 사고에서 인명의 가치는 자동차 사고에서보다 훨씬 높다는 데 놀랄 필요는 없을 것 같다.

이리하여 인명 구조에 지출하길 거부하는 비용이 영역에 따라 큰 차이를 나타내는 것은 통계와 가상에서의 개인 정체성의 소멸 정도임을 알게 되었다. 의료 경제학자들은 합리성의 이름으로 기분이 상해 있을 것이다. 다시 반복하지만 그것은 마치 인명과 육군의 지프 사이에 아무런 차이도 인정하지 않는 것과 같다.

죽음을 다루는 문헌에서 우리는 종종 '그의 죽음'인 3인칭의 죽음과 '너의 죽음'인 2인칭의 죽음이 뚜렷이 구별되는 현상을 보곤 한다. 환자를 접하는 의사는 후자에 속한다. 의사에게 인간 생명은 가치의 상한선이 없다는 의미에서 '인간 생명은 가치를 논할 수 없다'는 것도 이 때문일 것이다. 우리가 지금껏 살펴본 결과 이런 구분은 지나치게 일도양단식이라서 중간에 있는 모든 스펙트

럼을 여러모로 살펴보아야 한다는 것을 말해준다.[11] 이 순간 내 관심을 끄는 것은 바로 1인칭의 죽음, 즉 '나의 죽음'이다. 내적 관계의 이런 극치 또한 통계에 의한 중재를 거치고 있음을 보게 될 것이다.

4. 기다림: 자신의 죽음과 거품 붕괴

어렸을 때 나는 죽음은 한 상태에서 다른 상태로 넘어가는 것으로 생각했다. 감각은 무뎌지고 원기는 쇠약해지고 기능은 위축되는 일종의 잠과 같은 것이 죽음이라고 생각했다. 그 선을 넘어서는 일이 어떠한 단절이나 중단이나 재앙도 아니고 그렇다고 커다란 변화의 출발점도 아닐 것으로 생각했다. 말하자면 어떠한 단절도 없는 지속 상태 속에서 물과 같이 액체에서 기체로 넘어가는 것이 죽음이라고 생각했다. 지금 와서 생각해보니 터무니없는 생각이었다. 우리는 가장 살고 싶어 하는 바로 그 순간에 죽는다. 이를 라퐁텐은 우화 〈죽음과 사자死者〉에서 멋지게 표현했다. "죽음이 가장 임박한 사람은 가장 마지못해 죽는다."

죽음은 예견된 재앙이다. 그리스 신화에 나오는 운명의 여신 모이라와 생명의 실을 끊는 여신 아트로포스는 생명의 실이 잘릴 날짜와 시각을 우리에게 알려주는 것을 잊었다. 이 망각의 결과는 알다시피 헤아릴 수 없을 정도로 엄청나다. 누군가는 바로 이 때문에 살 수 있다고 생각한다. 끝이 알려지지 않은 것은 끝이 정해지지 않아서이고, 정해지지 않은 것은 끝이 없다고 생각할 수 있기 때문이다. 프랑스 사상가 라 브뤼에르는 다음과 같이 썼다. "죽음에서 확실한 것이 있다면 죽음은 불확실해서 다소 부드럽다는 것이다. 죽음이 무한한 이유는 그 시간이 정해져 있지 않기 때문이다."[12] 하지만 또 누군가는 죽음의 이러한 불확정성 때문에 자기 자신의 죽음도 알지 못한다고 불안해한다. 아르헨티나의 위대한 작가 보르헤스는 다음과 같은 질문을 수없이 받았다. "보르헤스 선생님, 당신에 대해 말씀해주세요." 보르헤스는 이렇게 답했다. "나에 대해 말하라고요? 저는 저에 대해 아무것도 모릅니다. 심지어 제가 언제 죽을지조차도 알지 못합니다." 인터뷰 시점에서 볼 때 우리는 미래를 과거로 표현하는 재미있는 시제인, '전미래' 시제를 이용해서 '보르헤스가 죽었을 때는 이 멋진 말을 하고 7년 3개월이 지난 뒤였다'라고 말할 수 있을 것이다. 하지만 이런 표현은 정작 당사자는 맛보지 못하는 호사다.

피할 수 없는 극복해야 할 재앙과 우리 사이에 있는 바로 이 기다림의 시간, 여기서 나의 관심을 끄는 것은 바로 그 일정을 모른다는 사실이다. 시간의 역설적인 모습은 '재앙이 닥치는 것은 정말 뜻밖의 놀라운 사건이다. 하지만 재앙이 뜻밖의 사건이라는 사실은 뜻밖의 일도 아닐뿐더러 뜻밖의 사건이어서도 안 된다'로 정리할 수 있을 것이다. 우리는 지금 준엄하게 종말을 향해 가고 있다는 것을 알고 있다. 하지만 아직 종말을 경험하지 않았기 때문에 우리는 종말이 느닷없이 우리를 사로잡을 그때까지 계속해서 종말이 아직 가까이 오지 않았기를 바랄 수 있다. 흥미로운 경우는 시간이 갈수록 종말이 오기 전에 '남아 있는 시간'이 '증가하고 있다'라고 생각할 객관적 이유를 많이 발견하는 것이다. 우리가 다가갈수록 종말이 더 멀어져가고 있는 것처럼 말이다. 종말에서 멀리 떨어져 있다는 생각이 정당화되는 그때가 바로 우리도 모르는 사이에 종말이 가까이 다가와 있는 순간일 것이다. 놀라운 일이 전면적으로 일어나고 있지만 이런 것들을 사람들은 이미 다 알고 있으므로 전혀 놀랄 필요는 없을 것이다. 이럴 때 시간은 상반된 방향으로 펼쳐진다. 우리는 앞으로 나아갈수록 종말에 가까워진다는 것을 알고 있다. 하지만 알려지지 않은 종말을 진정 고정된 것으로 볼 수 있을까? 지금같이 종말이 나타나지 않으면서 계속 나아갈수록 행운이 작용해서 종말은 더 멀어지고 있다고 생각할 수 있는 합당한 이유가 더 있는 것은 아닐까?

이 순간 생각나는 첫 번째 예는 평균 수명이다. 모두들 나이를 먹을수록 평균 수명이 줄어든다고 말하고 싶을 것이다. 하지만 꼭 그렇지만은 않다. 어린아이의 평균 수명,[13] 즉 어떤 나이에 도달한 어린이가 앞으로 살아갈 시간은 나이가 들어감에 따라 증가할 수 있다. 그 아이가 생애 초기에 위험한 상태를 넘겼다는 사실은 그의 체질이 튼튼하고 그래서 더 오래 살 수 있다는 징표가 된다. '늙을수록 종말에 다가간다'라는 지식과 '다가갈수록 종말은 더 빨리 멀어져간다'라는 추론은 상반된 방향에서 삶을 늘인다.

높은 유아 사망률은 꽤 특별한 경우다. 프랑스 같은 나라는 오래전에 이를 극복했다. 물론 유아 사망률에 있어서 영국, 미국 같은 부자 나라가 브라질 같은 제3세계 국가들보다 겨우 나을 뿐이긴 하지만 말이다. 다소 자기 합리화적 선택이 개입되기는 하지만 암이나 뇌혈관 파열과 같은 질환에 걸린 성인은 전체 인구가 아니라 자신과 같은 병에 걸린 일부 사람들의 사망률을 보면서 두려움에서 벗어날 수 있다. 시간이 흐르면서 애초의 진단 시기로부터 멀어질수록 재발 우려는 줄고 물론 사태가 급격하게 돌변하는 시점까지는 기대 수명도 더 늘어난다.

이렇게 기대하는 시간에는 역설적인 태도를 보인다. 이를 '프랙탈' 개념이 제대로 파악할 수 있게 도와줄 것이다. 어떤 측도에서 바라보든 간에 똑같은 형태를 프랙탈이라 부른다. 눈송이나 브르타뉴 해안선이 프랙탈의 형태를 보여준다. 프랙탈 형태는 오늘날 가장 독창적인 수학자 중 한 명인 브누아 망델브로^{Benoît Mandelbrot}가 만든 개념이다. 이 프랙탈은 모든 형태에 적용된다. 흥미로운 점은 망델브로가 확률이나 빈도의 분포를 연구하면서 프랙탈을 생각해냈다는 것이다.

가장 익숙한 분포는 그 유명한 정상분포곡선이다.[14] 동전을 2000번 던졌을 때 앞면이 나올 확률은 평균적으로 1000번일 것이다. 하지만 실제로는 정확히 이 숫자가 나오지는 않고, 비교적 좁은 편차로 1000번에 집중된다. 2000번을 던졌는데 앞면이 수백 번 나오거나 1500번이 나오는 극단적인 사례도 있겠지만 정상분포곡선은 그럴 확률을 아주 적게 부여한다.

시행의 결과치가 어떤 값에 집중하는 기본 사건들이 인과율적으로 서로 무관할 때 이런 분포가 나타난다. 거듭해서 앞면이 나올 확률은 언제나 2분의 1과 같을 것이다. 만사가 여론 조사로 통하는 오늘날의 여론 민주주의에서는 어디서든 통계가 존재하기에 온갖 통계에 시달리는 사람들은 겉으로 내색은 안 해도 이를 잘들 알고 있다. 하지만 지금은 상황이 더 복잡해지고 또 더 흥미로워지고 있다.

몇 년 전부터 전혀 다른 유형의 확률 분포가 전문가의 관심을 끌고 있다. 기존의 정상분포곡선이 뒷전으로 밀려난 상황이다. 큰 강의 수위 변화, 카리브해의 허리케인, 화산 폭발, 인도양의 사이클론, 지중해 지역의 화재 그리고 금융 거품 붕괴와 같이 재앙이 일어나는 거의 모든 곳에서 볼 수 있는 확률 분포다. 이런 극단적인 사건에 새로운 유형의 분포는 비교적 미세한 확률을 부여한다. 하지만 정상분포곡선보다는 상당히 높은 편이다. 예측 불가능한 사건의 부담감은 그 확률의 진폭 혹은 파급 효과가 낳은 결과다. 그 파급의 폭은 엄청나고 일어날 확률은 낮지만 전혀 없는 것은 아닌 재앙이라면 우리의 기대치에는 아주 큰 가중치가 주어져야 할 것이다. 어떤 재앙이 일어날 확률은 희박하지만 어쩌다 일어난다면 그 그림자는 미래의 전망을 어둡게 뒤덮을 것이기 때문이다.

아직 이름을 붙이지 못한 이런 분포가 모든 영역이 아니라 적어도 오늘날 우리 걱정을 한 몸에 받고 있는 영역에서 나타나고 있는 주된 이유를 이해하기 위해서 내 경험에 의지하려 한다. 100개의 컵 위로 1만 개의 물방울이 쏟아져 내린다고 가정해보자. 물방울은 서로 무관하게 쏟아지고 있다. 하나의 컵에 떨어지는 물방울 숫자의 분포는 정상분포곡선을 따를 것이다. 대부분 컵에는 평균치인 100개 근처의 물방울이 들어 있을 것이다. 물방울이 몇 개밖에 들어가지 않거나 몇백 개가 들어가는 컵은 거의 없을 것이다. 이제는 이미 물방울을 담고 있는 컵이 더 많은 물방울을 끌어당길 기회가 많다고 조건을 조금 바꾸어보자. 이렇게 하면 전체 컵에 물방울이 들어간 분포는 전혀 다른 모습을 보이게 될 것이다. 자기 증폭 메커니즘에 의해 정상분포곡선이 허용하는 평균값에서 벗어나는 정도가 커진다. 여기서 극단적인 사건들이 일어날 확률은 상당히 증가한다.[15]

이 분포의 이름 중에는 스위스에서 레옹 발라를 만나 신고전주의 경제학의 모태가 되는 로잔학파를 이룬 이탈리아 경제학자 빌프레도 파레토Vilfredo Pareto의 이름도 붙어 있다. 파레토는 각 나라의 소득 분포 양상에 관심이 많았다. 그는 모든 나라에서 일정 소득 이상의 평균 소득은 그 일정 소득과 일정한 비율을 보인다는 것을 알게 되었다. 가령 프랑스에서 그 비율이 1.3이라고 한다면 이는 최저 소득 이상의 평균 소득은 최저 소득의 1.3배가 된다는 뜻이다. 즉, BNP 파리바 은행의 트레이더 이상의 평균 소득은 트레이더 소득의 1.3배가 된다는 것이다. 조지프 스티글리츠Joseph Stiglitz와 아마르티아 센Amartya Sen(일명 스티글츠 위원회) 등이 내놓은 행복 지수에 관한 보고서가 분명히 제시하는 것처럼[16] 돈이 상대적 가치로서만 행복을 만들어낸다면 행복 역시 사회 계층 전체로 나뉘어 있음을 의미한다. 아주 흥미롭게도 파레토 분포가 왜 보편적인지 앞서 살펴본 물방울 비유가 잘 설명해준다. 각 컵에 들어가는 물방울 숫자는 실제로 이 분포를 따르고 있다. 그런데 그 출발점을 생각해보자. 어떤 컵 안에 물방울이 이미 들어 있을수록 다른 물방울을 더 많이 끌어들인다. 파레토식으로 말하자면 '부자일수록 부자가 될 기회가 더 많다'라고 할 수 있을 것이다.

파레토 분포는 일종의 프랙탈 분포다. 어떤 값 이상에서는 항상 똑같이 이 분포가 나타난다. 그리고 어떤 값 이상의 평균은 그 값에 대해 항상 일정한 비율을 보인다. 앞서 살펴본 유아 사망률이 높은 나라에서의 평균 수명 분포가 이를 잘 보여준다.

망델브로는 프랙탈 분포의 특이함을 보여주기 위해 아주 멋진 비유를 들었다. 가령 어떤 지역이 영원히 짙은 안개에 덮여 있다고 상상해보자. 이 지역에는 물로 가득 찬 곳이 여러 군데 있는데 그 수를 알 수 없다. 물로 된 지역은 늪을 닮았고 호수도 닮았고 바다도 닮았다. 이러할 때 물로 된 곳의 크기 분포는 프랙탈 유형을 따른다. 이런 곳 중 하나에서 출발해 배를 타고 건너기 시작했다. 하루 이상 지나도 짙은 안개로 육지가 보이지 않는다.[17]

기슭도 보이지 않는 항해가 길어질수록 배를 탄 사람들은 당연히 배를 더 오래 타야 할 것으로 생각한다. 정말 아무것도 보이지 않는 가운데 항해가 언제 끝날지도 알지 못한다. 대신 그들은 이렇게 생각한다. 아무것도 보지 못한 채 보낸 꽤 오랜 시간으로 미루어 볼 때 우리는 지금 아주 큰 바다에 있는 것 같다. 그러므로 갈 길이 멀다. 하지만 언젠가는 육지가 보일 것이다. 그들이 스스로 가장 멀리 떨어져 있다고 여기는 바로 그 순간이 육지를 보는 그 순간이다. 그 순간을 기다리던 시간이 길수록 기쁨은 더 크다. 망델브로의 비유에 등장하는 안개를 귄터 안더스는 '종말 앞의 맹인'이라 부른다.[18]

이는 해적이 발호하는 험한 바다를 항해하는 전前 미국 나스닥 증권거래소 회장 버나드 메이도프Bernard Madoff의 정신 상태와 같을 것이다. 그는 피라미드의 기반이 넓어질수록 새로운 고객 모집이 더 성공적으로 이루어지면서 보상이 계속 증가하리라 확신했다. 그러나 언젠가 종말이 오리라는 사실과 그 순간 모든 시스템이 모래성처럼 무너지리라는 사실을 메이도프가 모를 리 없었다. 오랫동안 작동한 구조일수록 갑작스럽게 일어나는 사태의 결과는 더 끔찍한 법이다.

금융 투기를 예로 든 데는 이유가 있다. 메이도프는 분명 투기꾼이다. 여기서 개인적 운명을 운운하는 것은 옳지 않다. 일찍이 망델브로가 다루었던 것이 '정직한' 금융 투기다. 망델브로는 투기 현상이 프랙탈 법칙에 지배받는다는 것을 이론과 실험을 통해 보여주었다. 호황의 행복에 젖어 '거품'이 팽창할 때 낙관적 투자자들은 계속 낙관한다. 행복감이 가장 절정일 때가 바로 거품이 터지는 순간이다.[19]

방금 소개한 이론은 오래전부터 있던 것으로 실험을 통해 여러 번 검증된 이론이다. 금융계 종사자들도 잘 알고 있는 이론으로 모르는 사람이 있다면 그의 무지는 죄악이다.[20] 그러므로 이 이론을 알고 있는 사람의 관점을 취해보자. 이 이론이 행동을 변화시킬까? 이 질문은 정말 위험하다. 그만큼 위험한 역설로 이어지기 때문이다. 신중한 사람이라면 이 순간 '낙관의 객관적 근거가 많을수록 비관론자가 될 준비를 하면서 항상 조심하는 태도를 취해야 한다'는 격언을 떠올리게 될 것이다. 분명 종말이 멀지 않기 때문이다. 어떤 차원에서 보면 낙관론도 합리적이고 비관론도 합리적이다. 하지만 그 과정이 아니라 이미 완성된 여정의 관점을 가진 비관론은 낙관론을 초월한다는 것을 이해하고 나면 이 모순적인 명령도 이해가 될 것이다. 이런 신중함을 두고 나는 '식견 있는 비관론'이라 부른다.[21] 이 말은 극단적인 사건에서 살아남은 뒤 뜻밖의 일과 뜻밖의 일에 대한 확신을 연결하는 관점에 자신을 투영하는 것도 포함한다.

뜻밖의 일이 일어날 것을 예고하는 것은 철학자에게 유명한 역설을 상기시킨다. 미국 분석 철학의 대부 윌러드 밴 오먼 콰인 Willard Van Orman Quine 은 이에 대해 날카로운 지적을 한 적이 있다. 다음이 그 하나다. 일요일에 한 사형수에게 상세한 설명 없이 다음 주중에 사형 집행이 있을 예정이라고 알려준다. 이에 덧붙여서 하나의 예측을 덧붙이는데 실은 함정이다. 집행일 이른 새벽에 그를 데리러 올 것이며 그래서 그는 깜짝 놀랄 것이라는 예측이다.

감방에 돌아온 사형수는 자신의 종말에 대해 많이 알게 된 데 분명 난처해하면서도 한 가닥 희망을 품고 곰곰이 따져보기 시작한다. 사형수는 집행일이 우선 다음 일요일이라고 가정해본다. 토요일 정오까지 살아 있을 것이고 다음 날 집행될 것이 자명하므로, 그다음 날이 되어도 깜짝 놀라지 않을 것 같았다. 그래서 그는 일단 집행일 후보에서 일요일을 지운다. 같은 식으로 추론하여 그다음에는 토요일이 지워진다. 일요일에 집행될 가능성이 없기 때문이다. 금요일 정오에도 살아 있다면 같은 추론이 가능할 것이다. 하루하루씩 이어가면서 계속 진행된 이런 식의 추론 끝에 사형수는 주중에는 집행일이 없으므로 사형이 집행되지 않으리라 믿게 된다. 그러다가 목요일 새벽 집행관이 데리러 오자 사형수는 정말 깜짝 놀란다. 마치 아무런 예고도 받지 않은 사람처럼 말이다.

논리의 순수성이 어떠하든 간에 이 추론은 사형수의 생명은 다음 일요일을 넘기지 못할 것이라는 정해진 집행일의 존재에 기초해 있다. 자본주의 세계에서 만족스럽지 못한 것들도 정확히 말해서 바로 이런 조건이다. 메이도프는 고객의 물결이 계속 이어지길 기대한다. 투기꾼들은 거품이 계속해서 커지기를 바란다. 집값이 무한히 뛰기를 기대하며 100퍼센트 부채를 안고 집을 산 사람은 그 집마저 잃고 있다. 자본주의는 죽지 않고 영원히 계속되리라는 사람들의 믿음이야말로 자본주의가 가능한 조건이다. 자본주의의 원죄는 언제나 자신의 약속을 지킬 가능성을 갖기 위해 무한히 열려 있는 미래를 필요로 한다는 것이다. 성장을 예찬하는 것도 여기에 근거한다. 완전 고용의 달성이라는 성장은 시스템 전체가 만족스러울 아득히 먼 미래의 그 날까지 계속 성장해야 한다는 뜻임을 헤아릴 줄 알아야 한다.[22] 종말이 뒤로 미루어질수록 그것의 도래는 더 피할 수 없고 또 더 충격적이리라는 것이 바로 망델브로에게서 얻을 수 있는 교훈이다.

세계 지도자들은 경제가 본 궤도로 재진입할 날이 오리라 믿는다. 자본주의가 그 어느 때보다도 숨 가쁘게 한 걸음 한 걸음 내디디면서 차츰 속도를 낼수록 이 지도자들은 더 낙관주의자가 되면서 자본주의의 눈부신 미래를 믿게 될 것이다. 지도자들이 낙관을 가장 경계해야 할 때가 바로 이 순간이다. 재앙은 분명 길모퉁이에서 이들을 노리고 있을 것이기 때문이다.

5. 종말의 경제

우리는 방금 낙관론자는 낙관론자이기 때문에 극단적 비관론자가 되어야 한다는 것을 살펴보았다. 역으로 우리는 위기 시 정부 당국자들이 되풀이해서 천명하는 '과도한 낙관론'은 그 이름을 직접 거명하지 않은 비관론에서 나오고 있다고 합리적으로 생각해야 한다.

추측의 형식이 강하지만 지금 여기서 제시하려는 것은 위기에 대한 뛰어난 통찰력을 지닌 분석가 피터 틸의 생각에서 출발했다.[23] 피터 틸은 초기 페이스북의 투자자였고 인터넷 금융 결제 시스템 업체인 페이팔PayPal의 창업자이기도 하다. 피터 틸의 방식은 말하자면 '식견 있는 비관론'이지만 철학자들과는 달리 투자 결정으로 그것을 현실에서 시험한다. 투자 결정은 모두 분명하고 일관되고 엄격한 추론에서 나온다. 결정의 자율성 같은 것이 도출되는 복잡하고 난해한 수학 모델에 결정을 위임하지는 않는다.

피터 틸은 우선 20여 년 전부터 시작된 투기 거품의 형성 과정과 투기 거품의 폭발로 인한 피해가 그 유래를 찾아볼 수 없을 정도 엄청난 것이라는 데 충격을 받았다. 호황기에도 극단적인 특징을 나타내고 있어 프랙탈 분포로도 설명할 수 없을 정도다. 1980년대 거품이 터지기 직전 일본이 보유한 증권은 세계 증권 보유액의 절반에 가까웠다. 태양을 국기에 그려놓은 이 나라가 지구 전체를 지배한다고 여길 정도였다. 세계사에서 가장 거대한 붐이었던 1990년대 말 인터넷 붐이 불과 5년 뒤에 그보다 규모가 훨씬 큰 부동산 거품에 자리를 내주리라 누가 상상이라도 했을까.

어떤 사람들은 시장의 비정상적인 활황을 말하고, 또 어떤 사람들은 마치 처음 안 사실인 양 금융 종사자들의 탐욕과 지나친 성과욕을 지적하기도 했다. 이런 도덕적 분개 뒤에는 지적 태만과 관심 부족이 감춰져 있다. 하지만 지적보다는 실제로 무슨 일이 일어났는지를 이해하는 편이 정신에 훨씬 더 이로울 것이다.

금융 전문가 피터 틸은 돈의 왕국인 금융계에서 비관론은 발언권이 없다는 사실을 알려준다. 종말론적 시각은 글로벌 사회에서도 허용되지 않는다. 자본주의가 끝날 수 있다는 생각은 투자자에게 어떤 이익을 가져다줄 수 있을까? 만약 자본주의가 끝이 난다면 더 중요한 것은 아무것도 없게 될 것이다. 자본주의 종말에 관한 예보가 가능하다면 그것은 곧 오보가 될 것이다. 재앙은 바로 오늘부터 일어날 것이기 때문이다. 그러므로 우리는 영원히 죽지 않을 것처럼 행동하는 편이 더 낫다. 하지만 틸은 오히려 종말론적 시각이 투자자의 생각과 행동에 그다지 큰 영향을 미치지 않는다는 뜻밖의 역설을 밝혀낸다.

오늘날 자본주의의 생존은 세계화의 성공과 불가분의 관계에 있다. 그런데 세계화 실패가 의미하는 것은 무엇일까? 반세계화가 더 강하다는 의미일까? 틸은 이런 가설을 떨쳐낸다. 틸에 의하면 반세계화는 세계화에서 나오는 것이기 때문이다. 그는 토크빌의 말을 환언하여 반대 세력으로부터 자양을 얻고 있는 세계화는 보편적이고 지속적이라고 생각한다. 그럴 수 있었다면 어쩌면 그는 세계화는 신의 섭리와 같이 인간의 힘을 벗어나 있다고 말할 수도 있었을 것이다. 사람과 마찬가지로 모든 사건이 세계화의 전개에 도움을 준다는 식으로 말이다. 그러나 그렇지 않다. 세계화가 좌절한다면 그것은 그와 동시에 나타나는 자본주의의 종말을 포함하는 불가항력적인 파국의 결과일 뿐이다. 이때의 파국은 나와 같은 비관론자가 그리는 파국과 비슷할 것이다.[24] 이미 말했듯이 자연 파괴와 극단으로 치닫는 인간 폭력의 경향 사이에 존재하는 긴밀한 상관성은 인류의 생존을 위협하고 있다. 그중에서도 가장 큰 위협은 널리 퍼진 핵 분쟁의 위협일 것이다.

틸에 따르면 경제 주체들, 그중에서도 특히 금융기관은 이런 파국의 시나리오를 적어도 직접적으로는 절대 생각하지 않는다. 그들은 파국을 진지하게 고려하는 일이 너무 끔찍하여 아예 고려하지 않고 있다. 하지만 그들의 이런 배제 때문에 파국의 중요성은 더 커지고 있다. 이런 역설을 이해하는 데는 잠시 다음과 같은 계산을 해보는 것도 유용하다. 위협을 느끼고 있으면서도 중요하게 고려하려 들지 않는 투자자를 상상해보자. 자본주의의 생존을 보장하는 길은 천 길 낭떠러지 크레바스 옆을 지나가는 알프스 능선 같은 것임을 이 투자자는 직감적으로 깨달았을 것이다. 이 투자자가 사업의 성공할 확률이 10퍼센트라는 낙관적 시나리오에 동의한다고 가정해보자. 그는 낙관적 시나리오가 실현되면 자신이 생각하는 사업의 주가가 100달러의 가치 실현으로 이어지리라 예상할 것이다. 그렇다면 투자자는 지금은 그 사업에 얼마의 가치를 부여해야 할까? 100달러의 10퍼센트인 10달러라고 볼 수 있다. 하지만 이 계산은 성공하지 못했을 때 엄청난 손실을 보게 될 90퍼센트를 고려하지 않은 것이란 점을 기억하자. 바로 의도적 망각이 이 역설의 핵심이다. 틸의 주장에 따르면 최근 거품 붕괴 시에 사람들은 10달러를 택하지 않고 대부분 100달러를 선택했다. 파국과는 거리가 먼 논리를 밀고 나가던 이들은 사실 항상 주식 가치는 100달러라고 여겼다. 그러므로 기대 가치는 100달러였다.

사람들의 이런 생각은 복권 당첨자들 100퍼센트는 복권을 산 사람이라고 주장하는 전국로또협회의 우스꽝스러운 광고를 떠올리게 한다. 하지만 틸은 최근에 있었던 엄청난 규모의 거품 형성의 맥락에 다시 빠져들어야 한다고 주장한다. 1990년대 말 투자자들이 인터넷 기업의 성공에 그토록 뛰어든 것은 실패가 아닌 미래만 보았기 때문이다. 주가 폭락으로 순식간에 몰락한 미국의 투자자들이 서브프라임에 몰려들었던 이유는 끔찍한 노후를 모면하게 해줄 유일한 선택이라고 보았기 때문이다. 어쩌면 이 사람들은 다른 사람들보다 머리가 더 좋은 것일지도 모른다. 밝은 미래에 뛰어들어 어떤 일에 가능성을 부여하던 그들은 자신이 하는 일이 그런 미래를 가능하게 해준다고 여겼다.

이 순간 우리는 '낙관론의 극단적 상승은 결국 종말론적 시각 때문'이라는 틸의 역설을 말할 수 있을 것이다. 나는 여기서 내가 한 분석이 '식견 있는 비관론'이라고 추천한 방법에 힘을 실어주게 될까봐 걱정스럽다. 낙관론의 극단적 상승은 사려 깊지 않은 막연한 비관론에서 나오기는 하지만 결과적으로 합리적 비관론을 정당화한다.

4
장 ──

경제이성비판

경제는 지금 '도덕적 경제'나 '정치적 경제'가 될 수 있는 자질을 잃어가고 있다. 정치와의 힘겨루기에서 경제가 거둔 승리는 모두 막대한 희생을 치르고 얻은 것이다. 전문가라는 이름으로 정치권력의 위상을 하나씩 차지한 경제는 자신의 수호천사인 '시장'을 추종한다. 자신의 지위를 공고히 하기 위해 경제는 앞으로도 골드만삭스 같은 굴지의 기업을 국가 원수 자리에 자주 올려놓을 것이다. 하지만 경제는 정치를 자신의 하수인처럼 만들면서 점점 자기 초월 능력을 잃어가고 있다.

지금껏 살펴보는 과정에서 우리는 경제 이성과 정치 이성을 조정하는 듯한 존재를 하나 발견했는데 그것은 바로 '미래'다. 우리는 '미래에 의한 조정'이 가능한 조건에 대해 논리와 형이상학뿐만 아니라 인류학적으로 살펴보게 될 것이다. 이 조건들이 만족스럽지 않은 것으로 드러나면 우리의 출발점이었던 폭력 문제에 대한 정치적 해결책으로 경제의 종말을 충분히 예상할 수 있게 될 것이다. 이는 정말 중요한 쟁점이다. 만약 그러하다면 우리는 당장 경제 이후 시대를 준비해야 할 것이기 때문이다. 뒤따르는 상대적 기술이 이 쟁점을 덮어서는 안 될 것이다.

'미래에 의한 조정'이란 개념은 경제 주체들 모두 똑같이 고정된 미래를 가지고 있다는 것을 전제로 한다. 그 행위나 사건과는 '가상적으로 독립적'이라는 의미에서 행위나 사건에 대해 우리는 '고정된'이라는 용어를 사용했다는 것을 기억하라. 주체는 어떤 행동을 하든 간에 자기 행동은 미래에 대한 어떠한 가상의 효과도

주지 못한다고 생각한다. 사실은 자기 행동이 인과율적으로 미래의 결정에 영향을 주고 있는데도 말이다. 그가 달리 행동했더라도 미래는 똑같을 것이다. 이런 미래는 고정된 지표이고 이 지표는 모두에게 공통된 것이다.

그 결과 미래에 의한 조정은 사전 예정이라 부를 수밖에 없는 것과 경제 주체들이 지닌 선택의 자유를 한데 결합하게 된다. 이게 바로 경제 이성이 전개될 수 있는, 다시 말해 경제가 다시 합리적인 것이 될 수 있는 조건들이다. 여기서 우리는 프로테스탄트 윤리와 자본주의 정신의 관련성에 관한 막스 베버의 그 유명한 주장을 떠올리게 된다.[1] 많은 논란의 대상이 되는 베버의 주장을 다시 살펴보기로 하자. 베버의 주장을 되짚어봄으로써 우리는 지금까지 굳건히 서 있던 합리적이고 형이상학적인 원칙들이 도미노 게임처럼 하나하나 무너지는 것을 보게 될 것이다. 마지막에는 사르트르가 '허위의식'이라 멋지게 명명한 바 있는 부정적 진실을 포함한 신념의 문제에까지 이른다. 많은 의미를 담고 있는 모호한 표현인 '미래에 대한 신뢰'가 없으면 경제는 더는 작동하지 못한다. 여기서 다음과 같은 가설과 공리가 차례로 무너지는 것을 보게 될 것이다. 첫 번째는 인과율의 가설이 무너질 것이다. 그리고 자유로운 주체들은 과거에 대해 물론 인과율적인 힘은 아니지만 어떤 유형의 영향력을 행사할 수 있게 될 것이다. 두 번째로는 경제 이론의 지배 전략인 합리적 선택이라는 기본 공리가 무너질 것이다.

1. 칼뱅주의 선택의 비합리성과 자본주의의 동력

오늘날 베버의 주장은 그 어느 때보다 많은 논란이 되고 있다. 사회학자와 역사학자들은 논리적 일관성의 부재와 현실 부적합이라는 점을 들어 베버의 주장을 비판해왔다. 나로서는 무엇보다도 일관성 문제가 크게 다가온다. 베버의 주장은 역설의 형태를 띠고 있다. 하지만 역설은 일관성이 없는 것도 아니고 모순도 아니다. 역설은 나름 자신의 정체성과 영속성을 지니고 있는데, 우리는 여러 가지로 이를 확인할 수 있다. 베버의 역설은 내가 '성스러움의 흔적'이라 부르는 형식을 취하고 있다.[2] 오늘날 베버의 주장이 겪고 있는 불명예는 경험적 반론 때문이라기보다는 주장의 심오한 논리적 구조에 대한 이해 부족에 따른 결과인 것 같다.[3]

거듭 말하지만 베버의 주장을 오해해서는 안 된다. 베버는 프로테스탄트의 나라가 자본주의와 경제 발전에 선택받은 땅이라고 주장하는 것이 절대 아니다. 이런 생각은 지금 우리와 마찬가지로 베버와 그 동시대인들에게도 너무나 당연했다. 프랑스 역사학자 피에르 쇼뉘는 이렇게 권하고 있다.

1980년대 지도와 1560년대 지도를 비교해 보면, 두 지도는 거의 겹쳐놓을 수 있을 정도로 일치한다. 한번 정해진 것은 전혀 헝클어지지 않았다. 모든 것은 1520년에서 1550년 사이에 형성되었는데, 한번 그어놓은 종교 개혁과 반종교 개혁 사이의 국경은 다시는 흔들리지 않았다. 16세기 중반 지도와 20세기 말 지도가 일치하는 정도는 95퍼센트에 달한다. 소득과 연구 개발비 투자가 높은 순서대로 나라와 지역을 열거해보자. 그리고 월트 로스토^{Walt} W. Rostow가 분류한 도약 단계에 들어가서 지속 성장을 하는 순서대로 나라와 지역을 열거해보자. 우리는 항상 선두에 있는 나라의 80퍼센트 이상이 프로테스탄트 나라이거나 칼뱅주의 전통의 프로테스탄트 문화가 지배적인 나라임을 확인할 수 있을 것이다.[4]

베버의 주장은 분명하고 구체적이다. 그의 주장은 칼뱅의 예정론 교리와 자본주의 정신을 인과율적으로, 혹은 더 넓은 의미로는 '선택 친화적'으로 연결 짓고 있다. 그런데 칼뱅의 예정론은 자본주의 발달의 충분한 요인은 아니지만 필요한 요인 중의 하나다. 개신교의 윤리적 가르침이 자본주의 정신을 만들어낸 것이 아니었다. 그것은 이 개신교 교리가 불안한 사람들에게서 불러일으킨 예기치 않은 뜻밖의 결과였다.

자기 교리에 대한 분석이 아니라 뉴잉글랜드 청교도들이 그들의 사회 문화적 환경과 개인적이고 집단적인 심리에 따라 칼뱅 교리를 재해석하던 방식에 대한 베버의 설명과 분석을 떠올려야 한다. 신의 결정에 의해 우리는 모두 애초부터 선택된 자의 진영이나 아니면 저주받은 자의 진영에 속해 있다는 것이 그것이다. 사람들은 이 명령을 거역할 수 없고, 구원을 얻거나 그럴 자격을 얻기 위해 할 수 있는 것은 하나도 없다. 그렇지만 하나님의 은총은 여러 가지 징표로 분명히 드러난다. 중요한 것은 이런 징표는 자기 성찰로 드러나지 않고 행적으로 획득된다는 점이다. 그중에서도 중요한 징표는 루터 교리에서 나온 것으로 직업 활동에서 자신의 신앙을 시험하여 얻는 성공이다.[5] 비싼 대가가 따르는 이 시험은 열심히 일하고 절대로 자신이 가진 것에 머물지 않으면서 자신의 부를 즐기지 말 것을 요구한다. 일을 싫어하는 것은 하나님의 은총이 없는 것으로 간주된다.

이 현실적 문제의 '논리적 결과'는 '당연히' '운명론'이 되리라는 것이 베버의 지적이다.[6] 운명론, 즉 '노동 혐오'를 보이면서 무위의 삶을 택하게 되는 것은 사실 합리적 해법일 수 있다. 이 세상이 어떠하든 간에 그리고 스스로가 선택이나 저주를 받았든 간에 우리가 직업 활동의 값비싼 시험을 통해서 얻을 것은 하나도 없을 것이기 때문이다. 합리적 선택 이론은 '가능한 모든 경우' 최선으로 밝혀진다는 의미에서 '지배적'인 그런 전략을 우리가 행하고 있다고들 말한다. 하지만 '대다수 일반 사람들'은 정반대의 선택을 한다. 베버는 《프로테스탄티즘의 윤리와 자본주의 정신》에서 줄곧 사람들이 왜 정반대의 선택을 하는지 그 이유와 과정을 밝혀내려 한다.

칼뱅주의 교리는 "자신을 선민으로 느끼는 것은 하나의 의무감이다. 이에 대한 모든 의혹은 악마의 유혹으로 간주하고 물리쳐야 한다. 자신에 대한 충분치 못한 믿음은 충분치 못한 신앙, 즉 충분치 못한 은총에서 나오는 것이기 때문이다"라고 밝히고 있다.[7] "직장에서 쉬지 않고 일하는 것"[8]은 하나님 은총을 확보하는 수단인 믿음을 얻게 해준다는 식이다.

오늘날에도 루터파와 칼뱅파의 논쟁은 많은 주목을 받고 있다. 루터파는 칼뱅파를 두고 그들이 치욕적으로 생각하는 가톨릭과 같은 교리일 뿐만 아니라 특히 무엇보다도 최악인 '업적에 의한 구원'이라는 교리로 되돌아갔다고 비난한다. 비싼 대가를 치르고 은총의 징표를 얻은 자들이 그 징표가 마치 구원의 이유인 양 생각한다고 비난한다. 이어서 루터파는 '징표'를 신에게 선택되었다는 '사실'로 간주하는 것은 일종의 마술 같은 것이라고 비난한다. 여기서 역사적으로나 인류학적으로 엄청난 역설이 나온다. 처음에는 실적 위주에 반대하면서 출발했던 교리가 구원을 받기 위해서는 실적이 뛰어나야 하는 실적 위주의 사회를 낳을 수 있다는 것이다.

칼뱅파의 선택이 비합리적으로 보이는 것은 어쩌면 하나로도 볼 수 있을 다음 두 가지 이유 때문이다. 이 선택은 한편으로 지배 전략 원칙이라는 합리성의 최소 원칙을 위반하고 있고, 다른 한편으로는 마술적 사고에서 나온 듯한 인상이 그것이다. 하지만 바로 여기서 베버의 주장은 스스로 모순에 빠져들기 시작한다. 사실 베버는 "미신과 신성 모독처럼 구원에 이르는 온갖 마술적인 방법"을 거부하는 사람들의 "마법 탈피" 운동의 귀착점이 바로 금욕적인 청교도임을 보여주고 싶어 했다.[9] "오늘날과 같은 호모 에코노미쿠스의 발생을 감시"[10]하고 "경제적 합리주의"[11]가 생겨나게 하고 자본주의의 "계산 정신"과 "단순한 경제적 방법을 일반적인 행동 원칙으로"[12] 변화시킨 것이 바로 청교도 정신이었다고 베버는 주장한다.

그렇다면 우리는 '경제적 합리주의'는 경제 이론의 토대가 되는 '합리적 선택'과 명백히 모순되는 것이며, 마술에서 벗어나려는 움직임이 마술에 근거해 있다고 말해야 할까? 우리는 해설자들이 겪었을 혼란을 충분히 이해할 수 있으며 그들이 더 탄탄한 이론을 선호한 이유를 알 수 있다. 하지만 나는 그들이 잘못했다고 생각한다. 일견 논리적 모순으로 보이는 것을 정리함으로써 인류학적인 진실에 도달할 수 있을 것이라 믿기 때문이다.

우선 베버는 논리와 인류학이 아니라 논리와 심리학을 대립시킨다. 앞에서 간단히 일부만 제시했던 내용의 전체를 살펴보자.

예정론의 논리적 결과는 분명 운명론이다. 하지만 그것의 심리적 결과는 시험Bewwährung이라는 생각 때문에 완전히 반대된다. 선정된 사람들은 천성적으로 운명에 반항한다. 그 운명에 저항하는 것이야말로 그들 스스로 선정될 만한 자격이 있음을 증명하는 것이고 주목을 받으면서 지도자가 될 수 있게 해주는 것이다.[13]

여기서 '운명론'을 지배 전략 원칙을 존중하여 해석한다면 선민으로 선정되었다는 징표는 곧 최소한의 합리성 원칙을 위반할 수 있는 '자유'를 누릴 수 있다는 말과 같다. 이렇게 '심사숙고한'

비합리성의 선택은 '경제적 합리주의'의 도약에는 정말 허약한 기반인 것 같다.

그렇지만 베버가 사용하고 있는 단어를 잘못 이해해서는 안된다. 대부분 비평가는 '운명론'이란 표현을 자유 의지의 포기나 부정으로 본다. 하나님이 우릴 선택한 것이지 우리가 선택할 수는 없다는 것이다. 비평가들은 여기서 베버의 관심사, 즉 구체적인 현실 문제에 대해 사람들이 어떤 해결책을 내놓는가 하는 문제와 신학적 논쟁을 뒤섞고 있다. 기독교 신학은 사실 그것 역시 예정론과 가까운 은총 교리에서 인간의 자유 의지는 없다는 결론을 자주 도출해내곤 했다. 이런 생각들은 흔히 '양립 불가론'이라 불린다. 하지만 막스 베버의 청교도들은 신학자들의 말에는 거의 신경을 쓰지 않으면서 오로지 자기 영혼의 구원에만 신경을 쓰고 있었다. 그런데 예정론이 제기하는 문제에 대한 '논리적' 해법으로 베버가 '운명론'이라고 부르면서 제시한 해답은 청교도의 해답 대부분도 그러하지만 양립 가능한 해답이라고 나는 주장하고 싶다. 베버의 해답은 예정론과 자유 의지는 논리적 모순 관계에 있지 않다는 생각에 기초해 있다.

베버 해설가들이 범한 과오 중에서 제일 큰 과오가 바로 이것이다. 숱한 혼동과 의혹이 생겨난 것도 이런 오해 때문이다. 가령 청교도 주창자나 설교자들이 말하는 것이 베버의 주장과 일치하는지 아니면 베버의 주장이 잘못되었음을 증명하는 데는 충분하지 않은지를 판단하는 문제가 있다고 해보자. 비평가들은 청교도 주창자들이 결정적인 부분에서 모호한, 즉 상반된 두 입장 사이를 오락가락하는 태도를 보인다고 지적한다. 그들이 중요하게 보고 있는 예정론 교리와 그 교리가 '구원의 확실성'에 미치는 결과를 제시할 때 주로 참조하는 것은 그 행적이 아니라 신앙에 대한 주관적 경험이다. 반대로 그들이 종교적 관행을 다룰 때는 예정설은 완전히 괄호 안에 넣어버리고 신자들의 자유 의지에만 의지한다. 마치 자유 의지만 있으면 구원을 얻을 수 있는 것처럼 말이다. 아네테 디셀캄프가 "베버가 제안하는 것은 하나의 단일한 시각이 아니라 크게 보면 서로 다른 두 개의 견해"[14]라고 결론을 맺는 것도 이 때문이다.

특히 리처드 백스터의 경우가 흥미롭다. 베버가 자주 인용하는 이 청교도 신학자는 가톨릭의 환심을 사려고 모든 것을 단순히 은총에 의한 정당화인 칼뱅의 교리를 성과에 의한 정당화인 '교황'의 교리로 바꾸어버렸다는 비난을 동료들로부터 받은 적이 있다. 백스터의 이론에서 성과가 중요한 이유는 성과를 통한 성공이 구원의 '징표'라서가 아니라 구원의 '획득'을 가능하게 해주기 때문이라는 것이다. 이교도적인 이런 입장은 예정론의 극단적 형태인 '도덕률 폐기론antinomianisme'에 대항해서 백스터가 벌인 싸움으로 설명할 수 있다. 도덕률 폐기론은 어떤 수단으로든 구원을 얻으려고 노력하는 것은 유죄라고 가르친다. 결국 교리의 이름으로 도덕률이 폐기되는 상황이 된 것이다. 한 연구자가 최근에 지적한 것처럼 이런 위험에 대해 "백스터의 생각에는 스스로 검증을 거칠 필요도 없는 자기 정당화나 기독교의 노력으로 유지될 필요도 없는 영혼 구제보다는 차라리 부당한 것이라 하더라도 성과에 기대는 것이 더 나은 것 같았다."[15]

백스터만 그런 게 아니었다. 청교도 사학자 윌리엄 할러에 따르면 청교도 주창자들은 '구원받기 위해서는 무엇을 해야 하는가?'라는 질문에 답하는 것을 중요한 임무로 삼고 있었다.[16] 하지만 구원을 받기 위해서 무언가를 해야 한다고 생각한다는 것은 예정설 대신에 인간의 자유 의지를 중요시한다는 게 아닐까? 이리하여 칼뱅주의는 가장 이교도적인 것으로 통하던 '아르미니우스파'와 유사한 듯 보인다. 네덜란드 신학자 아르미니우스의 교리는 자유 의지에 기초하여 관용을 설파하는데, 예정설의 '운명론'과는 반대로 상거래 행위에 호의적이었다. 아르미니우스파가 정치적으로 해체되면서 국제 무역의 물결에 여러 나라를 진수시킨 것은 바로 강경한 칼뱅주의였다는 사실은 역사적으로 대단한 역설이 아닐 수 없다.[17]

신학 논쟁을 떠나 막스 베버처럼 '실제적' 문제에 관심을 가지고 보면 이 모든 것에는 잘못 설정된 대립이 있었다는 것을 알게 된다. 베버가 말하는 합리적 해법 선택이라는 의미의 '운명론'은 예정설에 기반해 있지만 온전히 자유로운 선택인 것과 마찬가지로 청교도들이 구원을 받기 위해 '일'을 선택하는 것도 예정된 것인 동시에 자유로운 선택이다. 무분별한 베버 비판자들은 예정설에서는 자유 의지를 보지 못하고 자유 의지에서는 예정설을 보지 못했다고 말할 수 있다.

　막스 베버 비판의 오점은 윌리엄 퍼킨스[William Perkins]에게서도 두드러지게 드러난다. 청교도 신학의 이 위대한 이론가는 합리적 청교도의 궤변을 발전시켰다. 퍼킨스의 주장은 양심은 '선량'하고 '초월적'이며 자신 안에 하나님이 존재한다는 것을 완전히 확신하고 있다는 생각에 기초해 있었다. 행적은 원칙적으로 사업과는 아무런 관련이 없다. 아네테 디셀캄프의 말처럼 "신으로부터의 선택, 즉 예정되었다는 것과 선택의 경험이 혼동되고 있다."[18] 그런데 퍼킨스 같은 학자는 '예정의 과정'에 관심이 있다.

　　영원한 구원이라는 최종 결과로 예정된 자는 또한 그것 없이는 최종 목표에 도달할 수 없는 그 과정 또한 이미 예정되어 있다. 선택받은 자들은 그들 선택에 대한 굳은 믿음 때문에 필연적으로 그 목표에 도달하는 것처럼 선택받은 자들은 자신을 거기로 이끈 그 과정도 필연적으로 알게 될 것이라고 말 할 수 있다.

　이어서 퍼킨스는 이렇게 덧붙인다.

　　'예정되었다는 원인 때문이 아니라 그 효과 때문에' 우리 자신의 구원에 대해 확신을 하게 된다는 것이야말로 훌륭한 행적이 주는 중요한 유용성 중 하나다.[19]

우리는 이 인용문에서 청교도는 신앙 경험처럼 정신적으로만 하나님 은총을 확신할 수 있다는 주장보다는 베버의 주장에 더 많은 이의를 제기하고 있음을 알 수 있다. 베버 비판자들은 정반대 사실을 주장하기 위해 어쩌면 이렇게도 손쉽게 방향을 바꿀 수 있을까? 정반대를 주장하던 퍼킨스가 '예정설에도 불구하고' 행적을 정당화하는 것을 지지하는 믿기지 않는 묘기를 부리면서 말이다. 다시 한번 말하지만 가장 피해야 할 적은 '도덕률 폐기론'과 그것이 교리에 미치는 도덕적 파산일 것이다. 퍼킨스도 이를 이렇게 비난한다.

영원한 구원이 예정되어 있고 이 예정이 확실하고 변하지 않는 것이라면 우리가 애써 노력하고 신앙을 믿으며 선행을 완수할 필요가 어디 있을까?[20]

아네테 디셀캄프는 다음과 같이 생각할 이유가 충분하다고 생각한다.

퍼킨스가 직면한 난점은 신도들의 불안에 응답하는 것이 아니라 예정설이라는 교리와 선행 완수라는 필연성을 **동시에** 만족하는 것이었다. 그는 예정설 교리에서 구원이라는 목적과 선행이라는 수단은 따로 분리될 수 없으며 평생 예정되어 있다는 것은 그것을 완수하는 수단도 이미 예정되어 있다고 주장함으로써 이 난

점을 완전히 해결한다. 물론 명백한 모순은 있다. 구원이 예정되어 있다면 논리적으로 볼 때 구원에 이르는 수단은 없을 것이기 때문이다. 그렇지만 퍼킨스는 이런 입장이 혹시 도덕적 방임주의를 낳을까 걱정이 되어 수단을 소홀히 하려 하지 않는다. 그는 수단은 선택에 속하는 것이 아니라 구원처럼 이미 예정된 것에 속하는 것이라고, 즉 수단은 원인이 아니라 결과라고 주장함으로써 궁지에서 벗어난다.[21]

베버의 잘못을 비판하기 위해서 사람들은 이런 아주 섬세한 입장을 이해하지 못하고 모순이라고 비난했다. 이와 관련해서 상황을 다시 한번 제대로 파악할 필요가 있다. 사전에 예정되어 있기는 하지만 '자유로운' 주체는 도덕률에 대해 베버적인 의미에서 '논리적'이거나 '운명적인' 선택, 즉 지배 전략의 선택인 도덕률 폐기라는 합리적 선택을 할 위험이 다분히 있다. 그러나 예정된 주체의 선택에는 '노력'이라는 다른 선택도 내포되어 있다. 이것은 바로 퍼킨스가 영생이 예정된 자는 영생의 수단, 즉 자신의 구원을 보장하기 위해 행적의 도움을 받는 것 또한 예정되어 있다고 주장하던 것이다. 이것은 앞에서 인용했듯이 베버가 "선정된 사람들은 천성적으로 운명에 반항한다. 그 운명에 저항하는 것이야말로 그들 스스로 선정될 만한 자격이 있다는 것을 증명하는 것이고"라고 쓸 때 이미 말한 것이다. 여기에 모순은 전혀 없다. 특이하게 보이긴 하지만 아주 논리적인 표현이라 할 수 있다. 수단은 예정에서 나왔지만 자유로운 선택의 대상이기도 하다는 말이다. 수단은 결과이지 원인이 아니다. 하지만 신자들이 '인과율에 따라서'가 아니라 우리가 2장에서 살펴보았던 '가상 현실'의 방식으로 '선택'하는 것은 바로 예정의 수단을 선택할 때이다. 칼뱅을 선택했던, 다시 말해 '논리적' 해법을 단호히 거절했던 청교도들은 자신들을 결정했던 과거에 대한 가상 현실적 능력을 스스로에게 부여한다. 베버가 '경제적 합리성'이라 부르고 있지만 엄격한 합리적 선택 이론의 '경제적 합리성'과의 혼동을 피하고자 이제부터 우리가 '경제 이성'이라 부르게 될 것의 길을 열어준 것이 바로 이 선택이라고 베버는 보고 있다.

베버의 주장을 모두 옹호하려는 게 아니다. 단지 나는 베버에 관한 몇 가지 중요한 오해를 바로잡고 싶을 뿐이다. 베버 자신도 자기가 제멋대로 뿌려놓은 역설을 온전히 가려내지 못할 것이다.[22] 우선 예정설이 제시하는 실질적 문제에 그가 제시한 운명론이라는 '논리적' 해법과 노력이라는 '심리적' 해법의 대립이 이를 잘 말해준다. 청교도들의 선택은 무엇보다도 '나는 선택되었는가? 그것을 어떻게 확인할 수 있는가?'라는 문제에 직면한 불안한 신도들의 고뇌와 함께 선민에 들고 싶은 강렬한 욕망, 즉 구원의 욕망으로 설명될 수 있을 것이다. 베버 비판자들은 역사적 데이터와 비교하면서 그럴듯하지 않은 면과 모순적인 면을 강조한다. 그러면서 그런 설명이 실제 검증을 통과하기가 어렵다는 것을 입증하는 유리한 조건에 선다. 베버에 의하면 신도들은 하나님의 선택에 대해 자신의 능력이 있다고 보는 것일까 없다고 보는 것일까? 능력이 있다고 여기고 싶을 것이다. 신도들은 스스로의 구원을 위해 노력하면서 실상이 그런 것처럼 행동하고 있기 때문이다. 하지만 이때의 신도들은 교리에 대해 잘못된 생각을 하면서 교리가 부여하는 불안의 임무를 더는 이해하지 못하는 것이 된다. 반면에 그렇지 않다고 대답한다면 그들 행동의 의미는 무엇이 될까? 아네테 디셀캄프의 말을 들어보자.

베버에 의하면 대부분의 기독교 신자들(그러한 예정설을 진지하게 믿는 사람들)은 그 중요성을 잘 알고 있기에 예정설을 훼손할 생각을 하지 않을 것이다. 만약 이 교리에 손을 댄다면 그것을 제대로 이해하지 못했기 때문일 것이다. 하지만 이런 경우 베버가 묘사하고 있는 반응의 생명력은 쉽게 설명하기 힘들 것이다.[23]

그렇다면 베버 비판자들이 말하려는 것은 무엇일까? 베버 비판자들은 종교적 절망에 사로잡힌 신도들이 많이 있었다는 것은 인정한다. 그런데 손쓸 수 없을 정도로 고통은 컸지만 이런 고통에서 벗어나는 방책으로 자신의 행적을 한 번도 고려해보지 않았다는 것이 비판자들의 주장이다. 다른 차원에서 '확실한 구원' 문제가 신학자들에게 가장 뜨거운 문제였긴 하지만 그들은 행적에서가 아니라 믿음에서 구원의 길을 찾았다고 비판자들은 주장한다. 행적도 중요한 문제이긴 하다. 하지만 그것은 자신의 운명을 전혀 변화시킬 수 없다면서 양심이 흐트러지지 않은 신도들을 설교자들이 행동을 논하면서 뒤흔들어놓고 싶어 할 때만 그러하다. 엄격한 청교도에서 우리는 자신의 행적으로 도피하는 흔들리는 신앙만을 볼 수 있다. 당시 기독교 교리에서 흔들리는 신앙은 하나님의 선택에 문제가 있다는 징표였다. 베버적 의미가 아니라 운명에 자신을 내맡긴다는 일반적 의미에서의 운명론자는 도처에 있으며 어떤 사람은 행복하고, 어떤 사람은 불행하거나 어쨌든 무관심한데, 무관심한 사람들에게 도덕률을 환기시킬 때에만 행적에 호소하는 일이 있다고 요약할 수 있을 것이다. 이런 상황에서 베버뿐만 아니라 그의 비판자들도 보지 못했던 맹점이라는 가설이 필요한 것 같다. 그것은 예정설을 택한 청교도의 선택은 '심리적' 선택이 아니라 운명론을 택하는 것만큼이나 양식이 있는 완전한 '논리적' 선택이라는 가설이다. 베버에게 운명론 거부는 이성보다는 원인으로 설명해야 하는 '심리적' 사실이다. 이에 비해 베버 비판론자들에게 운명론 거부는 거의 사실이 아니라서 신도들에게 그것이 의무라는 것을 주입하려면 수많은 설득의 노력이 필요할 정도이다. 하지만 여기서 이런 질문을 던져보자. 베버가 이해하려는 것은 예정설 문제에 대한 '논리적' 해법의 거부가 아니라 이 문제에 대한 '다른' 논리적 해법인 것은 아닐까? 노력이라는 전략을 위하여 지배 전략을 거부하는 것은 교리 내용과 완전히 일치할 뿐만 아니라 교리에 대한 진정으로 '자연스러운' 응답인 것은 아닐까? 만약 그렇다면 어떤 신도들은 '정상적인 사람'으로 간주하고 칼뱅파는 이교도로 간주하는 것을 정당화할 필요도 없어지는 게 아닐까?

나는 사실이 그러하다고 생각한다. 그리고 내친걸음에 이를 증명해보고 싶다. 이 증명은 우리가 앞에서 막스 베버의 역설이라 부르던 것도 동시에 해결해줄 수 있을 것이다. 칼뱅의 선택이 경제 이성에 아주 적합하고 또 이 선택이 합리적 선택 이론의 합리성보다 뛰어난 다른 '논리'에서 나오고 있다는 것을 입증할 수 있다면, 우리는 칼뱅의 선택과 경제 이성을 따로 떼어놓을 수 있게 될 것이다. 경제학자들이 칭하는 합리적 선택이라는 것은 이성과는 상반된 행위로 연결되는 합리성인 자본주의 정신의 높은 경지에는 미치지 못한다. 마르크스가 칭송했던 것처럼 자본주의가 역사의 바람과 같은 숨결에서 생명력을 얻는 것은 이처럼 협소하고 옹색한 합리성을 극복할 때이다. 막스 베버의 말처럼 뉴잉글랜드의 청교도들은 집단으로 행동도 하지 않았으며 자본주의의 도약에 그들의 역할이 그렇게 크지 않았을 수 있다. 토론을 위해서라도 베버의 이야기를 모두 받아들이기로 하자. 그렇지만 자본주의 정신은 단순한 회계 관리를 넘어설 때 막스 베버가 이론을 세운 청교도 선택과 어긋나지 않은 것 또한 사실이다. 우리는 이상의 내용을 다음과 같이 간단히 정리할 수 있을 것이다. 뉴잉글랜드 등지의 프로테스탄트들이 자본주의 정신을 만들어내지 않았지만 막스 베버가 말하는 것처럼 최소한 프로테스탄트 윤리와 자본주의 정신은 깊은 연관성이 있다.

놀랄 만한 사실은 또 있다. 합리적 선택이 기본 공리를 거부해 생겨난 경제 이성이 내가 '미래에 의한 조정'이라 부르는 것과 만나고 있다는 점이다. 경제 이성은 약속과 협약의 합리성과 안정성의 토대를 제공하는 동시에 협박과 낙심의 역설을 사라지게 한다. 경제 이성은 미래를 열면서 신뢰 윤리와 합리성의 공존을 가능하게 해준다. 뛰어난 경제 이성에는 결국 신뢰가 내포되어 있다. 이것이 정직한 선의의 믿음인가 기만의 믿음인가 하는 문제는 정말 어려운 문제다. 기만의 믿음이 강할 때가 위기인데, 이때는 합리적 선택의 합리성이 다시 우위를 점하면서 경제의 자기 초월 능력은 사라진다.

2. 예정설 선택하기

이제부터 살펴보게 될 지적 여정은 우리에게 역사와 종교 인류학에서 벗어나서 논리학과 형이상학에 빠져들게 할 것이다. 여기에는 약간의 인지 심리학과 현상학도 포함되는데, 이 두 가지 입장이 일치하는 것을 입증하면 내 모험은 성공이다.

막스 베버에 의하면 칼뱅의 선택은 '거부'에서 나왔다. 이 '거부'라는 표현은 칼뱅이 사용한 것이 아니고 내가 붙인 것이다. 칼뱅이 거부한 것은 '논리'의 요청에 굴복하는 것에 대한 거부이다. 여기서 논리는 양식과 통하는 것 같다. 자아의 숨겨진 변수의 의미가 무엇이든 간에 나에게 제공되는 여러 가지 가능성 중에서 내가 선호하는 선택은 항상 똑같고 변수의 의미를 아는 것은 별로 중요하지 않다. 나는 이런 선택을 좋아한다. 이게 전부이다. 다른 이유 없이 나는 이것을 선택한다. 일반적인 칼뱅주의자들은 하나님의 명령이 자신을 선택된 자들 가운데 두는지 저주받은 자들 가운데 두는지 알지 못한다. 그러나 이 눈물의 계곡에서 자신이 무엇을 행하든 하나님의 명령은 변하지 않을 것이기에 자신이 어디에 속하는지 알아내려 애쓸 필요가 없다고 여긴다. 불치병에 걸렸는지 알기 위해 그렇게 어렵게 알아볼 필요가 어디 있단 말인가? 아무런 소용도 없는 정보를 알아내려고 비싼 대가를 지불하지 않는 것이 더 합리적이다. 그러므로 칼뱅식으로 추론하는 사람들은 도덕률을 조금도 개의치 않는 사람들이다. 운명에 몸을 내맡기는 것이 아니라 이미 예정되어 있기에 구체적 선택 상황에 직면한 자유인이 가장 합리적으로 행동하는 것이 베버에게는 '운명론'으로 보였을 것이다. 하지만 그렇게 행동하는 칼뱅주의자들을 베버는 거의 보지 못했다. 그가 보기에 청교도 대부분은 이런 합리적 운명론을 '거부'하는 것으로 보였다.

경제 영역에서의 개인 선택의 논리로 통하는 합리적 선택 이론은 3장에서 보았듯이, 현재 죽음을 포함한 다른 모든 영역에서 통용되는 경향이 있다. 그런데 이 합리적 선택 이론은 운명론을 너무나 진지하게 받아들여서 '확실성 원칙'[24]으로도 알려진 지배 전략 원칙이라는 이름을 붙여서 하나의 공리처럼 떠받들어지고 있다.

이를 밝히기 위해 나는 많은 경제학자가 이야기하는 '죄수의 딜레마'라는 미국 우화를 거론하기보다는 다음 프랑스 문헌을 살펴보았으면 한다. "발몽 자작에게 보내는 12월 4일자 편지"에서 메르테유 후작 부인은 이렇게 쓰고 있다.

보세요, 대체 무엇이 그렇게 문제가 되지요? 당신은 당스니가 우리 집에 와 있는 데 그렇게도 기분이 상했나요? 그렇다면 좋아요. 하지만 당신은 거기서 어떤 결론을 끌어냈죠? 그것은 내가 말한 바대로 우연의 결과였거나 아니면 내가 말하진 않았지만 나의 의지의 결과였거나 둘 중 하나겠지요. 전자의 경우라면 당신의 편지는 온당하지 못하고, 후자의 경우라면 우스꽝스러울 테니 결국 편지 따위는 쓰지 않는 편이 좋았을 거예요. 하지만 당신은 질투하고 있어요. 질투하면 분별력을 잃게 되지요. 그렇다면 내가 당신을 대신해서 이치를 말씀드리지요.

당신이 경쟁자가 있거나 없다고 해봅시다. 만일 경쟁자가 있다면 자기가 선택을 받기 위해서는 환심을 사려고 노력해야 할 거예요. 만일 경쟁자가 없다면 경쟁자를 갖지 않기 위해서 역시 환심을 사려고 노력해야 할 거예요. 어느 경우에든 취해야 할 행동은 같은 것이죠. 그런데 왜 당신은 사서 고생을 하시나요? 그리고 특히 왜 나를 괴롭히시나요? 당신은 좀 더 다정한 사람이 될 수 없나요? 이젠 당신의 성공에 자신이 없는 건가요? 자, 자작님, 당신은 자신에게 해가 되는 행동을 하고 있어요.[25]

메르테유 후작 부인에 따르면 발몽은 다음 두 가지 전략 중 하나만 선택할 수 있다. 자신의 질투를 드러내어 한탄과 회한을 표현하면서 오쟁이 진 남편처럼 행동하는 것이 첫 번째 전략이고, 환심을 사려는 투쟁을 멈추지 않고 여인을 유혹하는 전투에서 최선을 다하고자 변함없이 노력하는 것이 두 번째 전략이다. 그런데 발몽이 처한 상황이 경쟁자에게 자리를 내주든 아니든 간에, "어느 경우에든 취하야 할 행동은 같은 것"이라는 메르테유의 말에 의하면 발몽이 선택할 수 있는 최선의 길은 두 번째 전략을 취하는 것이다. 이 길은 어떠한 의심도 고민도 필요 없는 것이다. 상황의 불확실성도 그가 취할 결정에 아무런 영향을 주지 않는다. 결정은 상황과 무관하기 때문이다. 이 경우 최선의 선택은 당연히 '지배 전략'이다.

메르테유의 추론은 겉으로 보기에 이 '논리'에 들어 있는 냉혹함을 아주 강렬하게 표현하고 있다. 하지만 여기에도 한계가 없는 것은 아니다. 난처해진 발몽은 궁금해한다. 자기 애인이 젊은 당스니와 눈이 맞아서 자신을 속이는 게 아닌지 애간장이 탄다. 무슨 대가를 치르더라도 밝혀내고 싶은 그의 답장은 선전 포고가 될 태세다.

지배 전략 원칙은 냉혹한 논리의 명징성에도 불구하고 심리학적 관점에서 보면 의심스러운 면이 있다. 그런데 깊이 따져보면 더 심각한 문제는 논리적 시각에서도 의심스러운 면이 있다는 것이다. 이를 밝혀내기 위해 나는 지배 전략 원칙의 힘이 어디에서 나오는지부터 살펴보려 한다. 경제학자에게 있어 합리성은 극대화와 혼동되고 있다. 경제 주체는 자신이 사업가든 은행가든 소비자든 무엇이든 간에 이윤, 지대, 유용성 혹은 만족을 가능한 한 많이 얻으려는 쪽으로 행동한다. 그런데 이 여러 가지 기준이 갈등을 빚을 때 이 극대화 원칙은 어떻게 될까? 여기서 과학과 문학 두 과목의 시험 성적에 따라 학생들을 평가하는 경우를 생각해보자. 또 장이 피에르보다 '전 과목'에서 더 나은 성적을 받았다고 가정해보자. 그리고 과목별 가중치는 아직 결정되지 않았다고 가정해보자. 어떠한 가중치를 적용한다 해도 장이 피에르보다 낫다고 평가하는 데는 어려움이 없을 것이다. 더욱 정확한 평가를 위해 가중치가 결정되기를 기다릴 필요도 없을 것이다. 이러한 상황과 동일시되는 일이 종종 추하고 가난한 것보다 아름답고 부유한 것이 더 낫다는 말을 떠올리며 이를 확실히 하기 위해 아름다움과 부유함 사이에서 심판을 볼 필요는 없다는 것이다.

그렇지만 동어 반복 같은 기준도 기만의 함정에 빠질 수 있음을 모두 인정하게 되는 경우도 있다. 그것은 우리 앞에 놓인 선택지들이 상황에 대해 인과율적인 결과를 유발하는 경우다. 지배적 선택을 나타내는 '상황이 어떠하든 간에 그 선택은 다른 선택보다 더 낫다'라는 표현은 인과율적으로 그러한 선택은 상황을 결정하고 있기에 아무런 의미도 없는 표현이라고 보아야 한다. 담배를 좋아하는 마리는 흡연이 폐암을 유발할 수 있다는 것을 알고 있다. 마리는 담배를 피우지 않는 것보다 피우는 것을 더 좋아한다.

그리고 마리는 폐암에 걸리는 것보다 걸리지 않는 것을 더 좋아할 것이다. 마리가 담배를 끊지 않는 것이 합리적임을 지배 전략의 도움을 얻어서 증명해보자. 마리는 자신이 폐암이 걸릴지 안 걸릴지를 알지 못한다. 그리고 그게 그렇게 중요하지도 않다. 만약 자신이 언젠가 암에 걸릴 게 확실하다면 지금은 담배를 끊지 않는 것을 선호할 것이고, 만약 폐암 진단을 받지 않는다면 당연히 담배를 계속 피울 것이기 때문이다. 그러므로 마리에게 있어 담배를 피우는 것이 지배 전략이라 할 수 있다. 그런데 이런 증명이 무슨 소용이 있을까? 물론 아무런 소용이 없는 것 같다. 자신의 결심과 자신이 폐암에 걸리거나 걸리지 않거나 하는 사실 사이의 인과율적 관계를 마리 자신은 모르고 있기 때문이다. 이 인과율적 관계에서 마리가 계속 담배를 피우면서 암에 걸리지 않는 경우는 배제되어 있다.[26]

선택과 상황의 관계가 인과율까지는 아니더라도 반현실적이라면 어떻게 될까? 방금 주장한 논리에서 배제할 것은 하나도 없으며 이 경우 지배 전략의 논거는 의미를 상실하게 될 것이라고 나는 생각한다. 경제학자와 합리적 선택의 이론가들 세계에서 이런 질문은 절대 제기되지 않을 것인데, 이들은 인과율 가설에 동의할 것이기 때문이다. 하지만 경제 이성이 가능한 것도 바로 이 지점에서다. 유명한 사고 실험을 통해서 이를 밝혀보기로 하자.

윌리엄 뉴컴William Newcomb이라는 양자물리학자가 1960년대에 제기했다고 알려진 대단한 역설을 보자.[27] 이 역설은 아직도 시원하게 해명되지 못해 논란이 계속되고 있다. 그런데 이 역설은 아침 해가 뜨면 안개가 걷히는 것처럼 명확한 결과를 예상할 수 있다고 보는 사람들은 분명히 이를 역설로 보지 않을 수도 있다. 하지만 우리 삶의 모든 것이 절대적 인과율에 의해 결정된 세상에서 우리의 자유라는 수수께끼에 젖어 있는 사람들이 볼 때는 분명 역설이다. 이 역설은 지금까지 우리 행로를 아주 간략하게 되짚어볼 수 있게 해준다. 이 역설을 수학적으로 건조하게 표현하면 다음과 같다.

당신 앞에 투명한 상자 A와 불투명한 상자 B가 있다. A에는 1000유로가 들어 있고, B에는 100만 유로가 들어 있거나 한 푼도 들어 있지 않을 수 있다. 당신은 두 가지 선택을 할 수 있다. 하나는 B만 취하는 것이고(선택 1), 다른 하나는 A와 B 모두 취하는 것이다(선택 2). 그런데 문제는 한 전능한 예언자가 당신이 B를 취할 때에만 상자 안에 100만 유로가 있을 것이고, 당신이 A와 B를 모두 선택하면 B에 한 푼도 들어 있지 않을 것이라고 말했다. 이 모든 상황과 그 예언자의 능력을 완전히 믿고 있을 때 당신은 어떤 선택을 해야 할까?

이 문제에서 생겨나는 첫 번째 논리적인 반응은 당연히 '선택 1'을 택해야 한다는 것이다. 미리 알고 있는 예언자 덕분에 100만 유로를 가질 수 있기 때문이다. 만약 '선택 2'를 택하면 1000유로만 가지게 된다. A에는 1000유로가 있고 B는 텅 비어 있을 것이기 때문이다. 그런데 이 문제가 역설인 것은 그다음으로 생각해볼 수 있는 전혀 상반된 결론을 내리는 두 번째 논리적 반응 또한 설득력이 있기 때문이다. 당신이 선택할 때 B에는 '100만 유로가 있거나 없을 수 있다.' 두 개의 상자를 취하면 분명한 것은 적어도 1000유로는 더 가질 수 있다. 그러므로 여기서 '선택 2'가 지배적인 선택이 된다.

참가자의 75퍼센트에 이르는 '대부분의 사람들'은 막스 베버의 표현을 따르면 '지배 전략을 위반'하는 선택 1을 택하고 있음을 인지 심리학 실험이 보여준다.[28] 그들은 모두 100만 유로를 가졌다. 그런데 여기서 주목할 만한 사실은 합리적 선택 이론이나 게임 이론의 전문가들과 철학 교수들은 모두 지배 전략을 따라서 선택 2를 택했다는 것이다. 그들은 1000유로를 갖게 되었지만 그와 동시에 옳은 판단을 했다는 프리미엄도 함께 얻었다.

그들은 옳은 판단을 했을 터이지만 그들 수익은 지배 전략을 거부한 사람들에 비해 턱없이 적다. 뉴컴의 역설은 비합리적으로 행동하는 사람에게 더 많은 수익을 주는 식으로 설계되어 있다고 말할 수 있다. 그러므로 비합리적으로 행동하는 것이 합리적이다. 하지만 이런 표현에는 어떠한 의미도 없다. 여기에는 자신의 이익을 극대화하는 것 외에는 경제적 합리성의 다른 기준이 없기 때문이다. 대가 없이 난관을 벗어날 수는 없는 법이다. 뉴컴의 역설이 스캔들인 것은 이성이 이성 자신에 위배되는 것처럼 사태가 진행되기 때문이다.

B에 있는 것으로 추정되는 100만 유로, 이른바 비합리의 프리미엄이라 일컬어지는 이 100만 유로는 막스 베버가 제기하는 문제에서 '영원한 구원'과 같은 것이다. 내가 보기에 이 두 문제의 유사성이 두드러지게 드러나고 있기 때문이다. '논리'와 지배 전략에 따라 두 상자를 모두 취하는 사람은 막스 베버가 이야기하는 운명론자와 같다. B는 비어 있고 자신은 저주받은 사람에 속한다고 믿는 운명론자 말이다. 칼뱅파의 선택은 자신이 선택된 자란 것을 스스로에게 확신시키기 위해 이교도와도 약속하는 희생의 형식을 한 대가를 용인하는 것이다. A의 1000유로를 포기하는 것도 이와 같은 것으로 볼 수 있다. 하지만 그렇게 함으로써 칼뱅파가 징표를 사실로 믿고서 자신의 선택을 조작하는 능력을 스스로 부여받고 있다고 비판하는 루터파의 논리는 타당하지 못한 것이 아닐까?

뉴컴의 역설에서 얻을 수 있는 이점은 예정설의 인과율적 결정론을 예측의 결정론이라고 부를 수 있을 다른 형태의 결정론으로 대체할 수 있다는 것이다. 그렇게 되면 다음과 같이 결정론과 자유 의지의 양립 가능성 문제가 제기된다. 만약 전능한 예언자가 어떤 시점에 내가 어떤 행동을 할지 예언했다면 그 시점에 나는 그런 행동을 하지 않을 자유가 있는가? 인간 예언자라면 원인은 이미 합의된 것과 같을 것이다. 내가 정직한 사람임을 잘 아는 어떤 사람이 나의 약속 이행을 예견하고 또 내가 실제로 약속을 이행한다고 해서 달리 행동할 자유를 결코 앗아가는 것은 아니다. 그러나 신의 예언이라면 사정이 다르다. 여기서 신은 유신론적 철학과 합리주의 신학에서 이야기하는 신이다. 신의 전능은 당연히 '본질적인 것'이다. 이 말은 내가 만약 다르게 행동했다면 신은 내가 행할 것을 예측한 것과 마찬가지로 달리 행동할 것도 예측했을 것이라는 말이다. 신은 '가능한 모든 세계에서' 전지전능한 존재이다. 자기 스스로를 잘 모르는 신학처럼, 경제 이론은 이를 알지도 못하면서 '완벽한 예측 가설'이나 '합리적 예측 이론' 같은 여러 이름의 비슷비슷한 가설을 세워왔다. 이런 경제 모델들은 끊임없이 뉴컴의 역설에 봉착한다. 아니 그런 모델들 안에는 이미 뉴컴의 역설이 포함되어 있었다. 뉴컴의 역설이 드러나는 조건은 예측에 만족하지 못하고 그들의 예측에 맞추어서 세상을 변화시키는 예측자들이 존재하는 것이다. 신학적으로 말하자면 이들은 바로 섭리의 신과 같다. 그래서 모든 경제 주체들은 이 섭리 속에 존재해야 할 소명 의식을 가져야 하는 식이 된다.

칼뱅식으로 불투명한 상자(B)만을 선택하는 자의 논리는 신과 같은 예언자 앞에서 자유 선택을 옹호한다는 것이 어떤 것인지를 잘 보여준다. 이 선택을 하면서 그들은 그 불투명한 상자 안에 있는 100만 유로를 기대한다고 주장할 것이다. 두 개의 상자 모두를 선택하면 100만 유로는 들어 있지 않을 것이기에 투명한 상자 속의 1000유로만 가질 수 있을 것이다. 자유롭게 선택할 수 있다고 여기는 주체는 이리하여 이미 정해진 동일한 사건을 변화시킨다. 주체는 자신의 선택으로 과거의 조건을 바꾸는 능력을 스스로 부여한다. 막스 베버의 문제에서 주체는 자신의 운명을 선택할 능력을 스스로 부여한다. 우리의 현재를 결정하는 과거에 영향을 줄 수 있는 능력은 터무니없기도 하지만 물리 법칙에도 위배되는 것이 아닐까? 무엇보다도 이것은 시간의 회귀 불능 원칙을 위반하고 있기 때문이다. 이 능력이 인과율적으로 해석된다면 이것은 사실일 수 있다. 그래서 상처를 주는 말을 해서 여자 친구와 헤어지게 되었다면 내가 그런 말을 하지 않았던 것처럼 되돌릴 방법이 현재나 미래의 나에게는 없다. 나의 사과만이 내 잘못을 되돌릴 수 있을지 모르지만 그것은 다른 이야기다. 하지만 우리의 자유를 보장해주는 조금 더 그럴듯한 능력이 있는데, 그것은 바로 과거에 대한 '가상 현실적' 능력이다. 내가 이렇게 행동했으면 과거는 이렇게 되었을 것이고, 내가 저렇게 행동했으면 과거는 달라졌을 것으로 생각하는 능력이다. 내 딸이 리우데자네이루에서 파리로 오는 비행기 여행을 하루만 늦추었다면 그날 비행기 사고는 일어나지 않았을 것이라고 주장할 때 내 딸은 은연중에 이 가상 현실적 능력을 스스로에게 부여한 것이다. 이를 증명해야 할 때 내 딸은 비행기 사고에 이르는 사건뿐만 아니라 자신의 의도적인 선택을 결정한 것도 행운의 수호천사라는 가정을 추론해낼 것이다. 가능한 세계의 목록에서 내가 그 비행기를 타고 그 비행기가 바다에 추락할 세계를 제거해주는 것이 바로 수호천사(공통의 원인)라는 식이다.[29]

우리는 과거에 대해 인과론적으로는 영향을 미칠 수 없지만 가상 현실적으로는 과거에 영향을 미칠 수 있다는 생각을 앞서 지적한 바 있다. 두 변수 사이에 인과론적 독립성이 있을 때만 가상 현실적 독립성이 있는 가설을 나는 인과론적 가설이라 불렀다. 과거에 대한 가상 현실적 능력을 온당하게 정당화할 수 있다는 사실은 인과론적 가설은 보편적 의미가 없다는 사실을 분명히 밝혀주고 있다. 그런데 지배 전략의 (헛된) 논리는 바로 이 인과론적 가설에 근거해 있다.

"모든 과학은 드러나지 않은 형이상학에 근거해 있다"라는 칼 포퍼의 주장에 동의하지 않는 과학자들이 많이 있다. '연성 과학soft science'의 챔피언인 경제학에는 그 어떤 실증 학문도 만들어내지 못할 인간 행동에 대한 가설, 선택의 자유와 인과론적 결정론, 과거와 현재와 미래와의 관계 등이 넘쳐나고 있지만 정작 경제학자들은 아직도 포퍼의 이런 생각에 저항하고 있다. 그들 중의 어떤 학자가 이 글을 읽는다면 모든 세계에서 전지전능한 신과 경제학이 과연 무슨 상관이 있는지 궁금해할 것이다. 나는 이들에게 나폴레옹이 합리적 신학만큼이나 절대적인 인과론적 결정론에 기반을 둔 신학적 세계관 속에서 하나님이 어디 있는지를 물었을 때 "각하, 저는 그런 가설을 세울 필요성을 느끼지 못합니다"라고 한 피에르 라플라스Pierre Simon de Laplace의 대답을 들려주고 싶다. 사실 지금까지 여정에서 우리는 가능한 한 사회 속에서 살아가기로 한 사람들에게 도움만 청하는 입장을 이미 살펴본 바 있다. 앞서 우리가 분석한 '미래에 의한 조정'이라는 모순적인 특징을 보여주는 입장이 그것이다. 이는 바로 내가 예고한 도덕적 경제나 정치적 경제가 가능한 조건이다. 그 이유를 살펴보기로 하자. 바로 여기서 막스 베버 역설을 풀기 위한 해법의 실마리를 보게 될 것이다. 물론 뉴잉글랜드의 칼뱅주의자들은 실제로 이런 선택을 하지 않았지만, 오늘날 흔히 말하는 경제 이성은 칼뱅식의 선택에 기초해 있다. 지배 전략 원칙을 단호히 거부하는 이런 선택은 그러나 합리적 선택이라는 경제 이론을 지탱하는 큰 기둥 중의 하나다.

선택의 자유라는 가정하에서 모든 세계에서 전능한 예언자를 가정하는 것과 현재의 행위들이 인과론적으로는 종속되어 있지만 가상 현실적으로는 독립된 것이라는 의미에서 미래를 '고정된 것'으로 간주하는 것은 같은 명제다. 사실 내가 지금 어떤 행동을 할 때부터 이 행동은 인과론이 아닌 가상 현설적으로 예언자의 예언을 결정하고 있다. 내가 달리 행동한다면 예언자의 예언은 달라졌을 것이다. 그리고 동시에 이 예언도 인과론적으로 내 행동을 결정한다. 내가 행동하는 순간 나는 내 행동을 필연적인 것으로 만들고 있는데, 다른 모든 행동은 불가능한 것으로 만들기 때문이다. 하지만 내가 행동을 하기 이전에는 사정이 다르다. 아직 행동하지 않았기에 나의 행동을 인과론적으로 결정하는 것이 가상 현실적으로는 아직 결정되지 않았으므로 나는 다른 행동을 할 수도 있기 때문이다. 내가 재차 강조하는 것이 바로 이런 피드백 회로다. 지금껏 재차 설명한 이 피드백 회로를 다음과 같은 도식으로 나타낼 수 있다.

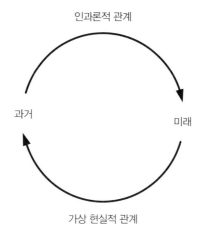

인과론적 관계

과거

미래

가상 현실적 관계

그림 2 **미래 의미의 피드백 회로**

과거는 미래를 인과론적으로 결정하고, 미래는 과거를 가상 현실적으로 결정한다. 미래는 정해져 있지만 과거를 회상할 때만 필연적이다.

이렇게 정의된 시간적 형이상학을 나는 철학자 장 폴 사르트르를 참조하여 '투기投企 시간'이라 명명한다. 사르트르와 그의 스승 베르그송에게서는 가능성, 우연성, 필연성, 불가능성의 양태는 이상하게 움직인다. 이런 양태들을 담고 있는 명제의 진릿값은 영원하지 않고, 그것이 말해지는 순간에 따라 다르다. 투기 시간에서 필연성은 과거를 되돌아보았을 때만 그러하다. 내가 행동을 하기 전에는 내가 그런 행동을 하는 것이 필연적이지 않았다. 내가 일단 어떤 행동을 했다면 내가 다르게 행동할 수 없었다는 사실은 '항상 진실이었을 것이다.'[30] 나에게서 나오지 않는 사건들도 마찬가지이다. 어떤 사건들이 일단 일어나면 그런 일이 일어날 수밖에 없다고 기록되어 있었던 것이 사실이다. 그러나 어떤 사건이 일어나기 전에는 그 사건이 일어나는 것이 필연적이라는 것은 사실이아니다. 이런 사실이 철학자의 노고라고 말하지는 말자. 이런 시간의 형이상학은 평범한 사람들, 특히 지구상 대부분의 시골 사람들이 가지고 있는 형이상학이다.[31] 불행한 일을 생각해보자. 불행한 사건이, 냉혹한 운명이 이미 예정된 일처럼 보이는 때는 그런일이 일어날 때이지 그 이전이 아니다. '대부분의 일반인'은 칼뱅주의자들의 선택과 같이 자발적으로 '투기 시간'의 형이상학을 취한다.

이런 형이상학을 두고 운명론이라고 비난할 여지는 하나도 없을 것이다. 아니 오히려 정반대다. 물론 사람은 운명에 예속된 존재처럼 보인다. 하지만 그 운명을 선택한 자는 바로 그 자신이다. 막스 베버의 청교도들은 선민으로 선택받았다. 그런데 그들은 영원한 구원의 선민으로 예정되기 위해 대가를 지불했다.

여기서 우리는 2장에서 살펴본 자기 초월과 미래에 의한 조정이라는 개념을 상기할 필요가 있다. 과거와 미래 사이의 피드백조건은 엄격하다. 그 조건은 만약 그 행위가 전능한 예언자에 의해 예언된다면 '항상 그 행위가 인과론적으로 가능하도록 행동한다'라는 원칙을 만족시키는 사건과 장면만을 선택한다는 것이다. 그 순간에 가서 이행하지 못할 줄을 알고 있는 약속을 하는 것은 '사실 그 자체에 의해' 배제된다.

약속과 신뢰의 윤리는 우리의 미래를 그 약속과 믿음이 실현될 수 있는 바람직하고 신뢰할 만한 공통 지평으로 열어준다. 그런데 이 약속과 신뢰의 윤리는 지배 전략을 신성시하는 합리적 선택이라는 경제 이론과 같은 무기력한 합리성에 덧붙은 첨가물이 아니라 경제 이성 그 자체이다. 정확히 해석하면 막스 베버는 결정론이 아니라 자유를 옹호하면서 인과론적 가설과 지배 전략을 거부하고 확고한 선택을 하는 뛰어난 이성이라고 말할 수 있다. 막스 베버의 이런 이성에 기초한 경제라면 마땅히 정치적이고 도덕적인 경제라 말할 수 있을 것이다.[32]

3. 허위의식과 칼뱅의 선택

칼뱅파의 선택은 영어로 'self-deception'(자기기만)이라 부르는 현상을 연구하는 이론가들이 좋아하는 예다. 이 책의 서문에서 언급했듯이 당시에는 아직 정치 경제학을 만들어내지 않았던 애덤 스미스라 불리는 철학자의 저작에서 자기기만이라는 개념이 중심적인 역할을 하는 것을 발견할 수 있다. 그 핵심에 있는 역설 덕분에 자기기만은 오늘날 분석 철학을 비롯한 인지 과학의 발전과 밀접한 관계에 있는 정신 철학, 언어 철학, 행동 철학, 도덕 철학, 정치 철학과 같은 영역에서 대부분 학자에게 인정받는 하나의 도전이 되었다. 그런데 내가 펼치려는 주장은 막스 베버의 문제는 정신의 현상학적이라는 것이다. 도널드 데이비슨^{Donald Davidson}보다는 장 폴 사르트르, '자기기만'보다는 '허위의식'의 문제다. 물론 때는 늦었지만 그래도 좋은 것은 해야 한다.[33]

행동 분석 철학의 대표적 학자이며 신념에 찬 합리주의 철학자이지만 합리적 선택의 전문가로 경력을 시작한 도널드 데이비슨은 자기기만과 의지박약akrasia이라는 비합리성의 두 형태에 관심을 가졌다. 의지박약의 주체는 이로운 것을 보지만 정반대로 행동하고, 자기기만의 주체는 스스로에게 거짓말을 한다. 그런데 더 정확히 말하면 데이비슨은 '거짓말한다는 것은 자신이 거짓말을 한다는 것을 알고 있다'라는 사르트르가 직면했던 유명한 역설 때문에 스스로에게 거짓말하는 것이 가능하다고 여기지 않는다. 그렇다면 거짓말하는 자는 자신에게 거짓말을 한다는 것을 알고 있는 마당에 어떻게 스스로 거짓말의 희생물이 될 수 있단 말인가?

칭송하기 위해서든 한계를 지적하기 위해서든 모든 분석 철학자들이 거론하는 데이비슨의 해법은 믿음을 통해서 따져보는 것이다. 그가 주체에 관해 쓰던 시절 탈모로 고생하다가 발견한 예를 보자. 드러난 증거를 스스로 부정하는 심리 요법과 여러 화장품을 통해서 성공을 거둔 사람인데, 이 사람의 내면 상태에 대해 다음과 같이 썼다.[34] 그는 자신이 대머리라고 믿지만 그와 동시에 대머리가 아니라고도 믿는다. 그는 두 번째 믿음만 보고 싶기에 첫 번째 믿음을 갖고 있다는 것을 스스로 부정하는 데 성공해야 한다. 희망 사항[35]의 정신 메커니즘이 작동하고 두 번째 믿음을 갖기 시작하는 것은 바로 그가 첫 번째 믿음을 갖고 있기 때문이다.

첫 번째 믿음은 두 번째 믿음과 상치되기에 그것의 합당한 이유는 아니지만 두 번째 믿음의 원인이다.

데이비슨은 자기기만을 거짓말로 보는 것도 거부하지만 인간은 어떤 것을 믿는 동시에 믿지 않는다는 말로 요약되는 사르트르의 해법도 거부하고 있음을 잊지 말자. 데이비슨에 따르면 이런 일관성 부재의 원인은 그 행위 주체가 아니라 사르트르에 있기 때문이다. 이에 대해 사르트르류의 사람들은 할 말이 많을 테지만 말이다. 데이비슨의 설명에는 한 개인의 마음속에 상반된 두 믿음의 공존을 허용하는 심리 구조에 기초한 미덕이 있다. 양립할 수 없는 믿음들이 난처하게 만나는 것을 피하려는 이런 태도는 바로 정신에 칸막이를 설치하는 것과 같다. 그렇다고 프로이트의 세계에 들어선 것은 아니다. 이 칸막이로 나누어진 어느 한 곳이 바로 무의식의 자리라고 말할 필요가 없기 때문이다.[36]

데이비슨의 이런 논리를 우리는 그대로 칼뱅파의 선택에 적용할 수 있다.[37] 게다가 데이비슨의 논리는 청교도들을 '자신만만한 성인들' 혹은 '자칭 성인들'이라고 부르는 막스 베버의 말로 지지를 받고 있다. 이를 다음과 같이 정리할 수 있을 것이다.

명제 1 – 칼뱅주의자들은 하나님 은총의 징표를 획득함으로써 스스로의 구원을 달성했다고 믿는다.

명제 2 – 칼뱅주의자들은 자신들의 구원을 스스로 달성하지 않았다고 믿는다.

명제 1과 명제 2는 상반된 믿음을 나타내지만 다음과 같이 연결하여 해석할 수 있다.

칼뱅주의자들은 하나님에 의해 선택되었다는 것(2)을 믿고 싶어 하기에, 그들 스스로 구원을 달성했다는 사실(1)을 스스로 감추려 한다.

물론 첫 번째 믿음이 두 번째 믿음의 이유는 아니지만 그 원인이라고 가정해보면, 여기서 우리는 도널드 데이비슨이 말하는 '자기기만'을 보게 된다.

칼뱅주의 선택에 대한 이런 식의 해석은 충분히 받아들일 만하다. 20년 전 아모스 트버스키는 스탠퍼드 대학에서 막스 베버의 역설과 같은 상황에 처한 사람들에 대한 인상적인 실험을 한 적이 있다. 이 실험을 통해 트버스키는 대부분의 사람들은 칼뱅식으로 선택을 하면서 우호적인 관계를 유지하기 위해서 '의도적으로' 이런 선택을 했다는 것을 부인한다는 특기할 만한 결과를 보여주었다. 여기서 나는 칼뱅주의 선택의 '합리성'을 드러내는 다른 해석을 제안하고 싶다. 이 다른 해석은 앞에서 이미 다루었지만 이 철학자가 믿음을 보는 방식을 문제 삼지 않고 다시 간략히 살펴보는 것이 좋을 것 같다.

이 다른 해석은 칼뱅주의 선택에 모순적이지만은 않은 다음과 같은 두 가지 믿음이 있다고 본다.

명제 3 – 칼뱅주의자들은 하나님이 그들을 선택했기 때문에 자신들의 구원을 그들 스스로 달성하지 않았다고 믿는다.

명제 4 – 칼뱅주의자들은 현실 세계에서 자신의 신앙을 시험하면서 어떤 행동을 할 때 '운명론적인' 선택인 나태함과 같이 상반된 선택도 할 수 있다고 믿는다.

첫 번째 해석에서 명제 2는 하나님으로부터 선택되었다는 징표를 얻기 위해 행동했다는 것을 '마음속 깊이' 알고 이를 숨기고 싶기에 칼뱅주의자들은 자신들의 선택에 직접 관여하지 않았다는 믿음에 매달린다는 비합리적인 부분이 있었다. 내가 제시하는 두 번째 해석은 칼뱅주의자들이 스스로를 성인이라고 칭하지 않은 것은 간단히 말해서 그들의 구원을 정하는 것은 하나님이지 그들이 아니라는 드러나 있는 엄연한 사실을 진지하게 고려했기 때문이라고 보고 있다. 이렇게 되면 칼뱅주의자들은 더 큰 문제에 봉착하게 된다. 하나님이 그들을 선택했다는 명제 3과 그들은 자유롭게 선택할 수 있다는 명제 4를 동시에 믿는 것은 모순이라 판단할 수밖에 없게 된다. 달리 말해서 칼뱅주의자와 함께 우리가 막스 베버의 문제를 진지하게 고려하기 위해서는 우선 양립 가능론자가 되는 것, 즉 인과론적 결정론과 자유 의지의 양립 가능성을 믿는 것이 합당하다고 확신해야 한다.

우리를 이 난처한 상황에서 벗어나게 해주는 것이 바로 사르트르의 현상학이다. 현상학적 존재론인《존재와 무》에서 사르트르가 '허위의식'을 보는 시각은 분석의 틀에서 칼뱅주의 선택을 보면서 그 선택의 완벽한 합리성을 증명하는 우리의 두 번째 해석에 부합한다. 그렇다고 해서 이 두 시각 사이에 차이가 없다는 말은 아니다.

막스 베버의 문제가 의미 있으려면 자유 의지와 결정론이 만나는 양립 가능주의의 틀 안에 우리가 자리 잡아야 한다. 이 틀 안에서는 모든 것이 우리가 스스로의 운명을 선택할 수 있는 것처럼 진행된다. 그런데 사르트르에게서 자유는 너무나 절대적이어서 그 힘이 과거의 선택에까지 미친다. 《존재와 무》에 따르면 "우리가 어떤 과거를 갖기 위해서는 미래를 향한 우리의 투기 자체를 통해 그 과거를 유지하고 있어야 한다. 우리는 우리의 과거를 받아들이는 것이 아니다. 우리의 우연성의 필연성은 '그것을 선택하지 않을 수가 없다'는 것을 내포하고 있다."[38] 그리고 《존재와 무》에는 선의를 가진 분석적 독자들마저 무장 해제시키는 "어떤 의미에서는 나는 이런 식으로 태어나기를 선택한다"라는 지적도 나온다.[39]

사르트르의 이런 생각은 '인간적 현존재[Dasein]'의 역사성에 대한 하이데거의 분석에서 출발한 것임을 철학자 알랭 르노[Alain Renaut]가 잘 밝혀냈다. 르노가 보기에 하이데거에게 "역사성은 무엇보다 먼저 운명으로 보이는 것을 선택한다는 특성을 가진 인간적 현존재"이고[40] "운명이라 부르는 것은 이렇듯이 '인간적 현존재의 단호한 결정'이다."[41] 이런 생각이 사르트르에게서 변용된 것이다.

"완성된다는 것은 '스스로를 택하는 것'이다. 다시 말해 타인을 배제한 가운데 어떤 가능태를 향해 자신을 투기하면서 현재의 자신을 알리는 것이다."[42]

　우리가 '미래에 의한 조정'이라 일컬은 미래를 향하여 자신을 투사(투기)하고 또 자신에게 투사했던 미래를 통해 스스로를 추적하는 경제처럼, 스스로의 운명을 선택하는 자유를 이야기하는《존재와 무》를 한 걸음 한 걸음 따라가면서 칼뱅주의 선택의 완벽한 합리성에 이르는 논리를 따라가는 것을 보는 것은 정말 당황스러운 일이다. "아담이 사과를 먹었을 때 먹지 않았을 수도 있었던 것"[43]과 마찬가지로, 칼뱅주의자가 칼뱅주의 선택을 할 때도 정반대의 선택을 할 수 있었다. 만약 그랬다면 다른 아담이 되는 것처럼 선택이 아니라 저주를 받는 또 다른 칼뱅주의자가 될 가능성은 충분히 있었다.

　아담과 사과는 라이프니츠와 자신을 구분 짓기 위해서 사르트르가 든 예다. 라이프니츠에게 아담의 본질은 자신이 선택하는 것이 아니라 하나님에 의해 선택되는 것이다. 그러므로 그의 자유는 하나의 환상일 뿐이다. 반면에 사르트르에게 아담의 실존은 그의 본질에 선행한다. 자유로운 아담은 스스로 선택하고 그의 실존이 그의 본질을 결정한다. "그때부터 그에게 자아를 말해주는 것은 과거가 아니라 미래다. 스스로를 투기한 그 목표에 따라서 자신이 어떤 존재인지를 알아내려고 선택한다."[44] 자기 선택의 합리성을 밝혀주는 해석 속에서 자유로운 칼뱅주의자는 라이프니츠적인 존재인 동시에 사르트르적인 존재가 된다. 그의 본질이 실존을 결정하지만 그는 이것을 결정할 자유를 갖고 있으므로 저것도 선택할 자유를 갖고 있다. 그는 문자 그대로 자신의 운명을 선택할 능력을 가지고 있다. 그렇지만 거듭 말하지만 이 능력은 인과론적인 것이 아니다. 그래서 받아들일 수 없는 것이 되는데 이렇게 되면 시간의 화살표를 되돌리는 것이기 때문이다. 그러므로 여기서 능력은 '과거에 대한 가상 현실적 능력'이다. 이 진술은 여기서 이야기하는 모든 형이상학의 틀은 인과론적 가설에 대한 단호한 거부에 기초해 있음을 의미한다.

스스로를 자유롭다고 여기고 있는 주체들은 이런 식으로 생각한다. 저것이 아니라 이것을 선택하는 나의 행동은 내가 어떤 세계에 있다는 '징후'일 것이다. 그 나름의 과거와 그 나름의 결정론을 가진 그 세계는 동시에 나에게 본질을 부여하고 있는 그런 세계이다. 만약 내가 다른 행동을 한다면 그것은 내가 다른 세계에 있으며 나의 본질도 다른 것이기 때문일 것이다. 내 행동이 나의 세계를 인과론적으로 결정하는 것이 아니라 그 세계를 '드러내는 것'이 나의 행동이라는 말이다. 하지만 나는 자유롭고 또 합리적이기 때문에 나의 선택은 수학자들이 '극치 원리'라 부르는 원칙을 만족시켜야 한다. 그것은 나의 유용성과 즐거움과 행복 그리고 그 무엇이든 극대화해야 한다. 칼뱅주의자는 힘든 노동의 대가를 치르더라도 저주보다는 영원한 구원을 더 좋아하기 때문이다. 그래서 나는 내가 구원받았다는 징후를 얻는 선택을 한다. 하지만 나의 행적으로 구원을 얻어냈다고, 즉 내가 나의 구원의 원인이라고 생각하지는 않는다.

칼뱅주의 선택의 기초가 되는 양립 가능론은 내가 '투기 시간'이라 부르는 특별한 시간을 낳는다. 이 시간은 스스로 세운 계획을 실천하는 사람, 즉 작가인 동시에 등장인물이기도 한 사람의 시간이다. 그 사람이 행동할 때는 모든 것이 이미 '기록되어' 있다. 하지만 자유로운 존재인 그는 계획이 작성되는 단계로 올라가서 그 계획에 대해 우리가 '가상 현실적'이라 부르는 유형의 능력을 행사할 수 있다. 투기 시간의 특징인 부트스트랩핑은 투기 시간을 일종의 윤리 시간으로 만든다. 이것은 곧 자신의 개인적 차원을 벗어나서 보편적 차원으로 자신을 투사하는 시간이 된다는 말이다.

이런 자기 초월성은 사르트르에게서도 볼 수 있다. 이를 보기 위해서는 사르트르의 의식 이론을 되돌아보아야 한다. 사르트르의 의식 이론은 분석 철학과 이를 지지하는 인지 과학과는 정반대 대척점에 서 있다. 독일 철학자 에드문트 후설Edmund Husserl의 현상학 전통 속에서 사르트르는 의식을 하나의 상태가 아니라 우리 밖의 것으로 한 번도 우리와 만나지 않으면서 언제나 우리 자신을 초월하는 어떤 것(후설은 이를 '내재성의 초월'이라 부른다)을 만들어내는 점점 희미해져가는 과정으로 본다.《존재와 무》서두에서 사르트르는 "허위의식을 가진 것이 인간이라면 인간은 과연 어떠한 존재여야 하는가?"라는 질문을 던지고는 "허위의식이 가능한 조건은 인간의 현실이 있지 않은 것으로 있고 있는 것으로 있지 않는 것"[45]이며 "허위의식이 가능해지려면 성실성 자체가 허위의식에서 나와야 할 것"[46]이라고 대답한다. 이런 표현은 결국 우리 의식과 마찬가지로 우리 내면을 뛰어넘는 자기 초월과 허위의식은 같은 구조로 되어 있음을 말해준다. 허위의식이 가능한 조건에 대한 초월적 분석을 통해서 우리 의식의 구조도 직접 밝혀질 수 있다고 사르트르가 생각한 것도 이 때문이다. 또한 불행하게도 사르트르가 생각하는 허위의식이 타인의 의식과는 완전히 단절된 상태로 존재하게 된 것도 이 때문이다. 사르트르의 유아론唯我論은 정신분석 철학 이상이다. 의식에 허위의식은 장갑처럼 너무나 잘 어울린다. 허위의식이라는 장갑을 벗어 던지고 진실에 도달하는 게 가능한지 따져보아야 할 것이다.

믿음에 대한 사르트르의 생각은 그의 의식 이론 안에 있다. 허위의식에 관한 장의 "믿음과 허위의식"에는 눈부시지만 실증주의자들이 보기에는 말이 안 되는 다음과 같은 구절이 있다.

믿음은 스스로의 파괴 속에서만 스스로를 실현할 수 있고, 자기 부정 속에서만 자신을 드러낼 수 있는 자기 자신에 대해 의문을 제기하는 것이다. 그에게 있어 존재하는 것은 그런 것 같은 것이고 그런 것 같은 것은 자신을 부정하는 것이다. 그러므로 믿는다는 것은 믿지 않는 것이다.[47]

믿는다는 것은 자기가 믿는다는 것을 아는 것이며, 믿는다는 것

을 아는 것은 더는 믿지 않는다는 것이다. 이리하여 믿는다는 것
은 더 이상 믿지 않는다는 것이다. 그것은 믿는 것이 아니기 때문
이다.[48]

'믿는 것이 믿지 않는 것이 된다'고 말함으로써 사르트르는 허
위의식에 빠진 사람은 탈모 초기 증상 같은 난처한 상황을 믿는
동시에 믿지 않는다고 주장할 수 있게 되는데, 데이비슨 같은 사
람은 이를 말도 안 된다고 본다.

사르트르는 후설의 의식 이론을 자유 철학으로 전환한 공로가
있다. 사르트르의 자유 철학에는 칼뱅주의 선택과 유사한 자기 초
월의 구조가 있다. 이를 통해 칼뱅주의 선택을 쉽게 이해할 수 있
을 것이다. 알랭 르노가 보기에 자유에 관한 사르트르의 생각에
는 기존의 필연성에 동의하는 스피노자식 모델과 절대적 자율성
을 강조하는 칸트식 모델의 긴장이 존재한다. 운명을 받아들이는
동시에 그 운명을 만들어내는 것이 공존하는 칼뱅주의 선택에 이
런 긴장이 두드러지게 나타난다고 말할 수 있다.[49] 사르트르는 거
짓 믿음(허위의식)도 믿음이라는 사실이 허위의식이 거짓이 아님을
말해준다고 주장한다. 사르트르는 "우리는 어떻게 자신을 설득시
키기 위해 꾸며낸 개념을 거짓 믿음으로 믿을 수 있을까?"[50]라고
칼뱅주의 선택에 딱 들어맞는 수사 의문문을 던진 다음, "거짓 믿
음에서 나온 믿음은 그 자체가 거짓 믿음일 수밖에 없다"라는 결
론을 내린다. 믿기 위해서 행하는 칼뱅주의 선택을 연상시키는 이

런 성향을 두고 사르트르는 "이런 성향을 거짓 믿음이라고 말하는 것은 너무 심한 말 같고 순수한 것으로 받아들이는 게 좋은 것 같다"[51]라고 밝힌다. 여기서 사르트르는 불가능해 보이는 중간 지대를 찾는다. 하나님에게 선택된 것에 자신들이 완전히 무관한 것도 아니고 그렇다고 전적으로 자신들의 책임으로 된 것도 아니라고 믿고 있는 칼뱅주의 선택이 사르트르가 찾고 있던 중간 지대의 예를 잘 보여준다. 바로 이런 선택이 경제 이성을 낳는다고 할 수 있다.

사르트르는 "거짓 믿음은 하나의 결심이다. 그렇게 결정하고 또 원해야 한다"[52]라고 주장한다. 이어서 그는 '선택된' 두 사람의 친화력에 대해 "나는 피에르가 나에게 우정을 갖고 있다고 믿고 있다. (…) 나는 그것을 믿는다. 다시 말해 (…) 그것을 믿고 그 믿음에 매달리기로 하면서 그것을 확신하는 것처럼 행동하는 것이다"[53]라고 설명하는데, 칼뱅주의 선택을 이보다 더 잘 설명할 수는 없을 것이다. 사르트르가 영어의 '표명manifestation', '기호sign', '징조symptom'와 같은 의미로 '명징성évidence'이라는 말을 사용하고 있다는 것도 그 유사성을 말해주는 것으로 볼 수 있다. 사르트르는 거짓 믿음이 포착하는 '명징성'은 '설득력 없는 명징성'이라고 모순 어법을 사용한다. 합리적 선택에 관한 이론가들의 논쟁에서 칼뱅주의 선택의 합리성을 옹호하는 입장은 '증거론'으로 불리는데, 자신들이 선민이라는 '증거'를 큰 대가를 치르고 획득하는 것이 그들의 선택이기 때문이다.

칼뱅주의의 믿음과 사르트르의 거짓 믿음에 관한 이런 비교는 너무 멀리 나가면 안 된다. 합리적 선택 이론과도 거리가 있는 이런 입장은 결정론의 도움을 받을 때만 성립될 수 있기 때문이다. 칼뱅주의 선택은 결정론을 수용하고 있으면서도 근본적으로는 결정론과 다르다. 그런데 사르트르는 처음부터 내세웠던 "거짓 믿음은 인간의 현실 밖에서 온 것이 아니다"라는 가정에 머물러 있다. 사르트르가 더 나아갈 수 없었던 것은 바로 이 가설 때문이 아닐까? 부정적이지만 적극적인 타인과의 경쟁 없이 우리 스스로를 속이는 것이 정말 가능한 것일까? 책의 서두에서 우리는 경제를 자기기만의 이야기를 하는 거대한 극장으로 본 애덤 스미스 이야기를 했다. 그렇다면 우리는 사르트르를 스스로는 의식하지 못했지만 이런 경제적 현실을 이야기한 이론가로 볼 수 있는 것은 아닐까? 스코틀랜드 청교도 모럴리스트인 애덤 스미스가 프랑스 실존 철학의 창시자인 사르트르보다 인간의 본성에 대해 더 잘 알고 있었던 게 아닐까? 만약 그렇다면 우리의 가치 체계는 대대적인 개혁이 필요할 것이다.

4. 개인주의라는 거짓말

인과론적 가설을 거부하는 것은 막스 베버적 의미의 '경제 이성'의 충분조건은 아니지만 필요조건은 될 것이다. 인과론적 가설을 거부하는 것이야말로 경제가 정치의 초월성에 의지해 경영이나 관리의 늪에서 벗어나 도덕적이고 정치적인 경제라는 정당한 지위를 찾는 것을 가능하게 해줄 것이다. 자기 초월 구조는 경제의 정당한 지위 회복에 시동은 걸 수 있지만 그 실현을 보장해주지는 않는다. 자기 초월의 방향이 잘못되었을 때 어떤 피해를 낳는지 공황이나 케인스의 디플레이션과 같은 사례에서 이미 본 적이 있다.

거짓 믿음(허위의식)에 대한 최선의 정의는 사람이 자기 자신에게 하는 이야기라고 생각하는 사람들이 있는데, 나도 그렇게 생각한다. 허구 없는 자기기만은 없는 법이다. 문학은 거짓 믿음의 장이다. 그것은 문학이 거짓 믿음을 드러내거나 문학 자체가 거짓 믿음으로 되어 있거나 아니면 이 둘 다이기 때문이다. 우리 이야기의 결말로 나는 20세기 가장 유명하고 영향력 있는 소설 중 하나인 알베르 카뮈의 《이방인》을 살펴보고자 한다.

《이방인》은 오늘날 젊은이들을 포함해서 많은 세대에게 그 명성을 떨치고 있다. 그런데 《이방인》의 모든 독자는 이 소설을 처음 읽을 때 거북스러운 기분에 가까운 이상야릇한 감정을 느끼지 않을 수 없을 것이다. 사르트르는 이 소설의 작가가 독자들에게 이런 느낌을 줄 수 있었던 문학적, 철학적 테크닉을 분석했다.[54] 주인공 뫼르소의 의식은 투명하게 드러나 있지만 그 투명성은 반쪽의 투명성이다. 어떤 사건은 '통과'하지만 그 의미는 통과하지 못한다. 어떤 것도 감추어져 있지 않지만 우리는 어떤 것도 제대로 이해하지 못한다. 카뮈에 관해 사르트르는 이렇게 적고 있다.

"모든 예술가처럼 카뮈는 거짓말을 한다. 그는 날것 그대로의 경험을 재구성하려 하면서 그 경험 속 의미 있는 모든 관계는 걸러내기 때문이다."[55] 이 지적은 "부조리한 인간 세계는 신사실주의의 분석적 세계다"[56]라는 사르트르의 말처럼 영미의 경험주의, 특히 그가 보기에 한결같은 테크닉을 철학적 도구의 반열로 추켜세우는 분석 철학을 공격하기 위한 것임을 유의해야 할 것이다.

문학 비평가의 명성에 큰 기여를 한 르네 지라르의 글이 나오기 전까지 주인공 뫼르소의 거짓말과 카뮈의 거짓말이 무엇으로 이루어져 있는지를 인간의 언어로 분명하게 말해주는 명석함과 용기를 가진 사람은 아무도 없었다.[57]

기억을 떠올려보자. 주인공 뫼르소는 특기할 만한 게 거의 없는 보잘것없는 존재다. 아침에 카페오레를 한잔 마시는 것과 기나긴 일요일 오후 덧창을 통해 길거리 풍경을 바라보는 것 그리고 어쩌다가 시시한 성관계를 갖는 것이 뫼르소의 몇 안 되는 즐거움이다. 소설 중반에 가서 뫼르소는 설명할 수 없는 이유로 한 아랍인을 죽이고 마침내 사형 선고를 받는다. 카뮈와 비평가들은 재판관들이 이 주인공에게 사형을 선고한 것은 살인 때문이 아니라 사회에서 유리된 생경함과 어머니의 장례식에서 울지 않았다는 그의 아웃사이더 기질 때문이라는 말만 되풀이한다. 그렇다면 살인의 의미는 무엇일까? 이 질문에 비평가들은 그 죽음은 우연히 일어난 사고이자 실수이며 운명이라고 대답한다. 이 순간 지라르는 "이 소설은 어머니의 장례식에서 울지 않은 모든 사람은 사형에

처할 위험이 있다는 것을 입증하지 못한다. 소설이 입증해내는 것은 고작해야 그런 사람이 과실 치사도 범하게 되면 사형 선고를 받을 수 있다는 사실이다. 거기에 바로 하나의 중대한 제약이 있다는 것을 인정해야 할 것이다"[58]라고 빈정대는 투로 비평가들의 대답에 이의를 제기한다. 뫼르소의 살인에는 데리다가 말하는 '대리보충supplément'의 모든 특성이 있다. 그 살인은 뫼르소의 운명에 덧보태는 것이 하나도 없다는 의미에서 무용한 것인 동시에 그것이 없었다면 그의 운명은 완성되지 않았을 것이라는 의미에서 필수불가결한 것이기도 하다.

이 모순적 논리를 해체하려면 카뮈의 이 소설에는 우연도 아니고 실수도 아닌 구성의 결함이 있다는 것을 아는 것으로 족하다. 이 결함에는 논리가 있는데, 거짓 그것도 자신에 대한 거짓의 논리이다. 카뮈 자신은 '토라진 외톨이'인 뫼르소의 공범이 되어 있다.

이 외톨이는 사회의 무관심에 고통받고 있다. 완전한 익명성으로 고독하게 존재하는 것이 그로서는 참을 수 없다. 그런데 이 외톨이는 자신은 혼자 있기를 좋아한다고, 그리고 사회는 자신의 '무관심'을 시샘하면서 자신의 그런 방어 태세를 박해한다고 여긴다. 실상을 뒤집은 것 같은 이런 표현이 안정감을 얻으려면 사회도 그런 생각을 공유하고 있어야 한다. 외톨이는 홀로 아웃사이더가 되기를 원한다. 하지만 그 바람에는 타인들이 자신의 그런 면을 알아준다는 조건이 붙어 있다. 그러므로 그는 소통이 단절되었다는 사실을 소통, 전달할 필요가 있다. 이해하지 못할 행동으로

만 해결될 수 있는 아주 이상한 역설이다. 뫼르소는 극도로 초연한 상태에서 아랍인에게 총을 쏘는데, 이 행위는 마치 어린아이가 커튼에 불을 붙이는 것처럼 부주의한 과실로 묘사된다. 이 행위에는 별다른 중요성이 없다. 이 상황에 그는 더 이상 어떤 의미도 부여하지 않기 때문이다. 사실 뫼르소의 사형에서 가장 중요한 것은 문제의 이 행동, 즉 권총 사격이 아니라 그가 일반 사람들과 다른 아웃사이더였다는 점이다. 그가 살인을 저질렀지만 실제로 저지르지 않은 것 같은 느낌을 주는 것도 이 때문이다. 뫼르소는 이 살인 행위에 대해 우연히 일어난 사고 정도로만 책임을 느끼고 있다. 그러나 그 행위가 없었다면 이런 표현도 생겨나지 않았을 것이다. 그 행위를 통해서 뫼르소는 순수한 자기 자신이 된다. 방아쇠 위의 뫼르소 손가락은 "처녀는 자기도 의식하지 못한 채 손을 내맡기고 있다"[59]라는 사르트르의 지적처럼 남자 친구에게 내맡긴 처녀의 손과 똑같은 것이다.

이제 막 르네 지라르의 《이방인》 해석을 살펴보았다. 칼뱅주의 선택을 분석한 직후 《이방인》에 대한 르네 지라르의 해석을 살펴봄으로써 이 둘의 유사성을 분명히 알게 되었을 것이다. 칼뱅주의자와 마찬가지로 뫼르소도 스스로의 운명을 선택하고 있다는 것이 그것이다. 하지만 여기에는 중요한 차이가 두 가지 있다.

먼저 《이방인》에서는 자기 선택이 문제가 아니라 자기 배제가 문제다. 아랍인을 죽이고 처형대에 서는 뫼르소의 선택 방향은 자기가 선택되었다는 증거를 획득하려는 칼뱅주의 선택과는 완전

히 반대다. 그러나 이 둘에는 모두 자기 신성화라 부를 수 있는 과
정이 있다. 성스러움에는 밝은 얼굴과 어두운 얼굴이라는 두 개의
얼굴이 있는데, 성스러움의 어두운 얼굴을 보여주는 것이 뫼르소
의 운명이다. 이 측면을 파악한 사르트르는 이렇게 쓰고 있다.

> 이 인물의 부조리는 획득된 것이 아니라 주어진 것 같다. 그가 존
> 재하는 방식도 그러하다. 그는 소설 결말에 가서야 깨닫지만 한
> 평생을 카뮈의 규칙에 따라 살아간다. 만약 부조리의 천부적 재능
> 이란 것이 있다면 이 인물은 그런 재능을 타고 났다고 말할 수 있을
> 것이다.[60]

사르트르는 여기서 더 나가지 않는다. 하지만 우리는 사르트
르의 이 지적을 카뮈와 뫼르소의 관계는 하나님과 칼뱅주의자의
관계와 같은 것이라고 해석할 수 있다. 뫼르소가 마지막 순간에
경험하는 '깨달음'을 언급하는 사르트르는 훨씬 더 진실에 가까이
다가가 있다. 알다시피 소설 결말에 가서 이 영원한 이방인은 자
신이 단두대에 섰을 때 분노의 함성을 지르는 증오에 가득 찬 군
중을 떠올리는 장면에서 인간적 감정을 처음으로 표현한다. 하나
님은 여기서 타인들인데, 이것이 바로 칼뱅주의 선택과 두 번째
차이점이다. 자신이 타인을 필요로 하지 않는다는 것을 타인들이
알아야 하므로 뫼르소에게 필요한 것은 바로 타인들이다. 앞뒤가
맞지 않는 듯이 보이지만 이런 인물이 바로 오늘날 개인주의의 전

형적인 인물이다. 독자들에게 할 말이 하나도 없다는 것을 알리기 위해서 독자들에게 읽히기를 바라는 작가가 그러하고, 미디어의 해악을 널리 알리기 위해 미디어를 이용하는 지식인이 그러하다. 이런 인물의 선조로 몰리에르의 희극 〈미장트로프〉에 나오는 주인공 알세스트를 꼽을 수 있다. 극에서 알세스트는 사랑하는 여인의 친구들이 같이 있을 필요가 없다는 것을 알아주기를 바라기 때문에 절대로 그들 무리를 떠나지 못한다.

알랭 르노는 "실존주의는 개인주의다"[61]라는 주장을 뛰어난 솜씨로 옹호했다. 물론 우리는 뫼르소의 자기 배제를 '나는 완전히 혼자다'라고 생각하는 《구토》(사르트르)의 로캉탱이 자청한 고독이나 '나는 혼자인데 그들은 전체이다'라고 생각하는 《지하로부터의 수기》(도스토옙스키)의 지하 생활자의 고독과 비교할 수도 있다. 하지만 얼마 안 가서 우리는 '개인주의는 거짓'이라는 사실을 덧붙여야 할 것이다. 물론 이 거짓은 스스로에 대한 집단적 거짓이라 어떤 거짓인지는 중요하지 않다. 개인주의자의 투사는 거짓 믿음의 투사이다. 하지만 이 거짓 믿음은 사르트르적 의미의 허위의식이 아니라 본질적으로는 개인의 의식 내부에 갇혀 있는 믿음이다. 오늘날 개인들에게 영향을 주고 있는 거짓 믿음은 타인과의 이상하고도 부정적인 협업인 '공존재共存在$^{mit\,sein}$'[62]의 내부에서만 생각할 수 있고 실현될 수 있는 믿음이다.

오늘날 경제에 의해서 대량으로 만들어지고 있는 뫼르소들 대부분은 물론 살인에까지 이르지는 않는다. 하지만 서로가 서로에게 이방인이 되고 있다. '지옥'과 같은 타인들은 우선 각자가 생각하는 좋은 삶에 도달하는 길을 가로막는 장애물들이다. 그래서 타인들을 제거하지 못할 바에야 타인들 없이 살 수 있다는 것을 표명하기 전까지는 타인을 제거할 마음을 단념하지 않는다. 그렇지만 우리는 모두 타인들이 우리의 메시지를 들어주어야 하므로 타인을 필요로 한다. 우리는 끊임없이 타인에게 타인이 있지 않다는 것을 표현할 수 있다. '정보 통신 기술'이 우리를 아주 쉽게 떼어놓을 수 있다는 전대미문의 역설을 경험하고 있는 것이 오늘날 우리의 일상이다.

게다가 우리는 모두 뉴컴의 아이들이다. 사람들은 대부분 이런 역설의 이야기를 들은 적이 없을 테지만 끊임없이 이런 역설과 만나고 있다. 뉴컴의 역설이 있기 위해서는 우리가 직접 이해하지 못하는, 우리가 선민에 속한다거나 불투명한 상자는 비어 있다는 상태에 크나큰 중요성을 부여해야 할 것이다. 그러나 우리는 이런 상태를 나타내는 '징표', 특히 무엇보다도 다른 사람들의 시선을 통해서 타인들이 전해주는 징표만 갖고 있다. 이것은 타인의 시선 속에서 '영적인 존재'를 알아채던 그리스인들과 같은 방식이다. 이런 징표가 유리한 것이 되기 위해서 우리는 어떠한 대가도 지불할 준비가 되어 있다. 그 사례가 필요할까? 오늘날 주변 사람들의 긍정적인 평가를 기꺼이 '돈으로 사는' 사람들이 얼마나 많은가? 이런 것은 완전히 비합리적인 행동이 아닐까? 우리는 그럴 자격이 없다는 것을 알고 있는데 남들에게 인정을 받는다고 해서 무슨 소용이 있는 것일까? 또 우리는 그럴 자격이 있다는 것을 알고 있더라도 타인들이 알지 못하면 아무 소용이 없다. "누군가가 판사를 모두 매수하여 소송에서 이기더라도 그 재판 결과에서 자신이 옳다는 확신은 얻지 못한다. 자신이 옳다는 확신을 원했다면 그는 결코 판사를 매수하지 않았을 것이다." 너무나 상식적인 이 말은 애덤 스미스의 말이다. 애덤 스미스가《국부론》을 쓴 경제학자가 된 것은 자신의 놀라움은 자기 자신이 너무 순진하기 때문임을 깨닫고 난 뒤였다. 그는 사람들이 왜 자신들을 찬양하는 사람들을 매수하는지를 깨달았다. 의식의 '상급 법원'이 침묵을 지키거나 확실한 입장을 취하지 않을 때, 무엇이 칭송받을 만하고 무엇이 뛰어난 것인지 그 기준을 정하는 것은 군중들의 반응뿐이기 때문이다.[63]

애덤 스미스의《도덕감정론》에는 공정한 입장의 내향적인 사람과 자신의 욕망과 정념에 사로잡혀 편향된 외향적인 사람이 다투는 이야기가 나온다. 이것은 이상과 현실의 갈등이다. 다시 말해 자신의 사회적 위상에서 해방된 의식이라는 이상과 변덕스러운 대중 여론이라는 현실 사이의 갈등이다.《도덕감정론》에는 타인에게 인정받고 싶은 욕망과 그런 인정을 받을 만한 사람이기를 바라는, 즉 스스로를 인정할 수 있었으면 하는 욕망의 관계를 논하는 탁월한 구절도 읽어볼 만하다. 인정받을 만하기를 바라는 욕망은 물론 인정받고 싶어 하는 욕망에 근거한 것이긴 하지만 그 나름의 자율성과 상대적 독립성을 획득하고 있으며, 우리의 의식은 자기 초월을 통해서 평범한 구경꾼들의 판단을 뛰어넘는다는 것을 애덤 스미스는 보여주려 한 것이 아닐까? 그러나 애덤 스미스는 성공하지 못했다. 결국 모든 사람이 바라는 대상이자 우리와 똑같은 입장에 처한 타인들의 시선을 끄는 경제적 부는 모두가 그것을 가졌다는 것을 확신하지도 못하면서 갖기를 원하는 것의 기호라 할 수 있다. 부를 목표로 삼고 소유를 통해서 부를 확인하는 태도는 칼뱅주의 선택과 그 구조는 동일하지만 그 의미는 다르다. 변치 않는 하나님의 결정이 쉽게 변하는 군중들의 판단으로 대체된 것이 그것이다.

지금까지 우리는 고상한 모습에서 보잘것없는 모습까지 경제의 모든 모습을 살펴보았다. 똑같이 역설적인 구조를 가진 이 두 모습은 경제의 근본적 양면성인 긍정적 측면과 부정적 측면과 같다. 한편으로는 결정론을 이겨내는 자유의 승리와 상상에서 나오는 것이긴 하지만 견인점이 되는 미래를 향해 자신을 투사하면서 자신의 운명을 선택하는 인류의 가능성이 있었다.[64] 반면에 다른 한편으로는 스스로에 대한 거짓 자성과 소비와 함께 타인과의 관계도 소통을 단절하려고 내보낸 기호에 의한 소통으로 제한되었다. 한편에는 흔히 '미래에 대한 믿음'이라고 말하지만 사실은 모호한 세속적인 믿음이 있고, 다른 한편에는 거짓 믿음의 믿음이 있다고 말할 수 있다. 사르트르에게서 거짓 믿음은 의식, 즉 내재성 속의 초월과 똑같은 구조로 되어 있다. 경제의 왕국에서 집단적 존재와 전체가 되는 과정의 두 가지 형태, 즉 미래를 향해 자신을 여는 능력과 모두가 모두에게 낯설게 되는 거짓말에는 자기 초월의 구조가 다 같이 존재한다. 우리는 전자에서 후자로 지나왔다. 되돌리고 싶은 우리의 발길을 그 어떤 것도 막을 수 없을 것이다.

운명론에서 벗어나기

막스 베버의 문제에 나오는 운명론자들은 오늘날 경제학자들이 이 말에 부여하는 의미의 합리성 원칙에 의지하여 특히 지배 전략 원칙이라는 명제를 존중하면서 선택의 자유를 행사하는 사람들이라는 사실은 충분히 강조되지 못했던 것 같다. 이들이 자신들은 저주받았고 어떤 것도 바꿀 수 없다는 것을 보여주는 식으로 행동하게 된 것도 이런 유형의 자유 때문이다. 이것은 뉴컴의 역설에서 두 개의 상자를 선택하여 기대했던 대로 불투명한 상자가 텅 빈 것을 확인하는 사람들의 자유다. 이것은 이상한 자유이자 이상한 운명론이기도 하다. 이것이 이상한 자유인 것은 '운명론'을 선택하기 때문이고, 이것이 이상한 운명론인 것은 '심사숙고한 선택'이기 때문이다.

이성에 기대서 방향을 잡는 사회와 개인주의 문화에서 운명론은 평판이 좋지 않다. 미래는 지식의 대상이 아니라 우리 의지의 산물이기에 미래에 관한 어떠한 지식도 가능하지 않다고 믿는 사회는 운명론에 관심이 없다. 그런데 문제는 여기서 나오는 반운명론은 정확히 말하면 막스 베버적인 의미의 운명론이라는 것이다.

이 운명론은 스스로 자유롭게 선택한다고 믿으면서 합리성의 명분으로 실패하는 전략을 선택하는 사람들의 운명론이다. 이런 궁극적 모순을 우리는 쉽게 설명할 수 있을 것이다. 경제에 현혹된 사회가 믿고 있는 자유 의지는 우리가 앞에서 거론한 슈퍼마켓의 형이상학에서 나오고 있다. 우리 앞에는 언제나 택할 수 있는 수많은 선택지와 수많은 길이 있다는 것이고, 그래서 우리는 최선의 것을 선택한다는 것이다. 평범한 이런 반운명론은 여지없이 지배 전략의 온갖 함정에 빠져버리고 만다. 여기서 상호 신뢰는 비합리적인 것에 속하고 '윤리'라는 '해결사'만이 이를 가능하게 해준다. 서로에게 이로운 상호 계약은 실현 불가능한 것이 된다. 불신이 만연하면서 시간의 지평은 닫혀버리고 경제도 자기 초월을 할 수 없게 된다. 이는 모든 공포 상황과 통제되지 않는 군중들에게서 나타나는 자기 억제와 같다. 이런 자기 억제는 문제가 있는 평화를 만들고 타인의 공격도 억제하지 못한다는 것이 밝혀졌다.[1] 경제 이론이 생각하는 합리성을 추종하는 사람에게 뉴컴의 불투명한 상자는 정말 완전히 텅 비어 있는 것이 될 것이다.

우리는 이 책 3장에서 다루었던 예고된 재앙으로부터 우리를 떼어놓고 있는 시간에 대해 '투기 시간'이라 명명한 형이상학을 살펴보았다. 힘든 점이 없을 리 없었다. 투기 시간에 대한 형이상학과 내가 주장하는 '합리적 비관론'을 연결 짓자 투기 시간에 대한 형이상학은 퇴색되면서 운명론의 모습을 띠게 되었다. 이 과정에서 잘못된 것은 하나도 없다. '식견 있는 비관론'은 낙관론, 그것도 이성에 기초한 낙관론이다.

내가 이 책을 쓰게 된 문제의식을 간단히 회상해보자. 오늘날 사회의 온갖 재앙이 제기하는 위협은 그 재앙이 도덕적인 것이든 자연적인 것이든 산업과 기술에서 나오는 것이든 간에 그 잠재적 희생자들이 재앙이 임박해 있음을 믿기 힘들어한다는 것이다. 최악의 사태가 일어날 가능성이 매우 크다고 알려주는 정보가 무진장 널려 있는데도 말이다. 사람들이 행동하지 않는 것은 지식의 결핍 때문이 아니다. 그 지식이 믿음으로 변하지 않기 때문에 행동하지 않는 것이다. 바로 이 빗장을 깨뜨려야 한다. 식견 있는 비관론이 취하는 방법은 재앙의 도래가 '우리의 운명인 것처럼' 생각하는 것인데, 이때의 운명은 우리가 자유롭게 거부할 수 있는 운명이다. 물론 처참한 결과를 피하는 것보다 운명을 거부하는 것이 훨씬 더 어려울 수 있다. 그러므로 운명처럼 표현되는 재앙은 사람들로부터 더 많은 신뢰를 받을 것이다. 그런데 재앙이 확실하다는 신뢰가 생겨나면 움직임이 촉발되면서 재앙을 막아내는 데 필요한 상상력, 지성, 결심 등과 같은 우리의 모든 능력이 움직이게 될 것이다. 그러므로 이 방법은 운명론을 제외한 모든 방법이라 할 수 있다. 운명이라는 허구에 의지하는 이런 방법은 '2보 전진을 위한 1보 후퇴'라는 라이프니츠의 유명한 말처럼 일종의 '우회'라 할 수 있다. 필연에 대적할 수 있는 참된 자유의 수단을 획득하기 위해서 처음에는 짐짓 통속적이고 '가벼운' 개념의 자유를 멀리하는 것이 그것이다.

불행은 일어나지 않기 위해서 미래에 기재되어 있다는 사실을 예언자는 알려주었다. 이 역설은 이중적이다. 여기서 운명은 우리 선택의 대상이 되는데 그 선택이 바로 거절이다.[2] 행복을 예언하는 사람의 일은 더 쉽다. 그는 운명이 실현되도록 매력적이고 믿을 만한 예언을 한다. 이 운명도 우리 선택의 대상이 되는데 이때의 우리 선택은 동의와 승낙이다. 우리는 필연에 대한 동의가 자유라고 본 스피노자와 그렇게 멀리 있지 않다. 투기 시간에서 이역설은 우리 스스로 투기한 미래에 의해 우리가 인도될 때 나타나는 분열의 역설이다. 이를 루소식으로 표현하면 다음과 같을 것이다. 우리는 우리 스스로 부여한 법을 따른다. 그래서 우리는 자유롭다. 이때의 자유는 정치의 자기 초월에 해당한다.

이와 같은 개념을 갖추고서 우리 이야기의 출발점으로 되돌아가보자. 정치의 예언적 차원을 회복할 필요가 있다. 이를 위해서는 정치를 경제의 하인으로 만들고 있는 경제의 속임수에서 빠져나와야 한다. 이것은 유럽의 정치가 전문가 최고 회의에 자리를 내주고, 사람의 정치가 물자의 거버넌스에 자리를 내주고, 정치의 이성이 경제의 이성에게 자리를 내주고 있는 오늘날 추세에 역행하는 운동이자 '시장'의 실체를 향해 의심의 눈초리를 보내는 운동이다.

한 장관이 "이 세계는 지금 금융 시장과 전쟁 중이다"라고 말한 적이 있다. 이보다 더한 거짓말, 아니 더 정확히 말해서 이보다 더 웃기는 말을 상상하기 힘들 것이다. 그 장관의 말보다 "우리 앞에 적이 있는데 그 적은 바로 우리입니다"라는 미국의 유명한 풍자만화 〈포고^{Pogo}〉의 주인공 포고 포숨$^{Pogo\ Possum}$이 하는 말이 수천 배나 더 옳다. 경제에 완전히 지배당하고 있는 오늘날 사회는 자기 자신이 만들어내는 악으로 인해 사그라들고 있다. 경제에 완전히 현혹된 정치인은 경제사상이라는 대단한 생각에서 벗어나지 못하고 있다. 20세기 후반 이런 유형의 이론이 생명 과학이나 자연 과학에서 아주 흔한 것이 되기 훨씬 이전부터 정치인들은 경제사상을 자동 조절 기능을 갖춘 복합 시스템 이론으로 간주했다. 그런 시스템은 이른바 '우발적' 현상을 낳을 수 있는데, 이런 현상들은 '이유 없는 과정'들이지만 의도적인 것처럼 잘못 비칠 수 있다. '이유 없는 과정'이라는 표현을 루이 알튀세르 같은 마르크스주의자뿐 아니라 노벨상 수상자인 프리드리히 하이에크 같은 자유주의 경제의 주창자들도 사용하고 있다는 것은 의미심장한 일이 아닐 수 없다. '시장'이라 부르는 이 실체에 대한 아이콘을 제시해야 한다면 나는 걸쭉하고 겁도 많지만 그럴 의도는 손톱만큼도 없는데도 사람들을 삼켜버리려고 언제나 호시탐탐 노리고 있는 아주 위험한 '블롭'(1958년 미국에서 개봉한 공상 과학 영화 〈블롭The Blob〉에 나오는 우주 생명체)으로 제시하고 싶다.

우리 앞에 있는 것은 이유 없는 전쟁도 아니고 '조절'을 통해 우리 스스로의 환상을 궁지에 몰아넣으려는 것도 아니다. 오히려 우리의 목표는 그 원인을 찾아서 우리의 환상을 치유하려는 것이다. "지긋지긋한 나의 강박 신경증. 너에게 금하노니, 이제부터는

깨어 있는 내 삶의 17퍼센트 이상은 점령하지 마라." 일정한 비율을 넘지 않으려는 의지를 나타내는 이 용감한 수사는 정치의 근본적 무능력을 감추려는 초라한 가리개에 불과하다. 아니다. 우리가 운명론이 있다고 생각하는 거기에는 운명론은 정말 없다.

부록

시간의 역설

"굳이 말해야 한다면 말하겠다. 예측은 사건의 원인이 아니다. 인간이 죄를 범하리라 하나님이 미리 안 것은 죄를 범하는 인간과 접촉해서가 아니라 미래의 사건이 그 예측의 원인이기 때문이다. 사실 어떤 사건이 일어나는 것은 그것이 알려졌기 때문이 아니라 그것이 일어날 것이었기 때문이다."

▪ 에우세비우스, 《복음의 준비Praeparatio evangelica》, 6.11

"어떤 사람의 사고방식을 알 수 있다면 일식과 월식을 예측하는 확률로 그 사람이 앞으로 할 행동을 예측할 수 있을 것이다. 그 사람이 자유롭다는 것을 인정하면서도 말이다."

▪ 칸트, 《실천이성비판》

　여기서는 뉴컴의 역설을 변형한 사례들을 살펴볼 것이다. 사소한 듯 보여도 이 역설은 합리적 신학과 전략적 사고, 사회 및 정치 철학, 윤리학, 경제 이론, 게임 이론, 합리적 선택 이론 등의 다양한 영역에서 오랫동안 사실로 받아들여졌던 생각들을 흔들어 놓고 있다.

양자물리학이라는 이론 영역에서 나온 뉴컴의 역설은 결정론 속에서 움직이는 자유인의 행동을 보여준다. 뉴컴의 역설은 예측이나 자유, 결정론에 대한 우리의 통념을 벗어나 있다. 특히 이 역설은 우리로 하여금 가장 어려운 문제인 시간에 관해 다시 한번 깊이 생각하게 한다. 나는 여기서 너무나도 익숙한 이 역설과 싸워왔던 경험을 간단히 언급하려 한다. 내가 뉴컴의 역설을 접한 때가 합리적 선택을 연구하던 중이었으므로 합리적 선택의 철학에서부터 시작한다.

1. 논리와 사회

지배 전략 원칙은 합리적 선택 이론의 창시자 레너드 새비지Leonard Savage가 만든 표현이다. '확실성 원칙'이라고도 불리는 이 원칙은 선호도와 함께 거론된다. 세태가 부분집합∈에 속할 때 어떤 사람이 옵션 q보다 옵션 p를 더 선호하고 세태가 그 여집합∈에서도 q보다 p를 더 선호한다면, 그 사람은 부분집합에서든 여집합에서든 항상 q보다 p를 더 선호한다고 말할 수 있다.

그런데 문제는 이 지배 전략 원칙이 오늘날 사회를 괴롭히는 수많은 폐해를 낳고 있다는 것이다. 오늘날 우리는 서로를 신뢰하는 문제에서 느끼는 어려움과 함께 관계를 파괴하지 않고는 갈등을 해결하지 못하는 무능력을 절감하고 있다. 우리는 타인들과 교류하기 위해 이 원칙의 속박에서 벗어나야 한다. 그렇다면 과연 사회적 관계는 비합리적인 것일까?

뉴컴의 역설은 우리의 상식과 확실성 원칙이 대립하는 선택의 문제를 정확히 보여준다. 앞에서 이야기한 뉴컴의 역설을 다시 한 번 살펴보면서 더 깊이 생각할 거리를 찾아보자.

뉴컴의 역설

두 개의 상자가 있는데, 하나는 투명하고 다른 하나는 불투명한 상자이다. 투명한 상자에는 1000유로가 들어 있고, 다른 불투명한 상자에는 100만 유로가 있을 수도 있고 한 푼도 들어 있지 않을 수도 있다. 우리는 다음 둘 중 하나를 선택할 수 있다. 하나는 불투명한 상자만을 택하는 것이고(H1), 다른 하나는 두 개의 상자 모두를 택하는 것이다(H2). 우리가 불투명한 상자만을 택하면 이를 미리 예상한 예언자는 그 상자 안에 100만 유로를 넣어뒀을 것이다. 그런데 이것은 오로지 우리가 불투명한 상자를 택할 줄을 그 예언자가 미리 알고 있을 때에만 그러하다. 우리는 이 모든 것을 알고 있고 예언자의 능력을 완전히 믿고 있다. 우리는 어떻게 해야 할까?

이 문제를 접한 우리가 가장 먼저 떠올리는 반응은 H1, 즉 불투명한 상자만 택하는 것이다. 예언자가 우리가 불투명한 상자를 택할 것을 미리 알고 그 안에 100만 유로를 넣어두었을 것이기 때문이다. 만약 H2를 택한다면 우리는 1000유로만 얻을 수 있을 것이다. H2를 택하는 반응 역시 설득력이 있어 역설이라 할 수 있다. H2를 택했을 때 불투명한 상자에는 100만 유로가 있거나 없을 것이고, 어떤 경우든 두 개의 상자를 선택하면 우리는 1000유로를 더 얻을 수 있음이 분명하다. 그러므로 H2가 지배 전략이라 할 수 있다.

실험 대상자 네 명 중 세 명이 H1을 선택한다. 바꾸어 말하면 확실성 원칙에 어긋나는 선택을 한다. 이들은 각자 100만 유로를 얻었다. 하지만 철학자 대부분은 H2라는 지배 전략을 택한다. 그 결과 철학자들은 1000유로만 얻지만 자신이 옳다는 확신을 덤으로 얻는다.

2. 양립 가능하거나 아니거나

뉴컴의 역설 문제에 오랜 시간을 보낸 사람들은 모두 일정한 시간이 지난 뒤에 해결책을 찾았다고 생각한다. 나도 예외는 아니다. 내 해결책이 맞다는 차이점을 제외하고는 말이다. 어쨌든 그것은 내 생각이고, 다른 사람들도 그러할 것이다. 내 해결책은 미국의 칼뱅주의 철학자이자 신학자인 앨빈 플랜팅가^{Alvin Plantinga}로부터 일부 도움을 받았음을 밝혀둔다. 플랜팅가는 뉴컴의 역설이 '양립 가능론^{compatibilism}'의 전통적 주장에 엄청난 도전을 하고 있음을 알아챘다. 양립 가능론은 다르게 행동할 수도 있다는 의미에서 자유 의지를 지닌 인간과 전지전능한 신의 존재를 동시에 주장하는 데 모순이 없다는 견해다.

윌리엄 오컴의 해법

신이 뉴컴의 역설에 나오는 예언자의 역할을 한다면 신의 예지는 매우 본질적인 것이다. 다시 말해 신의 예지는 모든 세상에 해당할 것이다. 다음과 같은 양립 불가능론의 주장에 따르면 본질적인 예지 능력이 있는 신은 자유 의지를 금지하는 것 같다.

시점 1에 존재하던 신이 주체 S가 미래의 시점 2에 행위 X를 행할 것을 예언했다면 그 신의 본질적 예지는 두 개 사건의 다음과 같은 관계로 표현된다.

(1) '시점 1에 존재하던 신이 주체 S가 시점 2에 행위 X를 행할 것을 예언했다'는 것은 'S가 시점 2에 X를 행한다'는 것을 '엄격히 내포'하고 있는데, 여기서 엄격한 내포는 가능한 모든 세상에서의 물질적 내포이다.[1]

반면에 이 두 개의 전제를 다른 관점에서 접근하면 다음과 같은 사실을 얻을 수 있다.

(2) 시점 2에 S가 X를 행한다고 신이 시점 1에서 예언하지 않았던 것을 S가 행할 수는 절대 없다.

가상 현실적으로 과거는 현재와 독립적이라는 '과거 불변의 원칙' 때문이다.

이 (1)과 (2)에서 우리는 다음과 같은 사실을 추론할 수 있다.

(3) 행동하기 전에 자신의 행동을 예견한 본질적 예지력을 갖춘 예언자가 있었다면 그 사람은 그가 행하는 것과 다르게 행동할 수 없다.
달리 말하면 자유 의지는 본질적 예지력과 양립할 수가 없다.

양립 가능론을 위협하는 이런 비판에 대한 고전적 출구가 있는데, 14세기 영국 프란체스코회 수도사 윌리엄 오컴이 마련한 것이다. 오컴은 과거에 엄격히 기재되지 않은 사건에 과거 불변의 원칙을 적용하는 것을 부정한다. 설령 그것이 미래에 관한 명제의 진실을 엄격히 내포하고 있기 때문이라 하더라도 과거에 행한 신의 예언은 이런 기준에 합당한 것일 수가 없다. '그런 자유 의지는 이것을 할 것이다'(우발적 미래)는 더 이상 성립하지 않고 (3)과 같은 결론은 효력이 없을 것이다.

뉴컴 역설의 도전과 앨빈 플랜팅가의 해법
미래를 예측하는 데 만족하지 않고 세상을 구하기 위해 신이 자기 예언에 따라 이 세상에 개입을 한다면, 예컨대 자유 의지를 가진 인간 행동을 미리 예견해서 상자 안에 100만 유로를 넣어둘지 아닐지를 결정한다면 윌리엄 오컴식의 해법은 효력을 잃게 될 것이다. 앨빈 플랜팅가의 뛰어난 점은 오컴 역시 뉴컴의 역설에 봉착했을 때 이런 문제를 곧 깨달았으리라 포착한 것이다.[2] 어쩌면 신이 과거에 행한 예언은 과거에 엄격하게 기록되어 있지 않지만 그의 행위는 그렇게 기록되어 있다는 것이다.

플랜팅가가 생각한 출구는 '가능한 모든 세계에서' 예지력이 있는 신이기에 명제 (2)는 옳지 않다는 것이다. 시점 2에서 S라는 사람이 X를 행한다고 신이 시점 1에서 예언을 했다. 좋다. 그러나 그 사람에게 자유 의지가 있다면 (2)와 다른 가상 현실적 명제 (4)를 진실된 것으로 받아들여야 한다.

(4) S가 시점 2에 X가 아닌 다른 행동 Y를 행한다면, 신은 시점 1에서 S가 시점 2에서 X를 행할 것이라고 예언하지 않았을 것이다. 신은 S가 Y를 행할 것을 예언했을 것이기 때문이다.

달리 표현하면 과거 불변의 원칙이 적용되지 않는 것은 신이 과거에 행한 행동은 겉으로만 과거와 관계가 있기 때문이 아니라 (우리는 신의 행동이 아니라 신의 예언에 대해서만 말할 수 있을 것이다) 본질적으로 예지력 있는 예언자에 마주한 자유 의지의 인간이라는 것은 그 인간에게 '과거에 대한 가상 현실적 능력'을 갖고 있다는 것을 내포하고 있기 때문이다.

예지력이 뛰어난 예언자가 나오는 뉴컴의 문제에서 이 능력은 이렇게 표현할 수 있다.

(5) 불투명한 상자 하나만 선택하여 100만 유로를 얻은 사람이 두 개의 상자를 선택했다면 불투명한 상자에서는 아무것도 얻지 못하고 투명한 상자에 있는 1000유로만 얻는 데 만족해야 할 것이다.

확실성 원칙의 명백함에 집착하는 합리적 선택의 철학자들은 불투명한 상자만 선택하는 사람들의 자연 발생적인 논리가 부당하게 과거에다 '인과론적' 능력을 부여하고 있다고 비판한다. 플랜팅가가 제시하는 논리는 그런 능력을 상정할 필요가 없다는 것이다. 가상 현실적 힘만으로도 H1의 선택을 충분히 정당화할 수 있다. 인과론적 능력은 양립 가능론의 논리적 결과다.[3]

3. 투사된 시간

역진 귀납법 역설의 도전

나는 앨빈 플랜팅가의 해법이 그의 선배들의 것보다 더 낫다고 생각한다. 합리적 선택 이론의 또 다른 역설로 인해 나는 '역진 귀납법 역설backward induction paradox'에 이르게 되었다. 어떤 행위자가 갖고 있는 과거에 대한 '가상 현실적' 능력이 어떤 식의 행동을 '인과론적으로' 금하는 상황이 있다. 양립 가능론을 지켜내기 위해서는 플랜팅가가 생각하는 것보다 훨씬 더 큰 형이상학적 대가가 필요하다.[4]

홉스, 흄, 칸트 같은 철학자들이 겉으로 크게 드러내지는 않았지만 이를 전개시켰던 '확신 게임'이란 게 있다.

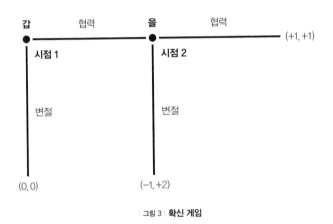

| 그림 3 | **확신 게임**

갑甲과 을乙 모두에게 이로운 교환은 원칙적으로 가능하다. 이런 교환은 그들을 현재 상황, 갑의 이익과 을의 이익을 벡터값으로 표현하면 (0, 0)인 상황에서 서로에게 유리한 (+1, +1)의 상황으로 변화시킬 수 있을 것이다. 갑은 협력을 하지만 그 협력을 받은 을이 협력하지 않을 때(각자의 이익을 벡터로 나타내면 갑은 -1이고 을은 +2가 될 것이다) 문제가 발생한다.

역진 귀납법에 따르면 모두의 상황을 향상시킴에도 교환이 일어나지 않을 수도 있다는 것을 재빨리 이해할 수 있을 것이다. 마지막 단계, 즉 을이 선택권을 쥔 시점 2에서부터 시작해보자. 을의 입장에서는 갑의 협력을 거부하고 변절하면 자기도 협력했을 때 얻을 수 있는 이익 +1보다 1이 더 많은 +2의 이익을 얻을 수 있기 때문에 을로서는 변절하는 게 합리적일 것이다. 또 갑으로서는 시점 1에서 먼저 협력의 첫걸음을 내딛거나 내딛지 않는 것을 선택할 수 있다. 협력의 첫걸음을 내딛는 경우 을이 협력하지 않으면 갑의 이익은 −1이 되고 가만히 있으면, 다시 말해 변절을 하면 0을 얻게 된다. 그래서 그는 움직이지 않게 되고 교환도 일어나지 않게 된다.

계약을 함으로써 모두에게 이롭지 않은 이런 결과를 피할 수 있다고들 말한다. 을은 여기서 갑과 똑같은 이익을 보기 때문에 갑이 시점 1에서 협력을 제안하면 곧 그를 따라서 시점 2에서 협력에 가담하게 될 것이라고 생각한다. 그러나 현실은 애석하게도 그렇지 않다. 실제로 시점 2에 가서 을은 계약대로 하지 않는 편이 더 유리하다는 것을 깨닫는다. 을의 생각을 읽은 갑도 그런 사실을 알고 있다. 을이 아무리 장담을 해도 그는 신뢰할 만한 사람이 아니다. 그래서 갑은 움직이지 않는다. 이것이 바로 역진 귀납법 역설이 가져다준 결과다.[5]

지금까지 우리가 말했던 것과 마찬가지로 합리적 선택 이론가들은 '계몽' 자본주의자들을 따라서 합리성의 결함을 보완하는 것으로 그들이 '신뢰'라 부르거나 '윤리'라고 부르기도 하는 것을 영혼의 보완책이자 일종의 '만병통치약'으로 간주하면서 잘못 내디딘 행보를 벗어나려고 애를 쓴다. 그러면 앞의 예에서 을은 합리성을 따르다가 약속을 지키지 않게 됨으로써 양심의 가책을 받게 되리라 말할 사람들이 있을 것이다. 그것은 윤리와 합리성을 일치시키지 않기로 마음먹었음을 의미하지만 최선은 아닐 것이다.

나는 확신 게임을 뉴컴의 문제로 보고 싶다. 다시 말하면 본질적으로 예지력을 갖춘 예언자 역할을 하는 자가 갑이고 행위자 역할을 하는 자를 을로 볼 수 있을 것이다. 확신 게임이 뉴컴의 문제와 다른 두 가지 중요한 차이점이 있다. 뉴컴의 예언자처럼 갑은 을의 선택에 대한 자신의 짐작에 따라 반응하지만 을의 행동을 고정된 것으로 간주하고 있기에 자의적인 것처럼 보이지 않는다. 이것이 첫 번째 차이점이다. 두 번째 차이점을 이해하기 위해서는 시점 2에서 자신이 선택권을 쥐고 있는 을이 어떤 행동을 할 것인지 다음과 같이 궁리하면서 생각해야 한다.

(6) 시점 2에서 선택권을 쥐고 있는 내가 협력을 한다면, 시점 1에서 자신의 이익에 따라 행동하는 갑은 나에게 제안할 때 이미 나의 선택을 미리 예상하고 똑같이 협력을 행할 것이다. 그래서 우리는 둘 다 +1씩을 얻게 될 것이다.

(7) 시점 2에서 선택권을 쥐고 있는 내가 변절을 한다면, 이를 예상한 갑도 이미 변절을 마음먹었을 것이다. 이것은 곧 내가 선택권을 쥐고 있지 않다는 것을 의미한다. 여기서 모순이 일어난다.

(7)의 두 전제는 하나의 전제가 다른 전제를 부정하는 모순에 빠지게 된다. 그래서

(8) 을이 선택권을 쥐고 있다면 그는 협력을 택할 것이다.

시점 1에서 갑은 을의 이런 추론을 시뮬레이션해볼 수 있을 것이다. (6)과 (8)로 보아 갑은 협력하면 +1을, 변절하면 0을 얻을 것이다. 그래서 갑은 을과 마찬가지로 협력하게 되고 서로에게 유익한 거래가 일어나게 되는데, 이는 윤리와 합리성 둘 다를 결합시킨다.

그렇지만 (6)과 (7) 사이의 어긋남에서 드러나는 바와 같이 을이 변절을 선택하는 것이 불가능하기 때문에 과거에 대한 을의 가상 현실적 능력은 갑자기 연기처럼 사라진다. 이런 불가능은 어디서 오는 것일까? 우리는 자유 의지와 본질적 예지력 사이의 양립 가능성을 여전히 지지할 수 있을까?

내가 제안하는 출구는 다음과 같다. 선택을 하기 '이전에' 을은 협력과 변절 사이에서 선택할 수 있다. 만약 을이 변절을 선택하는 것이 가능하다면 자신이 선택을 하지 않은 한, 과거가(여기서는 갑의 선택이) 아직 결정되어 있지 않았기 때문이다. 을이 행동을 결정하는 때가 바로 그의 과거가 결정되는 순간이다. 을이 변절을 택한다면 행동하는 것을 자제했을 것이다. 을이 결코 변절을 선택하지 못했을 것 같이 보인다. 하지만 '이 불가능은 단지 회상으로

서만 불가능일 뿐이다.'

자유 의지를 지키기 위해 지불해야 할 형이상학적 대가는 과거 불변의 원칙뿐만 아니라 '과거라는 현실 원칙'도 청산해야 한다. 뉴컴의 역설이 지닌 진정한 의미가 바로 이 지점에서 드러난다. 그가 실존 인물이라면 양자물리학자인 윌리엄 뉴컴은 인간 행위라는 거시적인 틀에서 양자물리학적 정보 세계에 관한 철학적 수수께끼를 만들어내는 방법을 발견했던 것이다.

을이 일단 행동을 하고나면 그는 결코 다르게 행동할 수 없는 것처럼 보인다. 그러나 행동을 하기 전에는 다르게 행동할 수 있었다. 미래는 필연적이지만 그것이 일어나기 전에는 그렇지 않다. 일단 실현되면 미래는 고정된 것처럼, 즉 가상 현실적으로는 당시 행위와 독립적인 것처럼 보인다. 행위자가 행동을 하지 않는 한 과거가 확정되지 않았다는 사실과 일단 행위가 일어나면 미래가 확정된다는 식의 조합은 우리가 앞에서 '투기 시간'이라 부른 시간성의 형이상학을 명확히 보여주는 역할을 한다.

베르그송과 사르트르에게서 사건은 '가능해질' 때만 가능한 것이 되는 것과 마찬가지로, 무無에서 돌발적으로 일어나는 행위는 과거를 되돌아볼 때의 필연성을 만들어낸다. 이렇게 아주 특수한 형이상학 속에서 개연성과 필연성 같은 가능성이 있는 명제의 진릿값은 그것이 표현되는 시점과 연동시켜야 할 것이다.

투기 시간의 형이상학

투기 시간의 형이상학은 과거와 미래가 서로에 의해 결정되는 고리 모양을 하고 있다.

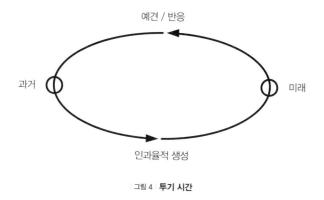

그림 4 **투기 시간**

투기의 시간 속에서 미래를 예측한다는 것은 (미래에 관한 과거의) 예견과 (과거의 의한 미래의) 인과율적 생성이 만나는 고리의 고정점을 찾는 것이다. 자신의 예견이 인과율적 결과를 낳을 것을 알고 있는 예언자는 미래가 자신의 예견과 맞는지 마땅히 주시하게 된다. 앞서 본문에서 전통적 의미, 즉 종교적 의미에서 언급했듯이 이런 인물이 바로 성서에 나오는 예언자다. 하지만 여기서 말하는 예언자는 이교도적이고 기술적인 의미에서의 예언자이다.

좀 더 평범하게 산문적으로 말하자면, 예언자는 의지론이 운명이 명령한 것을 완성하는 지점인 '고정점'을 찾는 사람이다. 예언은 자신의 진술 속에 포함되어 있고, 자신이 운명처럼 진술한 것이 실현되는 것을 보게 된다. 이런 의미에서 과학과 기술에 기반을 둔 오늘날의 민주 사회에서 예언자들은 넘쳐나고 있다. 오늘날 우리는 투기 시간을 도처에서 경험하고 있다. 내일의 고속 도로 교통량, 다가올 선거의 결과, 내년 인플레이션 비율과 성장률, 온실 효과로 인한 이산화탄소 배출량의 추이 등이 그런 것들이다. 흔히 예측 전문가로 불리는 이 예언자들은 하늘에서 떨어진 것처럼 여기고 있는 미래를 만드는 것은 바로 우리 자신임을 아주 잘 알고 있다. 물론 우리도 그런 사실을 알고 있다. 하지만 우리는 선거를 제외하고는 분란을 일으킬 수 있는 일에 대해서는 그다지 저항하지 않는다. 이런 것이 미래에 대한 공조 방식의 일관성인데, 내가 밝혀내려 했던 것이 바로 이것이다.

2장에서 살펴보았듯이 투기 시간의 가장 좋은 예는 피에르 마세가 생각했고 로제 게느리가 다음과 같이 충격적인 표현으로 잘 요약하고 있는 프랑스의 계획 경제일 것이다. "계획 경제는 자기 실현의 노력을 촉발할 수 있는 낙관적 미래라는 이미지를 얻는 것을 목표로 한다."[6] 이 말의 의미는 과거와 미래의 연결 고리를 완벽하게 그리고 있는 투기 시간의 형이상학을 통해서만 찾을 수 있다. 인과율적 결과로서의 미래와 자기 실현적 예측 사이의 고리가 보장되는 미래의 이미지에 따라서 공조가 실현된다.

4. 핵 억제에서 식견 있는 비관론까지

투기 시간의 형이상학에서 볼 때, 실현된 사건의 연속으로 정의 되는 세계선世界線ligne d'univers(상대성 이론에서 사차원의 시공 세계에서 세계점 의 궤적이 만드는 곡선 – 옮긴이)상에 있지 않는 모든 사건은 불가능한 것 으로 간주되어야 한다. 달리 말하면 가능한 모든 것은 실현이 된 다는 말이다. 조심하는 것이 예방책이 될 수가 없는 것도 이 때문 이다. 예방책은 우리가 예측하는 원치 않은 사건이 실현되지 않는 가능태가 되기를 전제하는 것이다. 우리 행동이 근거를 갖기 위 해서는 사건은 가능한 것이어야 한다. 하지만 우리 행동이 유효 한 것이라면 그런 사건은 일어나지 않는다. 그런데 이런 일은 투 기 시간에서는 생각할 수 없는 것이다. 이런 논리 전개의 약점은 오늘날 인류 미래의 위협에 관한 성찰에 아주 중요한 공헌을 하게 될 것이다.

MAD 논리

'상호 확증 파괴MAD'(Mutually Assured Destruction), 이른바 '미치광 이 전략'이라 불리는 상황을 만드는 다음 게임을 살펴보자. A 나 라가 B 나라를 공격한다고 가정해보자. 공격받은 나라의 선택은 두 가지다. 공격을 감수하거나(이 경우 영토나 영향력을 잃게 된다) 더 큰 공격력으로 반격하는 것이다. 그런데 반격을 하는 순간 이 교전국 은 모두 재앙에 빠지게 된다.

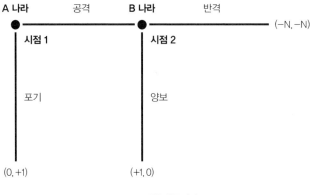

| 그림 5 | **상호 확증 파괴**

이 구조는 깊은 심연 옆에서 행해지는 제로섬 게임이다. 'A가 공격을 하면 B는 더 크게 반격함으로써 두 나라 모두 파괴될 것이다'라는 역진 귀납법 추론은 억제의 위협은 신뢰하지 못할 것이라고 결론 내린다.[7] 시점 2에서 A의 공격 뒤에 B는 양보하는 것이 사려 깊은 행동이라고 판단하게 될 것이다. 그래서 A가 시점 1에서 공격을 하고 B는 시점 2에서 양보한다. 이런 문제의 전략적 핵심은 바로 위협의 신뢰성 부족 문제이다. 알다시피 핵 억제력도 위협에 기반을 두고 있다. 어떤 국가 원수가 선제 타격을 받아 폐허가 되고난 뒤 그 보복으로 인류 역사를 끝낼지도 모를 위험을 감행할 수 있을까?

주

서문 | 정치, 경제의 현혹에서 벗어나기

1 〈르몽드〉(www.lemonde.fr) 2011년 11월 16일자.

2 다른 사례로 스페인 총선거 다음 날인 2011년 11월 21일자 〈르몽드〉에 실린 기사는 다음과 같다. "시장에 흔들리는 그리스, 아일랜드, 포르투갈, 이탈리아, 스페인. 스페인에 선거 전보다 더 강한 압력을 가하기로 시장들은 서슴없이 결정했다"(강조는 인용자). '시장들'은 자신이 원하는 것과 행한 것을 알고 있고 계획도 갖고 있다. 시장은 숙고하다가 가끔 적절한 때라고 판단되면 박차를 가하기도 한다. 반항하지 않는 언어의 쇠락을 지켜보면서도 아무도 분노하지 않는데 어찌 분노하지 않을 수 있단 말인가!

3 2011년 10월 10일자 〈르몽드〉에 실린 크리스토퍼 심스Christopher Sims와 토마스 사전트Thomas Sargent의 발언.

4 Milton et Rose Friedman, *Free to Choose: A Personal Statement*, New York, Mariner Books, 1990.

5 분명히 밝힐 게 있다. 이 책은 경제학자들에 대해 혹독하지만, 나의 타깃은 경제학자들의 작업이지 그것을 행하는 그 사람들이 아니다. 경제학계에는 뛰어난 지성과 통찰력을 가진 훌륭한 학자들이 많다. 그중에는 내 친구들도 꽤 있다. 하지만 그들이 훌륭한 이유는 경제학계의 일원임에도 '불구하고' 대단한 견해를 내놓고 있기 때문이다. 나는 파리 공과대학에서 철학을 가르치기 전에 10여 년 동안 경제학을 가르친 적이 있다. 경제학에 종사한 것이 전혀 유감스럽지 않다. 경제의 실패에도 불구하고, 아니 그 실패 때문에 경제 지식은 사회, 도덕, 정치에 관한 철학 연구 방법에 없어서는 안 될 소중한 지식을 제공해주고 있다. 경제학이라는 직군, 경제학계의 구조, 신규 인력 유입 방법, 노벨상을 통한 거짓 인정 등이 그 안에서는 뛰어난 숫자 놀음을 하면서 너무 지나치게 큰 역할을 행사하고 있는 경제학을 대학 교육과 전체 연구 시스템 내에서 가장 개혁이 일어나기 힘들고 가장 보수적인 학문으로 만들고 있다. 이는 오늘날 전 세계적인 현상이다.

1   Susan Neiman, *Evil in Modern Thought: An Alternative History of Philosophy*, Princeton University Press, 2004.

2   Alain Renault, *L'Ère de l'individu*, Gallimard, 1989 참조.

3   Rousseau, *Émile ou de l'Éducation*, IV, "Profession de foi du vicaire savpyard."

4   Jean-Pierre Dupuy, "Invidious Sympathy in *The Theory of Moral Sentiments*," *The Adam Smith Review*, vol.2, 2006, pp.96~121.

5   *Rousseau, juge de Jean-Jacques*, premier dialogue. 강조는 인용자.

6   Günther Anders, *Hiroshima est partout*, trad. Denis Trierweiler, Françoise Cazenave, Gabriel Raphaël Veyret, Ariel Morabia, Seuil, 2008, p.168. 강조는 인용자.

7   Hannah Arendt, *Eichmann à Jérusalem. Rapport sur la banalité du mal*, trad. Anne Guérin, Gallimard, 1996; réed. "Folio," 2002, pp.478~479. 여기서 아렌트는 올리버 홈스Oliver Wendell Holmes의 《관습법The Common Law》(1880)에 대한 해석으로 유명한 스탠퍼드 대학 법학 교수 요살 로가트Yosal Rogat(1928~1980)의 말을 인용한다.

8   Émile Durkheim, *Les Formes élémentaire de la vie religieuse*, 6ᵉédition, PUF, 1979, p.598.

9   *Ibid.*

10   *Poèmes sur le désastre de Lisbonne*, v.169~174; in Voltaire, *Candide*, éd. Sylviane Léonie, LGF, "Le Livre de poche," 2003, p.190.

11   Voltaire, *Ibid.*, v.175~176.

12   Albert Hirschman, *The Passions and the Interests: Political Arguments for Capitalism Before Its Triumph*, Princeton University Press, 1977.

13   *Ibid.*, p.132.

14   여담이지만 사정이 이러하기에 소문으로 돌고 있는 '케인스의 귀환'은 농담일 뿐이다.

15   Jean-Pierre Dupuy, *Libéralisme et justice sociale: le Sacrifice et l'Envie*, chap.VIII, "Friedrich Hayek ou la justice noyée dans la complexité sociale," Hachette, "Pluriel," 1997; réed. 2009 참조.

16   *Ibid.*, chap.III, "Adam Smith et la sympathie envieus" 참조.

17   이것은 허시먼 자신의 해석이다.

18   René Girard, *La Violence et le Sacré*, Grasset, 1972.

19 헤겔 철학에서는 자기 외재화Entäusserung라고 표현한다.

20 하이에크가 자주 인용하는 스코틀랜드 출신 계몽사상가 애덤 퍼거슨에 따르면 사회 질
    서는 "사람들의 의도가 아니라 그들이 한 행동의 결과다"(*An Essay on the History of Civil
    Society*, 1767).

21 그중에서도 특히 2막 3장.

22 Milton et Rose Friedman, *Free to Choose: A Personal Statement*, New York, Mariner
    Books, 1990. p.5. 강조는 인용자.

23 *Rousseau, juge de Jean-Jacques*, premier dialogue.

24 Alexis de Tocqueville, *De la démocratie en Amérique*[1840], t.II, Deuxième partie,
    chap.XIII, "Pourquoi les Américains se montrent si inquiets au milieu de leur bien-
    être." 강조는 인용자.

25 *Ibid.*

26 Günther Anders, *Hiroshima est partout, op. cit.*, pp.171〜172

2장 ǀ 자기 초월성

1 다른 판본에서는 늪에 빠진 자신의 가죽 장화 끈을 당겨 탈출한다고 되어 있다. 여기서
   장화 '부트boot'와 가죽 끈 '스트랩strap'이 합쳐 '부트스트랩bootstrap'이라는 단어가 나
   왔다. 1786년 독일에서는 작가 루돌프 에리히 라스페Rudolf Erich Raspe가 뮌하우젠 남작의
   이야기를 각색해《허풍선이 남작 뮌하우젠》이라는 소설을 내놓기도 했다. 부트스트랩
   은 독일 지식인들이 미국에 들어오면서 몇 가지 우회 어법으로 사용되다가 오늘날에는
   컴퓨터 용어로 주로 사용되고 있다. 어떤 프로그램이 더 복잡한 다른 프로그램을 구동
   시킬 때 '부트스트래핑'이 있다고 하거나 컴퓨터에 시동을 걸 때 '부팅'한다고 말한다.

2 Friedrich Nitzche, *Généalogie de la morale*, trad. Eric Blondel, Ole Hansen-Løve,
   Théo Leydenbach et Pierre Pénisson, Deuxième traité, "la 'faite', la 'mauvaise
   conscience' et ce qui s'y apparente," §1, GF-Flammarion, 2002.

3 항상 프랑스어보다 간결한 영어는 경제 주체를 '가격 수용자price-takers'라고 표현한다.

4 모리스 고들리에Maurice Godelier는《경제의 합리성과 비합리성 Rationalité et irrationalité en
   économie》(Maspero, 1968, p.33)에서 다음과 같은 주장을 전제했다. "신고전주의 이론에서

는 기업은 시장 가격을 변화시키는 능력이 없고 단지 적응만 할 수 있다고 주장한다. 그런데 이 주장은 모든 경제 주체는 수요와 공급에 따라 가격 형성에 기여한다는 일반 가설과 '모순'된다."

5   예를 들면 다음과 같은 책이 있다. Niall Ferguson, *Virtual History*, Londres, Picador, 1997.

6   1장에서 언급한 이 개념에서 한 걸음 더 나아가 나는 서로를 무한히 반사하는 마주 보는 두 개의 거울처럼 우리가 보기에 타인도 무한한 격자 속에서 똑같이 행동한다는 것을 고려해 타인의 생각을 복제하는 인지 행위를 '거울'이라는 용어로 표현할 것이다. 애덤 스미스와 같은 스코틀랜드 계몽사상가 중 한 사람인 데이비드 흄은 "사람들의 마음은 서로의 거울이다"(David Hume, *Traité de la nature humaine*[1740], II, 2, section 5)라고 했다.

7   경제사상의 한 영역인데 오늘날 경제학의 여러 영역에서 외면받고 있다. '관습경제학'이라는 이름으로 알려진 이 영역의 기원은 미국의 형이상학자 데이빗 루이스의 다음 저서에서 영감을 받았다. David K. Lewis, *Convention: A Philosophical Study*, Cambridge, Havard University Press, 1969.

8   이 용어는 레옹 발라의 '일반 균형' 이론에서 결정적 영향을 받은 것 같다. 일찍이 공학 교육을 받은 발라는 부친인 경제학자 오귀스트 발라의 친구인 수학자 오귀스탱 쿠르노 Augustin Cournot에게서 많은 영향을 받는다. 고전 역학 전문가이기도 한 아버지 오귀스트 발라의 경제학 저술은 지금도 인용되고 있다. 경제 이론에 쓰인 공학적 메타포는 우리가 앞에서 경제학의 감추어진 형이상학이라 부르던 것을 잘못 이해해온 이유를 설명해줄 것이다.

9   미국 철학자 존 설John Searle은 '강한' 인공지능 프로그램에 대한 신랄한 비판을 통해 이 관점을 명확히 밝혔다. 그는 다음과 같은 예를 즐겨 사용했다. 피자 한 조각을 소화시킬 때 일어나는 생화학 과정을 컴퓨터로 시뮬레이션하는 것은 우리가 이제 막 직접 맛본 그 피자를 소화하는 것과 똑같지 않다.

10 David K. Lewis, "Counterfactual Dependence and Time's Arrow," dans *Philosophical Papers*, t.II, Oxford University Press, 1986.

11 예레미야서 13장 23절.

12 Hans Jonas, *Le principe responsabilité: une Éthique pour la civilisation technologique*, trad. par Jean Greisch, Flammarion, "Champs," 2008, p.221. 강조는 인용자.

13 미국 사회학자 로버트 머턴Robert Merton이 처음 사용한 용어다.

14 "경보 울리기를 주저하는 지도자들을 이해한다. 2011년 9월 6일 세계은행 총재 로버트 졸릭Robert Zoellick은 미국의 경기 하락 위험은 없을 것이라고 신중하게 주장했다. 여기에 딜레마가 있다. '있는 그대로의 지금 상황'을 말하면 경제 주체들을 더 절망시켜서 '불길한 자기 충족적 예언'의 실현을 부추길 우려가 있다는 것이다"(《르몽드》 2011년 9월 6일자 사설). 신중하고 보기 드물게 정직한 경제학자 자크 들로르Jacques Delors 역시 이렇게 말했다. "3주 전에 나는 유로화가 깊은 수렁에 직면해 있다고 말했다. 그러자 내 말이 시장을 불안에 떨게 한다는 말이 많았다. 참으로 안 된 일이지만 슬프게도 '실제 현실은 내 말이 옳다는 것을 인정해주었다'"(《르몽드》 2011년 9월 18일자).

15 경제 전문 기자 알랭 포자Alain Faujas는 2011년 9월 9일부터 11일까지 열린 마르세유 G7 회의에 대해 이렇게 썼다. "정상들에 대한 여론의 요구와 '있는 그대로 밝힘으로써 쓰나미를 일으키거나 침묵을 지켜서 쓰나미를 일으킬까봐 겁에 질린' G7의 약삭빠른 이 재주꾼들의 신중함은 너무 동떨어져 있다. 어쩌면 G7은 예고도 언론도 없이 회의를 열었던 처음 관행으로 돌아가야 하는 게 아닐까? 한 정상이 이렇게 대답했다. '기자 중에 한 사람도 이런 상황을 몰랐을 리 없다. 만약 몰랐다면 그게 더 나쁘다. 정상들이 이처럼 과도하게 신중하다는 것은 곧 상황이 그만큼 심각하다는 증거이기 때문이다.' (…) G7에게는 미션 임파서블이다"(《르몽드》 2011년 9월 13일자).

16 1960년대 초반 가스통 베르제Gaston Berger와 같이 이 분야의 선구자였던 베르트랑 드 주브넬Bertrand de Jouvenel이 만든 '미래 가능태futuribles'라는 말도 쓸 수 있을 것이다.

17 유명한 미래학자 자크 르주른의 표현(Jacques Lesourne, *Milles Sentiers de l'avenir*, Seghers, 1981 참조).

18 사람들에게 어떤 명제가 진실로 받아들여지고 있는 동시에 모두 그 명제가 진실임을 알고 또한 그 명제가 진실임을 모두가 알고 있음을 모두가 알고 있을 때, 즉 그게 진실임을 모두 무한히 반복해서 알고 있을 때 그 명제는 상식이 된다(Jean-Pierre Dupuy, "Common Knowledge and Common Sense," *Theory and Decision*, n° 27, 1989, pp.37~62 참조).

19 André Orléan, "L'autoréférence dans la théorie keynésienne de la spéculation," *Cahiers d'économie politique*, n° 14-15, 1988, pp.229~242.

20 독일 전 대통령 크리스티안 불프와 프랑스 언론인 미셸 드 프라콩탈이 함께 쓴 위기에 관한 짧은 책에서 이에 관한 다양한 사례를 볼 수 있다(*Le virus B. Crise financière et mathématiques*, Seuil, 2009). 예를 들어 "부동산 거품은 미국의 경우 기우에 불과하다"(앨

런 그린스펀 연방준비제도이사회 의장, 2004.10.21.), "서브프라임 위기가 와도 성장에는 큰 영향을 주지 않을 것이다"(도미니크 스트라우스 칸 IMF 총재, 2007.10.1.), "부동산과 금융 위기는 미국 실물 경제에 영향이 없을 것 같다. 프랑스 실물 경제에 영향을 준다고 생각 할 이유도 없다"(크리스티앙 라가르드 프랑스 경제장관, 2007.11.5.) 등이 있다.

21 신명기 18장 21~22절.

22 Paul Dumouchel et Jean-Pierre Dupuy, *L'Enfer des choses: René Girard et la logique de l'économie*, Seuil, 1979; Jean-Pierre Dupuy, *Le Sacrifice et l'envie: Le Libéralisme aux prises avec la justice sociale*, Calmann-Lévy, 1996 참조.

23 이 말은 특히 하인츠 폰 푀르스터Heinz von Foerster, 앙리 아틀랑Henri Atlan, 프란시스코 바 렐라Francisco Varela 같은 네오 사이버네틱스(신인공지능학)의 전통에서 나온 표현이다. 네 오 사이버네틱스의 이런 전통과 초기 사이버네틱스와 일반 인지 과학에 관해서는 다 음 책을 참조하라. Jean-Pierre Dupuy, *The Mechanization of the Mind*, Princeton University Press, 2000.

24 뷔퐁은 《박물지Histoire naturelle》에서 다윈보다 100년 앞서 인간과 원숭이에게는 공통의 선조가 있을 것이라는 가정을 세웠다.

25 Jean-Pierre Dupuy, *La Panique*, Les Empêcheurs de penser en rond, 2003.

26 Sigmund Freud, *Psychologie collective et analyse du moi*, 1921.

27 Émile Durkheim, *Les Formes élémentaires de la vie religieuse*[1912], PUF, 1979.

28 Elias Canetti, *Masse et puissance*, trad. Robert Rovini, Gallimard, 1966.

29 Canal 13, NPBS, New York, 2011년 10월 29일. 강조는 인용자.

30 이러한 주장은 프랑스 경제학자 장 밥티스트 세이Jean-Baptiste Say의 이름을 딴 '세이의 법칙' 혹은 '판로의 법칙'으로 알려져 있으며 케인스의 반론으로 유명해졌다.

31 1980년대부터 프랑스 경제학회가 케인스 이론에 더 단단한 기초를 제공해주면서 발전 시켜온 이른바 '고정가격 균형 이론'을 요약한 것이다(Edmond Malinvau, *Réexamen de la théorie du chômage*, Calmann-Lévy, 1980 참조). 물러서서 보면 이 이론이 단단한 기초를 갖 기에 부족한 것은 자기 초월 모델이다.

32 Ivan Illich, *Énergie et équité*, trad. Luce Giard, postface de Jean-Pierre Dupuy, Seuil, 1975; Jean-Pierre Dupuy et Jean Robert, *La Trahison de l'opulence*, PUF, 1976.

33 Hannah Arendt, *Condition de l'homme moderne*, trad. Georges Fradier, Calmann-Lévy, 1961, pp.274~278.

34 애초 '(인질의) 몸값'을 의미하던 'finance'(금융)란 단어와 'fin'(끝)이란 단어의 어원은 고대 프랑스어의 'finer'이다. 원래 '지불하다'라는 의미였는데 '끝내다, 종식하다, 그래서 지불하다'라는 말로 파생되었다(*Le Grand Robert*, èd. Alain Rey, 2008).

35 Roger Guesnerie, *L'Économie de marché*, Flammarion, "Dominos," 1996, p.75 참조.

36 Alexis de Tocqueville, *De la démocratie en Amérique* [1840], t.II, Première partie, chap.I.

37 *Ibid*., chap.II.

38 나는 이런 지표들을 종종 '내인성內因性의 고정점point fixe endogène'이라고 부른다.

39 Alexis de Tocqueville, *De la démocratie en Amérique, op. cit*., chap.II.

40 André Orléan, *L'Empire de la valeur. Refonder l'économie*, Seuil, 2011 참조.

41 Émile Durkheim, *Les Formes élémentaires de la vie religieuse, op. cit*., pp.300~301.

42 프로이트는 집단 심리학에서 이런 구조를 파악해내지 못했다. Jean-Pierre Dupuy, *La Panique, op. cit.* 참조.

43 Jean-Pierre Dupuy, *La Marque du sacré*, Flammarion, "Champs," 2010.

3장 | 종말의 경제와 경제의 종말

1 Jean-Pierre Dupuy, *Petite Métaphysique des tsunamis*, Seuil, 2005.

2 문헌에서 보여주는 추정치는 다양하다. 미국의 성인 공공 의료 보험인 '메디케어Medicare' 제도에 관한 한 연구는 30퍼센트로 추정하고 있다(Brigitte Dormont, "Les dépenses de santé: une augmentation salutaire?," dans Philippe Askenazy et Daniel Cohen(dir.), *Seize Nouvelles Questions d'économie contemporaine*, Hachette, "Pluriel," 2010, p.395 재인용). 또 많은 논쟁을 불러온 2010년 7월 1일자 〈르몽드〉 한 기사(Dr Luc Perino, "La Mort et le PIB")는 프랑스의 경우 80퍼센트에 이른다고 한다.

3 Brigitte Dormont, "Les dépenses de santé: une augmentation salutaire?," art. cité, p.396.

4 Jean-Pierre Dupuy et Serge Karsenty, *L'Invasion pharmaceutique*, Seuil, 1977.

5 Jean-Claude Beaune, *La Philosophie du remède*, Seyssel, Champ Vallon, 1993, p.359, 361.

6 Brigitte Dormont, "Les dépenses de santé : une augmentation salutaire?," art. cité,

p.401. 강조는 인용자.

7   경제학자들은 이를 '한계 비용'이라 부른다.

8   경제학자들은 이를 비용곡선의 '볼록성convexité'이라 부른다.

9   이렇게 정의된 인명 가치라는 개념은 숭고함이 아니라 지수의 지위를 갖고 있다. 숭고함이라고 보는 경우 더위를 이야기한다고 해보자. 어떤 수치는 2배나 3분의 1이라고 하는 것을 의미한다. 지수라고 보는 경우 가령 온도를 이야기할 때와 다른 것은 없다. 우리는 기껏 어떤 지수의 값은 다른 것보다 낮거나 같거나 월등하다고 말할 수 있을 뿐이다. 화씨와 섭씨처럼 지수를 측정하는 한 방법에서 다른 방법으로 넘어갈 때 사실 그 비율이 그대로 보존되는 것은 아니다. 하지만 일부 사람들은 생명의 가치를 지수로 삼는 것을 받아들이지 않는다. 그들은 존엄성을 높이기를 원한다. 게리 베커에게서 보았듯이 오늘날 일반적 해결책은 지출에 동의하는 것이다. 즉 '당신 생명을 1년 연장하기 위해 기꺼이 지출할 것이라고 말한다면 그게 얼마인지를 말해주겠다'라는 식이다. 무기력한 경제주의에서 생명의 가치는 때때로 상품으로서의 재화와 용역의 생산량으로 측정된다. 여기에 따르면 미국인의 생명 가치는 벵골인보다 100배나 높다. 초기 IPCC의 한 보고서는 기구 변화의 기대 결과치를 돈으로 표현해 평가하려 애썼다. 멕시코만의 사이클론 피해는 해수면 상승으로 방글라데시의 대초원이 사라지는 것과 같이 다뤄졌다. 인명 손실의 피해액은 국민 1인당 국내 총생산액에 따라 평가되었다. 극빈국 대표가 사임한다는 위협 앞에서 IPCC는 이런 계산을 철회하여 지금에 이르고 있다. 이런 경우는 비일비재하다. 개념적으로, 즉 철학에서 볼 때 노동은 기술 만능주의의 정말 터무니없는 망상에 제동을 걸 수 있다는 점에서 쓸모 있는 것 같다.

10   '도덕적 통계'를 창시한 아돌프 케틀레Adolphe Quetelet(1796~1874)가 사용하는 의미에서 그러하다.

11   통계에서 개인의 정체성이 소멸하는 극단적 경우인 체르노빌 희생자를 연구한 적이 있다. 이 사건에서는 심지어 인명의 가치가 '무無'에 이르기도 했다. 몇십 명이라는 공식 발표의 사망자 숫자와 오염 지역 내의 몇천만 명의 주민 중 몇십 만 명이 사망했다는 발표에 이르기까지, 그 비율은 1 대 1만에 이를 정도였다. 인명 평가가 이처럼 대조적인 경우는 인류 역사상 일찍이 없었을 것이다. 이처럼 아주 큰 편차를 한 편의 부정직과 다른 편의 원한으로 설명하기는 힘든 것 같다. 문제는 실은 철학적 진실의 문제다. 대단한 효과를 낳을 가능성이 지극히 미약한 행동과 사건들이 있다. 아주 미약한 가능성을 우리는 무로 계산해야 할까? 그 효과는 아주 미세하지만 그 미세한 효과가 많은 사람을

감동시키는 행동이나 사건도 있다. 효과가 미세하다고 해서 아예 없는 것으로 손비 처리해야 할까? 체르노빌의 경우 방사능 피폭이 일정 시기에 방대한 인구에 분산되어 암이나 백혈병으로 사망한 사람이 체르노빌 사고로 사망했다고 말하기 어렵다. 대신 암이나 백혈병에 걸려 사망할 '선험적' 확률이 체르노빌 때문에 아주 약간 커졌다고 말할 수 있을 뿐이다. 나는 원자력 발전소 재앙으로 죽은 수만 명의 사람에게는 '이름을 붙일 수가 없다'라고 생각한다. 공식 입장은 그런 사망자는 없다고 결론 내렸다. Jean-Pierre Dupuy, *Retour de Tchernobyl. Journal d'un homme en colère*, Seuil, 2006 참조.

12 La Bruyère, *Les Caractères*[1688], XI, 38.

13 '수명의 수학적 예상치'라고 하는 편이 더 정확한 표현일 것이다. 이런 의미로 '평균'이 라는 말을 사용할 것이다.

14 확률론 전문가들은 '가우스곡선' 혹은 '정규곡선'이라 부른다.

15 앞에서 살펴본 '폴랴 항아리' 실험이 좋은 예가 될 것이다.

16 2009년 9월 14일. 경제적 실현과 사회 진보 측정 위원회 보고서(http://www.stiglitz-sen-fitoussi.fr/fr/index.htm).

17 브누아 망델브로가 이 비유를 처음 언급한 시기는 정확히 알 수 없다. 그는《시장의 프랙탈적 접근Une approche fractale des marchés》(Odlie Jacob, 2004)에서 금융 시장에 적용한 프랙탈 이론을 소개했다. 이 책은 오늘날 금융 위기를 예견했지만 출간 당시에는 별 관심을 끌지 못했다. 죽기 직전의 한 인터뷰에서 망델브로는 "정말 심각한 사태가 일어나는 것은 피할 수 없다"라고 했다(〈르몽드〉 2009년 10월 18~19일자).

18 Günther Anders, *L'Obsolescence de l'homme. Sur l'âme à l'époque de la deuxième révolution industrielle*, Éditions de l'Encyclopédie des nuisances, 2001; Günther Anders, *Hiroshima est partout*, trad. Denis Trierweiler, Françoise Cazenave, Gabriel Raphaël Veyret, Ariel Morabia, Seuil, 2008 참조.

19 Jean-Pierre Dupuy, *La Panique*, Les Empêcheurs de penser en rond, 2003.

20 크리스티앙 월터Christian Walter와 미셸 드 프라콩탈Michel de Pracontal은《바이러스 B Le Virus B》에서 금융계가 정상분포곡선이나 정규분포곡선에 매달려 있는 정도는 거의 치유가 불가능함을 보여준다. 책 제목에서 브라운 운동을 의미하는 B는 행보가 프랙탈 법칙을 따르고 있는 우연의 시장을 가리킨다. 이 책의 두 저자는 지금의 금융 위기는 금융가들이나 경제학자들이 그동안 극단적 사건들을 너무나도 명백하게 과소평가한 탓이라고 주장한다.

21 Jean-Pierre Dupuy, *Pour un catastrophisme éclairé*, Seuil, 2002, rééd. "Points," 2005.

22 수학적으로는 어떤 순간 시스템의 '상태'는 그 '결과'가 무한히 긍정적일 거라고 보는 사람들의 신념에 달려 있다.

23 Peter Thiel, "The Optimistic Thought Experiment," *Policy Review*, Stanford University, mars-avril 2008(http://www.hoover.org/publications/policyreview/14801241.html).

24 Jean-Pierre Dupuy, *La Marque du sacré*, Flammarion, "Champs," 2010.

4장 | 경제 이성 비판

1   Max Weber, *L'Éthique protestante et l'Esprit du capitalisme*[1904~1905; éd. déf. 1920], trad. Jacques Chavy, Plon, 1964.

2   Jean-Pierre Dupuy, *La Marque du sacré*, Flammarion, "Champs," 2010.

3   Annette Disselkamp, *L'Éthique protestante de Max Weber*(PUF, 1994)가 그 좋은 예가 될 것이다. 이 저작은 두 가지 점에서 주목할 만하다. 첫째는 베버의 주장으로 촉발된 논쟁의 핵심을 종합적이고도 분명하게 보여주고 있다는 점이고, 둘째는 레이몽 부동 Raymond Boudon의 지도 아래 연구를 진행하면서 베버가 자본주의 정신의 형성을 '사회의 실질적 변화는 무시하고 종교적 기원에만 한정'했다고 지적하는 등 비판적 입장을 견지하면서도 '설계 시간'이라 부르는 구조의 일관성을 모를 때 우리가 범하게 되는 온갖 실수와 혼동을 집약해서 보여주고 있다는 점이다.

4   Pierre Chaunu, *Église, culture et société. Essais sur Réforme et Contre-Réforme(1517~1620)*, SEDES, 1981, p.46.

5   막스 베버가 사용하는 독일어 '베루프Beruf'는 직업職業 또는 소명召命이라는 뜻이 있다.

6   Max Weber, *L'Éthique protestante et l'Esprit du capitalisme*, op. cit., p.141, note 67.

7   *Ibid.*, p.134.

8   *Ibid.*, p.135.

9   *Ibid.*, p.122.

10 *Ibid.*, p.240.

11 *Ibid.*, p.205.

12 *Ibid.*, p.207.

13 *Ibid.*, p.141. note 67. 강조는 인용자.

14 Annette Disselkamp, *L'Éthique protestante de Max Weber, op. cit.*, p.124.

15 Neil Howard Keeble, *Richard Baxter, Puritan Man of Letters*, Oxford, Clarendon Press, 1982, p.69; trad. Annette Disselkamp. 강조는 인용자.

16 William Haller, *The Rise od Puritanism, or The Way to the New Jerusalem Set Forth in Pulpit and Press from Thomas Cartwright to John Lilburne and John Milton(1570~1643)*, 2ᵉéd., New York, Harper, 1957. Annette Disselkamp, *L'Éhique protestante de Max Weber, op. cit.*, p.143. note 2에서 재인용.

17 Alain Peyrefitte, *La Société de confiance*, Odile Jacob,1995, pp.119~121. 알랭 페르피트는 "운명론은 아니었다. 네덜란드인들의 모든 관행은 운명론 거부를 분명히 보여준다. 네덜란드는 칼뱅주의를 믿는 나라였다. 예정설을 지키기 위해 목숨까지 걸 수 있는 사람들의 에너지로 세워진 나라다. 여기에는 분명 모순적인 어떤 것이 들어 있다"(*Ibid.*, p.119)라고 네덜란드 칼뱅주의의 역설을 지적하고 있다. 그러나 양립 가능성이라는 시각을 도입하는 순간 이런 모순은 일거에 해소된다. Alain Peyrefitte, *Du "miracle" en économie. Leçons au Collège de France*, Odile Jacob, 1995 참조.

18 Annette Disselkamp, *L'Éthique protestante de Max Weber, op. cit.*, p.138.

19 *The Workes of That Famous and Worthy Minister of Christ in the University of Cambridge, Mr. William Perkins*, London, 1616, vol.1, p.435, 437. Annette Disselkamp, *L'Éthique protestante de Max Weber, op. cit.*, pp.138~139 재인용.

20 *The Workes, op. cit.*, vol.1, p.438. Annette Disselkamp, *L'Éthique protestante de Max Weber, op. cit.*, p.139 재인용.

21 Disselkamp, *L'Éthique protestante de Max Weber, op. cit.*, p.139. 강조는 인용자.

22 베버를 어떻게 비난할까? 이 작업을 가능케 한 이론적 도구는 베버가 죽은 지 한참 후인 20세기 후반에야 나왔다. 오늘날의 주석자들에게 똑같은 관용을 베풀기 힘들 것 같다.

23 Annette Disselkamp, *L'Éthique protestante de Max Weber, op. cit.*, p.101

24 영어로는 'sure thing principle'로 통한다. 이 공리는 선호도에 관한 것이다. 상황이 집합 X에 속하거나 그 여집합 X에 속하거나 어떤 사람이 조건 q보다 p를 더 선호한다면, 상황이 X이든 여집합 X이든 간에 그는 당연히 q보다 p를 더 선호하게 될 것이다.

25 Choderlos de Laclos, *Les Liaisons dangeureuses*, 1782, 4부 편지 152. 강조는 인용자.

26 발몽에게 한 방 먹인 메르테유의 논리는 사실 지배 전략의 교훈적 가르침이라기보다는

하나의 궤변이다. 발몽의 태도는 그를 속이거나 속이지 않거나 하는 메르테유의 결심에 영향을 주고 있기 때문이다. 어떤 영향일까? 만약 메르테유 부인과 당스니의 관계에 대해 발몽이 질투하듯이 메르테유 부인이 발몽을 질투하지 않는다면, 발몽이 메르테유를 지배할 수 있는 것은 스스로가 나쁜 연인임을 보여줄 때만 가능하다. 발몽이 좋은 연인으로 메르테유의 마음을 얻는 경우는 배제되어 있어 지배 전략은 스스로 자멸하고 만다.

27 나는 윌리엄 뉴컴이 가상의 인물이라고 여기는 사람에 속한다. 아니 그보다는 이 이름이 미국 철학자 로버트 노직Robert Nozick의 가명이라 생각한다. 윌리엄 뉴컴이라는 양자 물리학자가 제기한 것이라고 그 기원을 밝히고는 있지만 이 역설을 처음으로 거론한 사람은 바로 로버트 노직이다.

28 특히 스탠퍼드 대학생들에게 행한 아모스 트버스키의 실험이 대표적이다.

29 이런 상황은 공통의 원인을 가진 뉴컴의 역설로 불린다. 막스 베버의 문제도 이런 범주에 속한다. 하나님 명령이라는 똑같은 원인에서 내가 선민이라는 것도 나오고 내가 선민으로 행동한다는 사실도 나온다. 만약 내가 선민으로 처신하지 않았다면 그것은 하나님 명령이 나에게 호의적이지 않았고 내가 저주받았기 때문일 것이다.

30 베르그송의 형이상학에서 이렇게 행동하는 것은 가능성이다. Bergson, *Le Possible et le Réel*, dans OEuvres, éd. André Robinet, PUF, 1991, p.1340 참조.

31 이와 관련해 미국 인류학자 조지 포스터George M. Foster의 여러 책이 있다.

32 이 주장에 대한 상세한 설명은 '부록'에서 확인할 수 있다.

33 분석 철학과 현상학이라는 정신 철학의 대표적 두 갈래를 비교하는 가장 효과적인 방법 중 하나는 '자기기만'과 '허위의식'이라는 쌍둥이 개념과 데이비슨과 사르트르를 비교하는 것이다. 스탠퍼드 대학에서 가르칠 때 이렇게 비교해볼 기회가 자주 있었다.

34 Donald Davidson, "Deception and Division," Jon Elster(ed.), *The Multiple Self*, Cambridge University Press, 1985, pp.79~92.

35 여기서 희망 사항wishful thinking이란 자신의 욕망을 현실로 착각한다는 뜻이다.

36 Donald Davidson, "Two Paradoxes of Irrationality," Richard Wollheim et James Hopkins(ed.), *Philosophical Essays on Freud*, Cambridge University Press, 1982, pp.289~305 참조.

37 Amos Tversky et Eldar Shafir, "Penser dans l'incertain. Raisonner et choisir de façon non conséquentialiste," Jean-Pierre Dupuy et Pierre Livet(dir.), *Les Limites de la rationalité*, t.1, "Rationalité, éthique et cognition," colloque de Cerisy, La Découverte,

1997, pp.118~150.

38 Jean-Paul Sartre, *L'Être et le Néant*, 1943, Gallimard, "Tel," 2006, p.554.

39 *Ibid.*, p.614.

40 Alain Renaut, *Sartre, le Dernier Philosophe*, Grasset, 1993, p.49.

41 *Ibid.*, p.48.

42 Jean-Paul Sartre, *L'Être et le Néant, op. cit.*, p.604.

43 *Ibid.*, p.523.

44 *Ibid.*, p.524.

45 *Ibid.*, p.104.

46 *Ibid.*

47 *Ibid.*, p.106.

48 *Ibid.*

49 Alain Renaut, *Sartre, le Dernier Philosophe, op. cit.*, p.180.

50 Jean-Paul Sartre, *L'Être et le Néant, op. cit.*, p.104.

51 *Ibid.*

52 *Ibid.*, p.105.

53 *Ibid.*

54 Jean-Paul Sartre, "Explication de L'Étranger," *Situation I*, Gallimard, 1947, pp.92~112.

55 *Ibid.*, p.108.

56 *Ibid.*

57 René Girard, "Camus's Stranger Retried," *PMLA*, n⁰ 79(décembre 1964), pp.519~533. "To Double Business Bound," *Essays on Literature, Mimesis and Anthropology*, The Johns Hopkins University Press, 1978, pp.9~35 재수록. 프랑스판으로는 "Pour un nouveau procès de L'Étranger," *Critiques dans un souterrain*, LGF, "Le Livre de Poche," 1983, pp.137~175.

58 *Ibid.*, p.145.

59 Jean-Paul Sartre, *L'Être et le Néant, op. cit.*, p.91.

60 Jean-Paul Sartre, "Explication de L'Étranger," *op. cit.*, p.101. 강조는 인용자.

61 Alain Renaut, *Sartre, le Dernier Philosophe, op. cit.*, p.203.

62 인간 조건의 되돌릴 수 없는 면을 지칭하기 위해 하이데거가 만들어낸 말로 '공존재'라는 의미다. 사르트르도 이를 참조했지만 여기서 더 나아가지 않았다. 데이비슨의 '자기 기만'이라는 유아론 외에는 비길 만한 게 없는 거짓 믿음이라는 유아론적 생각의 희생물이라 볼 수 있을 것 같다.

63 이에 애덤 스미스는 스스로를 믿고 대중의 반응에는 아랑곳하지 않는 수학자와 자연과학자들의 태도와 대중들의 악의적 반응에 취약해 곧장 거기에 대한 대책을 꾸리는 시인의 태도를 대조적으로 제시한다. 얼마나 흥미로운 지적인가! 오늘날 현실은 수학자들의 태도가 시인들보다 별로 나을 것도 없지만 말이다.

64 앙드레 오를레앙은 '경제적 가치'라는 개념을 근본적으로 새롭게 생각할 것을 제안한다. 상품의 가치와 유용성을 연결하는 고전적 전통은 그 결정 요인이 현재와 과거에 있다는 의미에서 가치를 객관적 수량으로 간주한다. 반면에 앙드레 오를레앙이 제시하는 재편은 '미래의 궤적trace de l'avenir', 즉 미래의 길에 있는 현재의 반영이다. 그는 이렇게 쓰고 있다. "오늘날처럼 불확실한 세계에서는 복수의 미래가 가능하므로 복수의 가치도 가능하다. 따라서 평가에는 중립적인 것이 하나도 없다. 평가는 결코 현재 상태를 측량한 것이 아니고 항상 이해관계를 나타내는 관점의 표현이다. 평가는 사회가 어떤 길은 모색하고 어떤 길은 무시할지 결정하면서 참여하는 행위다"(André Orléan, *L'Empire de la valeur. Refonder l'économie*, Seuil, 2011).

결론 | 운명론에서 벗어나기

1 이 관점에 대한 어려운 논증은 '부록'을 참조할 것.
2 이중 역설에 대해서는 다음 두 권의 책에서 깊이 다루었으니 참조하기 바란다. Jean-Pierre Dupuy, *Pour un catastrophisme éclairé*, Seuil, 2002, réed. "Points," 2005; Jean-Pierre Dupuy, *Petite Métaphysique des tsunamis*, Seuil, 2005.

부록 | 시간의 역설

1 p는 p가 거짓이거나 q가 참인 경우에만 물질적으로 q를 내포한다.

2 Alvin Plantinga, "On Ockham's Way Out," *Faith and Philosophy*, n⁰ 3, 1986, pp.235~ 269.

3 Jean-Pierre Dupuy, "Two Temporalities, Two Rationalities: A New Look at Newcomb's Paradox," in Paul Bourgine et Bernard Walliser(dir.), *Economics and Cognitive Science*, Oxford et New York, Pergamon Press, 1992, pp.191~220; Jean-Pierre Dupuy, "Counterfactual Consequences," communication à l'atelier "Rationality and Change," Cambridge, 6-8 septembre 2006 참조.

4 Jean-Pierre Dupuy, "Temps et rationalité: les paradoxes du raisonnement rétrograde," dans *Les Limites de la rationalité*, t. I, Jean-Pierre Dupuy et Pierre Livet(dir.), *Rationalité, éthique et cognition, La Découverte*, 1997, pp.30~58; Jean-Pierre Dupuy, "Rationality and Self-Deception," dans Jean-Pierre Dupuy(dir.), *Self-Deception and Paradoxes of Rationality*, CSLI Publications, Stanford University, 1998, pp.113~150 참조.

5 합리적 선택 이론가들은 이미 확신 게임을 역진 귀납법 역설의 하나로 인정하지 않는다. 그들에게 이 역설이 존재하는 것을 알려주기 위해서는 '지네 게임centipede game' 같은 더 복잡한 게임이 필요하다. 내 이론의 장점 중 하나는 이런 구분을 할 필요가 없다는 것이다. Jean-Pierre Dupuy, "Philosophical Foundations of A New Concept of Equilibrium in the Social Sciences: Projected Equilibrium," *Philosophical Studies*, n⁰ 100, 2000, pp.323~345 참조.

6 Roger Guesnerie, *L'Économie de marché*, Flammarion, "Dominos," 1996.

7 1986년 프랑스 전략은 다음과 같았다. "우리 잠수함은 30분 만에 5000만 명을 살상할 수 있다. 그래서 우리는 어떠한 적도 억제할 수 있을 것이라고 생각한다."

경제에 던지는 관념적 포고문

1. 장 피에르 뒤피에 관하여

이 책은 장 피에르 뒤피[Jean-Pierre Dupuy]의 *L'Avenir de l'économie: Sortir de l'économystification*을 우리말로 옮긴 것이다. 프랑스 에콜폴리테크니크의 명예 교수이자 미국 스탠퍼드 대학의 교수인 장 피에르 뒤피는 이성을 중시하는 철학자이지만 문과 출신이 아니다. 이 말의 의미는 다음 뒤피의 말에서 잘 드러난다.

나에게는 동료 지식인들과 다른 특징이 하나 있는데, 그 특징은 장점이 되어야 마땅하지만 프랑스의 풍토에서는 오랫동안 단점이 되었다. 그것은 내가 이과 출신이라는 점이다. 더 정확하게 말하면 나는 수학과 논리학을 전공했다. 당시는 이과 학문과 철학 사이를 넘나드는 게 당연한 시절이었다. (…) 미국과 사정이 다른 오늘날 프랑스 대다수의 지식인, 특히 철학자들은 모두 문과 출신일 뿐만 아니라 자연 과학과 이공 기술 같은 이과 학문의 잘못을 고발하는 것이 자신들의 의무이며, 스스로 이에 대한 해독제

를 가지고 있다고 여긴다.[1]

1941년 파리에서 태어난 뒤피는 프랑스의 최고 엘리트 교육 기관인 그랑제콜의 하나인 에콜폴리테크니크École Polytechnique와 파리고등사범학교École Normale Supérieure d'Ulm에 지원했다가 에콜폴리테크니크를 선택한다. 뒤늦게 사무 착오를 인정하면서 고등사범학교에 입학할 수 있다는 통지를 받았지만, 뒤피는 "파리고등사범학교에 합격하는 것을 더 자랑스러워했지만 모방심에 따라 에콜폴리테크니크를 택했다. 더 매혹적이기 때문이었다"라고 말했다. 여기서 말하는 매혹적이라거나 모방심이라는 표현은 흔히 말하는 '근사해 보이기' 때문일 것이다. 프랑스 최고 국경일인 7월 14일 프랑스 혁명 기념일을 위한 행진에 에콜폴리테크니크 학생들이 선두에 서는 사실을 안다면, 당시 입시생이 말하는 '모방심'이나 '매혹적'이라는 솔직한 표현을 충분히 이해할 수 있을 것이다.

역생산성

뒤피에게 영향을 준 사상가는 이반 일리치와 르네 지라르, 존 롤스 등으로 알려져 있다. 1973년 이반 일리치와의 만남은 뒤피에게 큰 영향을 주었다. 뒤피는 일리치가 한나 아렌트, 앙드레 고르즈André Gorz, 에리히 프롬, 하인츠 폰 푀르스터 등 당대 최고의 학자

---

1 – Jean-Pierre Dupuy, *La Catastrophe ou la vie: Pensées par temps de pandémie*, Seuil, 2021. p.21.

들과 함께 멕시코 쿠에르나바카에서 몇 년간 운영한 세미나 경험을 귀중하게 생각했다.

일리치가 1970년대 초에 누렸던 명성을 지금까지 기억하는 사람은 거의 없을 것이다. 하지만 당시 일리치의 명성은 한국에서도 예외가 아니었다. 일리치는 어떤 임계점을 지나면 기술 발전이 스스로 도달하려는 목표 달성에 오히려 장애가 된다는 역생산성contre-productivité 개념을 주장했다. 뒤피는 일리치의 《의료의 네메시스Némésis Médicale》 작업에 협력한다. '네메시스'는 그리스 신화에 나오는 복수의 신이다. 인간이 자신의 능력을 과신하고서 지나치게 자랑하거나 행복이 너무 과하거나 오만할 때, 즉 과도함hubris의 죄를 범할 때 복수의 신인 네메시스로부터 응보를 받는다.[2]

'현대의 악몽'을 일깨워준 이반 일리치의 사상에 젖어 있던 뒤피는 1976년 장 마리 도므나크Jean-Marie Domenach를 통해서 르네 지라르를 접한 뒤 기꺼이 지라르의 사상을 이해하고 또 높이 평가한다. 뒤피는 이 순간을 "일리치와 폰 포스터 사이의 엄청난 공간, 현대인의 조건을 묘사하기 위하여 성스러움에 의지하는 것과 메커니즘에 의지하는 것 사이의 공간, 이 공간을 정확히 지라르가 보여주고 있었다. 정확히 말해서 그러하다. 지라르는 성스러움은 바로 하나의 메커니즘이라는 것을 보여주었기 때문이다"라고 회고한다.[3]

---

2 – Pierre Grimal, *Dictionnaire de la Mythologie grecque et romaine*, PUF, 1976, p.312 참조.

의료가 병을 만들고, 학교가 바보를 만들고, 교통수단이 체증을 만드는 현상과 같이 산업 사회의 '타율적' 제도들이 그 지향하는 바와 상반된 결과를 낳는다는 것을 이해한 것이 일리치의 공로라면, 이 같은 '역효과'를 설명하기 위한 개념을 만들어낸 것이 르네 지라르의 공로라 할 수 있다. 그러므로 이 역효과의 부산물은 성스러움의 파생물이자 동시에 하나의 메커니즘이라 할 수 있다.

사물의 지옥

르네 지라르의 모방 이론을 원용하는 학자들은 '지라르 연구가'라는 의미로 흔히 '지라르디엥girardien'이라 불린다. 장 피에르 뒤피는 지라르의 제자였던 에릭 갠즈Eric Gans를 비롯한 지라르디엥 1세대다.

르네 지라르 모방 이론의 가치를 높이 평가한 뒤피는 1979년 폴 뒤무셸Paul Dumochel과 함께 《사물의 지옥》을 내놓는다. 뒤피의 〈기호와 선망〉과 뒤무셸의 〈희소성의 양면성〉으로 구성된 이 책은 "르네 지라르와 경제 논리"라는 부제와 더불어 다음을 목표로 한다.

우리 두 사람의 연구 목표는 같다. 사적 영역이든 공적 영역이든, 사회적 영역이든 정치적 영역이든 간에 오늘날 우리 생활의 모든

---

3 – Jean-Pierre Dupuy, *Ordres et Désordres*, Seuil, 1982. p.16.

영역이 왜 갈수록 경제와 상품의 논리에 휩싸여가고 있는지 그 까닭을 알고 싶었다.

이런 현상은 우리가 알아차리지 못할 정도로 너무나도 일반적이다. 사회주의 사회이든 자본주의 사회이든 간에 지금의 산업 사회는 모두 경제적 사회이다. 경제는 오늘날 세계의 본질적 형태이고, 경제 문제는 우리의 주된 관심사이다. 그러나 인생의 진정한 의미는 다른 데 있다. 이것은 우리 모두가 다 알고 있는 것이다. 그렇지만 우리 모두는 그것을 잊고 있다. 왜일까?[4]

뒤피는 오늘날 경제 문제의 일단을 이렇게 지적한다.

이 세상이 도구적이고 기술적인 상품 논리에 빠져버리고 교환이 인간사의 의미와 가치를 잠식하는 것에 대해 경제학은 입이 열 개라도 할 말이 전혀 없을 것이다. 경제학 스스로의 그 특이한 발전 과정도 그와 똑같은 속성을 지니고 있다는 그 대단한 이유 때문이다. 이 특이한 발전 과정으로 경제학을 설명할 수 있는 것이지 경제학으로 이 발전 과정을 설명할 수 있는 것이 아니다. 그러므로 우리가 경제학을 비판하는 이유는 경제학이 사회 현실을 완벽하게 설명하지 못해서가 아니라 비상식적인 이 세상을 너무 쉽

---

4 – Paul Dumouchel et Jean-Pierre Dupuy, *L'enfer des choses: René Girard et la logique de l'économie*, Seuil, 1979. p.9.

게 받아들이고 있기 때문이다. 우리는 경제학의 역기능보다는 그것의 상대적인 효용성 때문에 더 불안하다.[5]

이때부터 장 피에르 뒤피는 경제에 대한 문제의식을 느끼고 있었다. 이 문제의식이 그대로 반영된 책이 바로 《경제와 미래》라고 할 수 있다. 이런 의미에서 《사물의 지옥》은 《경제와 미래》의 전편에 해당한다.

르네 지라르가 말하는 모방 이론의 핵심은 욕망의 모방성이다. 우리의 욕망은 저절로 생겨나는 '자연 발생적 욕망'이 아니라 타인의 욕망을 보고 모방해서 생겨나는 '모방적 욕망'이라는 것이다. 지라르의 모방 이론을 이해할 때 다음과 같은 뒤피의 지적은 충분히 이해할 수 있을 것이다. 실질적 대상을 욕망하는 것이 아니라 타인의 욕망을 보고 그것이 좋아 보이 거나 부러워서, 즉 나의 '관념 속에서' 생겨나는 것이 우리의 욕망이다. 욕망의 목표는 실질적인 대상에 있는 것이 아니다. 그때그때 변할 수밖에 없는 타인(들)의 욕망 행위에 따라 변하는 대상이고, 그래서 관념적인 대상이라서 욕망에는 결코 만족이 있을 수가 없다. 뒤피는 다음과 같이 말했는데, 지라르의 모방 이론의 결과를 그대로 반영하고 있다.

---

5 – *Ibid.*, p.10.

우리는 물질적 부를 추구하지만 결코 충족을 느끼지 못하는데, 우리가 추구하는 것은 물질적 욕구의 만족이 아니기 때문이다. (…) 더 정확히 말하면 경제는 타인들에게 인정받고 존경받고자 하는 욕망에 의해 작동한다. 물론 이런 존경에는 선망이 녹아들어 있다. 우리가 아무리 많이 가져도 충분하다고 느끼지 못하는 것은 이 때문이다.(18~19쪽)

《경제와 미래》는 《사물의 지옥》에서 한 걸음 더 들어가서 오늘날 경제가 현재의 실적이 아니라 미래를 담보로, 다시 말해 미래의 성과를 기준으로 돌아가고 있음을 지적하는 대목이 특기할 만하다. 경제가 스스로를 '미래에 이끌려가도록 내버려두고 있다'는 뒤피의 지적이 바로 이를 말하고 있다.

경제는 아직 존재하지 않는 미래에 이끌려가지만 결과적으로 그것을 존재하게 하는 미래에 자신을 투영하고 있다. 일종의 부트스트랩 역설bootstrap paradox이다. 자신의 거짓말을 스스로 맹신하는 뮌하우젠 증후군이 이 역설의 멋진 본보기가 될 것이다. 부트스트랩 역설은 어떤 복잡계도 규정되지 않고 결정되지 않은 최초 상태에서 시작될 가능성을 보여준다. 모두 의식은 하지 못한다는 점에서 이런 역설은 하나의 메커니즘으로 볼 수도 있을 것 같다. 여기서 최초 상태는 미래다. 이렇게 해서 미래가 시장에 스며들게 된 것이다.(12~13쪽)

컴퓨터가 작동하기 위해서는 컴퓨터의 주기억 장치 내에 프로그램이 기억되어 있어야 한다. 그러나 컴퓨터에 전원이 새로 들어왔을 때는 기억 장치에 수행 가능한 프로그램이 기억되어 있지 않은 상태다. 이러한 상태에서 필요로 하는 프로그램, 특히 운영 체제를 보조 기억 장치로부터 주기억 장치로 옮기는 과정을 부트스트랩 혹은 부팅이라고 한다. 모든 것이 특정한 운영 체제로 돌아가야만 제대로 작동하는 부팅처럼, 경제도 경제가 주장하는 미래의 약속에 동참할 때만 제대로 작동할 수 있다는 것을 지적하고 있다.

하지만 경제는 온갖 외재성을 잃어버린 탓에 힘들어하고 있다. 더는 앞날을 보장할 수도 없고 우리가 세상에 머물 수 있게 도와주지도 못한다. 경제가 곧 우리의 미래와 세상이 되었기 때문이다. 정치인을 자신의 경호원으로 여기면서 우리 사회를 마비시키고 있는 이런 것이 바로 '경제의 속임수'다.(10쪽)

성스러움

뒤피를 사로잡고 있는 또 다른 주제는 '성스러움$^{le\ sacré}$' 혹은 '신성함'에 관한 것이다. 이 책 여기저기에서 성스러움이 자주 언급되는 이유다.《사물의 지옥》에서 뒤피가 보여주는 성스러움에 대한 깊은 인식을 보자.

성스러움의 양면성은 금기의 힘과 제의의 영속성만큼이나 본질적인 것이다. 성스러움이 양면성의 기원인 것은 폭력과 성스러움이 일치한다는 것과 폭력이 질서로 바뀌는 것에서 나온다. 이 둘은 서로 없어서는 안 될 것들이다.[6]

이 책《경제와 미래》에서 르네 지라르의 사상을 감동적으로 인정하는 대목에서도 뒤피는 '성스러움'에 대한 관심을 드러내고 있다.

르네 지라르의《폭력과 성스러움》의 인류학을 처음 발견했을 때 내가 받은 지적 충격은 형언할 수 없을 정도로 정말 엄청났다. 이 책에는 역설 형식으로 된 나와 동일한 생각이 담겨 있었다. 성스러움에 의해 폭력은 스스로 거리를 둠으로써 자신의 한계를 지키게 된다는 것이었다. 성서에서 "사탄이 사탄을 추방한다"라고 표현한 그대로다.(43쪽)

성스러움과 마찬가지로 경제는 폭력으로 폭력을 막고 있다. 성스러움과 마찬가지로 경제에 의해 사람들의 폭력은 스스로 제어되고 있다. 헤겔이 말했듯이 신들의 퇴조로 인해 극도로 위험해진 '근대 세계의 본질적 형태'가 바로 경제인 것도 바로 이런 이유

6 – *Ibid.*, p.175.

때문이다.(44~45쪽)

뒤피는 "나는 이 새로운 악의 정의와 함께 경제가 비약적으로 발전한 것을 이해하기 위해 성스러움이 물러나며 공석이 된 자리를 경제가 차지하고 있음을 보여주면서 시작한다"나 "성스러움과 마찬가지로 경제라는 용어는 두 가지 의미에서 폭력을 '포함하고' 있다. 경제는 폭력을 통해서 폭력을 막고 있다"(12쪽)라고 지적하며 우리 사회에서 사라진 성스러움에 대한 아쉬움을 토로하고 있다.

2. 극단적 합리주의자

성스러움이 사라진 세상에 대한 회한과 여기서 나오는 불안은 뒤피의 깊은 곳에 자리 잡고 있다. 그런데 앞서 뒤피의 말처럼 성스러움은 폭력을 '막는 동시에 포함하고' 있다. 뒤피의 이런 지적을 지라르도 여러 차례 받아들이고 있는데, 이것을 프랑스어 'contenir'의 두 가지 의미로 파악하고 있다. 프랑스어 'contenir'는 '포함하다'와 '억제하다'를 동시에 의미한다.

한 단어의 양면성을 짚어내는 뒤피의 깊은 시각을 한국어에도 적용해볼 수 있을 것이다. 우리말에 '적군을 지키다'의 '지키다'와 '우리나라를 지키다'에서 '지키다'라는 단어가 가진 내적 의미는 약간 다르다. 축구에서 골키퍼가 지키는 것은 '골대'이기도 하고 앞에서 날아오는 상대방이 찬 '공'이기도 하다. 앞(적)도 지키고 뒤(우리나라)도 지킨다.

여기서 장 피에르 뒤피는 '극단적 이성주의자' 혹은 '날카로운 이성주의자'의 면모를 보여준다. 이는 뒤피가 에콜폴리테크니크를 졸업한 이공계 출신 철학자라는 사실과 무관하지 않을 것이다.

뒤피는 지라르의 생각을 이어받아 성스러움이 한편으로는 폭력을 낳지만 그 때문에 또 폭력을 막음으로써 평화를 유지하게 해준다는 역설의 깊은 의미를 우리 사회가 잃지 않기를 바란다. 성스러움이 상실된 오늘날 세상에 대한 걱정을 기회 있을 때마다 뒤피가 표현하는 것도 이 때문이다.

위기를 예측하지 못한 경제학자들을 비난하는 것은 터무니없다. 심지어 위기를 일으켰다고 비난하는 것은 더욱 그러하다. 위기가 닥치는 것은 명확했다. 위기가 어떻게 시작되고 진화할지 그리고 어떤 순간에 일어날지 예측하는 일은 불가능했다. 한 가지 이유면 충분하다. 인간사에서 특히 경제와 관련하여 위기가 촉발되는 것은 위기가 발생하리라 예측하는 순간이 아니라 예측하고 그것을 발표할 때 발생하기 때문이다. 현재는 미래의 사건 예상에 아주 민감하다.[7]

경제의 속임수에 대한 포고문

이 책 서두에서 밝히고 있는 "이 책을 쓰게 된 동기는 수치심 때문이다. 정치가 경제에 조롱당하고 권력이 재정 관리인에게 조롱당하고 있는 것을 바라보면서 느낀 수치심 말이다"(5쪽)라는 뒤피의 집필 의도는 우리의 내면을 흔든다. 이 책이 출간되고 프랑스 텔레비전 방송인 TV5와 가진 인터뷰에서 뒤피는 이렇게 밝히고 있다.

> "문화는 경제의 동력이 되어야 한다"라는 말을 되새겨보고 싶어요. 이것이 바로 제가 '경제의 속임수'라 부르는 것입니다. 무엇보다 가장 중요한 것처럼 되어버린 것이 바로 경제입니다. '경제에 봉사하는 문화'가 되라는 말이겠지요. 저는 "경제가 문화에 봉사해야 한다"라고 말하고 싶습니다.
>
> (…)
>
> 우리는 모두 경제의 덫에 갇혀 있습니다. 저는 '관념적 포고문'이라는 표현을 씁니다. 여기에는 많은 의미가 들어 있습니다. 우리를 호모 에코노미쿠스로 만드는 것은 바로 우리가 하는 생각의 틀 그 자체에 있습니다. 우리는 실제로 경제 속에서 생각하죠. 그래서 경제는 우리 세상이 되었습니다. 구체적으로 정치인들을 봅시다. 오늘날 정치인들은 어떻게 해서 선출됩니까? 그들의 경제

---

7 - Jean-Pierre Dupuy, "Crisis and the Sacred"(2013년 4월 홍콩에서 열린 New Economic Thinking 연례 전체회의 발표문 https://www.ineteconomics.org/uploads/papers/Dupuy-Paper.pdf).

적 능력에 따라 선출되고 있는 게 사실입니다. 특히 여러 유럽 국가는 경제학자나 경제적 소양이 많을 것으로 보이는 사람들을 국가 원수에 선출하고 있습니다. 말하자면 저는 바로 이런 것에 대항해서 관념적 차원에서 싸우고 있다고 말할 수 있습니다.[8]

관념적 차원, 즉 우리가 하는 생각의 틀 차원에서 싸우고 있는 것이 바로 이 책《경제와 미래》라는 말이다. 2012년 같은 해에 출간된 베르트랑 메웨스트의《점령기의 향수: 새로운 노예형태에 저항할 수 있을까?》[9]라는 책과 뒤피의《경제와 미래》를 같은 흐름으로 본 인문 학술지 〈인문과학Sciences Humaines〉의 다음 서평은 경제가 낳은 오늘날의 폐해를 묘사하는데, 지금 우리가 살고 있는 '경제 만능 시대'의 감춰진 면모를 잘 드러내고 있다.

제2차 세계 대전은 물론 끔찍한 시기였다. 하지만 당시에는 지금은 사라진 강한 연대가 있었다. 그때는 아무리 무자비한 적들도 유니폼을 입고 대낮에 활동을 했다. 그러나 메웨스트에 따르면, 오늘날 우리가 직면한 것은 달콤하고도 합법적이면서 은밀히 속임수를 쓰는 전혀 다른 모습의 자동 제어 장치 같은 노예화다. 이는 문명의 변화가 몰고 오는 광범위한 재앙이 초래할 결과를 감

---

8 - TV5, 〈7Jours〉 2012.3.12.(http://www.youtube.com/watch?v=plArmZySaqw).

9 - Bertrand Méheust, *La nostalgie de l'Occupation: peut-on encore se rebeller contre les nouvelles formes d'asservissement?*, Coll. Les Empêcheurs de penser en rond, La Découverte, 2012.

추고 있다. 갈수록 늘어나는 자원 고갈로 인한 환경 파괴와 같은 돌이킬 수 없는 생태 파괴가 좋은 예이다.

메웨스트는 중세 신학의 정신계 지배와 오늘날의 자본주의 지배를 비교한다. "시장은 자신의 영구 존속에 적합하게 인간 유형을 길들이고, 이 인간 유형은 또 시장의 비약적 발전을 더 강화하는 데 적합하게 되어 있다." 오늘날의 과잉 생산과 과소비의 생활 행태가 예측 가능하지만 어떤 것도 변하지 않는다. 온갖 지식, 심지어는 전문가의 지식마저도 무기력한 것이 되었다. 대량 생산 사회가 부추기는 안락함의 압력이 온갖 지식도 무너뜨리는 무력증을 낳고 있기 때문이다. 이런 폭주를 가능케 한 오늘날의 이런 지배는 스스로가 학문이라고 주장하는 경제학의 포부가 낳은 결과이다. 메웨스트가 말하는 경제학의 부당한 포부를 뒤퓌는 '경제의 속임수'라 부르고 있다. 고전 이론이나 신고전주의 이론에 의하면 시장은 결과의 피드백을 통한 일종의 자기 제어인 자동 조절 능력을 갖고 있다. 장 피에르 뒤퓌는 르네 지라르 사상을 빌려 오늘날 경제 시스템은 더 이상 자기 초월을 만들어내지 못한다고 주장한다. 예컨대 가격 결정과 수요·공급 법칙은 모든 경제 주체들에 의해 그 방향과 조절 능력이 부여된다. 그럼에도 가격 결정과 수요·공급 법칙은 모든 경제 주체들이 복종해야 하는 견고한 법칙이라는 독자적 현실이 되고 말았다.[10]

---

10 - http://www.scienceshumaines.com/catastrophes-annoncees_fr_28775.html/

파스칼의 내기

스스로를 제어하거나 극복하는 '자기 초월'을 하지 못하는 오늘날 경제의 실상에 대한 포고문이 바로 이 책이다. 뒤피는 경제의 속임수에서 벗어날 수 있는 방향으로 일종의 전도된 '파스칼의 내기'를 주장한다.

'파스칼의 내기'는 아주 유명한 증명 중 하나로 '신앙심과 사후 세계의 유무'에 대한 내기이다. 우리는 흔히 천국과 지옥이 있다면 신을 믿는 사람은 천국에 가고, 신을 믿지 않는 사람은 지옥에 간다고 생각한다. 파스칼도 우리와 마찬가지로 생각했기에 천국과 지옥이 있다면 신앙심이 있는 사람이 더 유리하다고 보았다. 그런데 사후 세계가 없다면 어떻게 될까? 사후 세계가 없다는 말은 천국과 지옥이 없다는 뜻이다. 그러므로 이 상황에서는 신앙심이 있든 없든 죽으면 모든 것이 끝난다.

결국 파스칼에 따르면 신앙심이 있는 사람은 죽어서 천국에 가거나 그냥 끝난다. 신앙심이 없는 사람은 죽어서 지옥에 가거나 그냥 끝난다. 이 상황에서 파스칼은 신앙심을 가지고 사는 편이 훨씬 이익이기 때문에 '사후 세계는 있다'는 쪽에 내기를 걸어야 한다고 말한다. 이것이 파스칼의 내기다.

이런 파스칼의 내기를 뒤집어놓은 것이 뒤피가 말하는 전도된 파스칼의 내기인데, 이를 풀어서 말하면 어떤 경우에는 최악을 선택하는 것이 최악에 대처하는 기회를 갖는 것이기 때문이다. 종말을 가정하는 것이 종말을 피할 수 있는 기회가 될 수 있다는 말이 되겠다.

　'파스칼의 내기'에 기댈 것을 주장하는 뒤피의 생각은 지금 인류가 맞고 있는 종말론적 대재앙에 대한 태도로 이어진다. 이반 일리치와 함께 활동했던 환경 운동의 연장선으로 볼 수 있을 이런 태도는 21세기 들어서면서 생태계 위험과 핵 위험을 염려하기에 이른다.

　뒤피의 이런 생각은 인류 사회에 임박한 집단적 위험을 '이성적으로' 널리 알리려는 노력으로 이어진다. 2002년에 출간한《양식 있는 재앙론을 위하여》[11]에서 뒤피는 "인류에게 치명적인 재앙을 알림으로써 그 재앙을 막고 억제할 희망을 유지하게 할 임무를 다해야 한다"라고 주장하는데, 여기에서도 우리는 '파스칼의 내기'의 흔적을 감지할 수 있다.

—

　장 피에르 뒤피는 최근 두 가지 주제에 집중하고 있다. 하나는 집단적 위험이라는 임박한 재앙에 직면하고서도 사람들은 이를 믿지 않고 있다는 문제의식이다. 다른 하나는 우리는 흔히 성스러움에서 해방되었다고 생각하지만 그렇게 함으로써 결국 우리 자신은 폭력으로부터 보호받지 못하고 있다는 것을 깨달아야 한다

---

11 - Jean-Pierre Dupuy, *Pour un catastrophisme éclairé*, Seuil, 2002.

는 문제의식이다. 그래서 뒤피는 재앙, 성스러움, 폭력 같은 주제
가 인류의 현 상황을 깨닫는 데 도움이 된다고 생각한다.

찾아보기

경제와 미래 : 경제에 현혹된 믿음을 재고하다

초판 1쇄   찍은 날 2022년 4월 4일
초판 1쇄   펴낸 날 2022년 4월 11일

지은이   장 피에르 뒤피
옮긴이   김진식
발행인   이원석
발행처   북캠퍼스

등 록   2010년 1월 18일(제313-2010-14호)
주 소   서울시 마포구 양화로 58 명지한강빌드웰 1208호
전화   070-8881-0037
팩스   02-322-0204
전자우편   kultur12@naver.com

편집   신상미
디자인   책은우주다
마케팅   임동건

ISBN   979-11-88571-15-4 03320